中國學術思想
研究輯刊

三三編

林 慶 彰 主編

第 2 冊

「予豈好『譬』哉?」:孟子與譬喻

饒 忠 恕 著

花木蘭文化事業有限公司

國家圖書館出版品預行編目資料

「予豈好『譬』哉？」：孟子與譬喻／饒忠恕 著 -- 初版 -- 新
北市：花木蘭文化事業有限公司，2021〔民110〕
目 4+208 面；19×26 公分
（中國學術思想研究輯刊 三三編；第2冊）
ISBN 978-986-518-431-5（精裝）
1.（周）孟軻 2.學術思想 3.哲學
030.8   110000649

ISBN-978-986-518-431-5

9 789865 184315

中國學術思想研究輯刊
三三編　第二冊   ISBN：978-986-518-431-5

「予豈好『譬』哉？」：孟子與譬喻

作　　者　饒忠恕
主　　編　林慶彰
總 編 輯　杜潔祥
副總編輯　楊嘉樂
編　　輯　許郁翎、張雅淋　美術編輯　陳逸婷
出　　版　花木蘭文化事業有限公司
發 行 人　高小娟
聯絡地址　235 新北市中和區中安街七二號十三樓
　　　　　電話：02-2923-1455 ／傳真：02-2923-1452
網　　址　http://www.huamulan.tw 信箱 service@huamulans.com
印　　刷　普羅文化出版廣告事業
封面設計　劉開工作室
初　　版　2021 年 3 月
全書字數　172624 字
定　　價　三三編 18 冊（精裝）新台幣 48,000 元

「予豈好『譬』哉？」：孟子與譬喻

饒忠恕　著

作者簡介

饒忠恕，台大哲學系東方哲學組博士生，鑽研先秦諸子。從小就讀台中美國學校，從美國伊利諾州惠頓大學雙主修神學與西方哲學學士班畢業後，進入台大哲學所碩士班就讀。在傅佩榮與李賢中教授的指導之下，開始研究中國哲學、儒家哲學，以孟子之譬喻為主題完成碩士畢業論文。其研究興趣與實務工作涵蓋中國哲學論文中英對譯、哲學電視節目主持（好消息《貓道上的哲學家》），也受邀擔任哲學與神學相關講座，並創辦神學經典讀書會。

提　要

　　本書討論孟子與譬喻，並且分為理論設立、理論延伸、教學實踐三篇呈現。

　　理論設立篇篇名為「予豈好『譬』哉？」，重新檢驗「孟子為何如此地『好辯』？」，並且經由譬喻分析所得出的答案是：孟子所批評的對象違反了道義，而道義的實質內容以及判斷標準顯示於孟子的譬喻中。本篇做完文獻回顧、譬喻定位與概念澄清三方面的鋪陳之後，便一一探討《孟子》中的「四端」、「五倫」與「三辯」。

　　理論延伸篇藉由「思想單位」研究方法分析《孟子》文本，得出孟子人性論的五點摘要：有什麼？猶有四肢—人有四肢；是什麼？乃若其情—可以為善；為什麼？芻豢悅口—理義悅心；會怎樣？得養則長—失養則消；要怎樣？魚掌不兼—舍生取義。藉此分析，也可見該方法的優點包括：望遠鏡式的近看、遠看之功能與提供清楚的詮釋分類標準。

　　教學實踐篇奠基於以上「思想單位」的方法、《孟子》文本的認識以及筆者主持好消息《貓道上的哲學家》（台灣第一個兒童思辨節目）之經驗，試圖把以上理論化為各種課程可以使用的討論問題，藉由細緻的問題設計，試圖重新引起學生們對於《孟子》文本的興趣，以及提升學生參與討論之可能性。這些問題的設計原則包括提升互動、壓低門檻、抓住重點與聯結生活。

謝　辭

　　根據孟子對於戴不勝的描述，學習必須具備明智之引導、適當之環境與豐富之交流三種條件（〈滕文公下〉），也剛好對應到筆者此篇論文必須要感謝的三組人。孟子曾問戴不勝：「假定有一位楚國大夫想讓他兒子學習齊國話，那麼是請齊國人來教？還是請楚國人來教？」〔註1〕筆者回台灣研究中國哲學也是為了「向齊國人學習齊國話」，榮幸可以「專心致志」在兩位指導教授的引導之下學習。首先，傅佩榮老師為筆者在中國哲學領域的啟蒙老師，有助於看見中國哲學的天空是何等開闊、亮麗。假若筆者在學習之初，沒有憑藉傅老師對於經典內容清楚的白話文翻譯而降低踏入中國哲學世界的門檻，那也不會有今天的這本書。其次，李賢中老師也不厭其煩地提供細心的指導，包括給予論文方法論之建議、指出論文的各種錯誤和邀請筆者參與研究團隊且分享成果報告。第一次向研究團隊報告研究成果之後所得到的鼓勵使得筆者「從死裡復活」，再次相信本文確實具有貢獻與創意。

　　其次，孟子也強調適當學習環境的重要性：「如果帶他到齊國都城的街坊住上幾年，即使天天鞭打來逼他說楚國話，也不可能做到。」同樣的，筆者對於華人文化的愛好也是基於父母親長期居住於台灣的選擇，在家裡設立「一人一語」的原則。在寫論文過程中，筆者經常前往嘉義陪伴父母親，而父親藉由豐富的美食滋養筆者的「小體」，母親藉由果斷的鼓勵滋養筆者的「大體」。筆者只能盡可能地用越來越豐富的研究成果回報父母過往的支持與現階段的鼓勵。此外，對於起初在學校教導筆者中文的張曜薇老師，筆者也只能為這

〔註1〕本頁之白話文翻譯來自於傅佩榮《孟子解讀》，新北市：立緒文化，2015。

份終身不忘之恩多次感恩，因為張老師為筆者正式開起了中文世界之門並引導入門。

　　最後，孟子也強調學習必須有志趣相同好友的陪伴：「你說薛居州是個好人，讓他住在大王宮中。如果大王宮中，不論年紀大小、地位高低，都是薛居州那樣的人，大王能同誰去做壞事呢？」《論語》和《孟子》讀書會的成員黃淳廷、傅柔安、江聖愛與周柔謙在論文寫作過程中帶給筆者不少喜樂。

目

次

前　言

　　一本書的前言必須要顧到三種人的心血。

　　第一種需要顧到的心血是作者本人在撰寫過程中所付出的心血。當有人用「生產」描述「出書」，有一半的人會說「你顯然沒有生過小孩」，而另外一半的人可能會回答「你顯然沒有寫過書」。無論如何，這種比喻確實能夠生動地刻畫寫書過程中所感受到的辛苦。此外，這個比喻有另外不可否認的共同之處：書一旦離開了你的手，它就不再只屬於你了！所以筆者在此只能恭敬地把這本書交託給各個讀者，盼望它的生命不只對於自己有意義。

　　第二種需要顧到的心血是作者周遭的親朋好友所付出的心血。作者在撰寫過程中會面臨各種挑戰，而即便多數讀者因為毫不認識所以毫不在乎作者想要感謝的種種對象，作者這方面的感恩也如脫韁野馬、洪水淹沒，不得不從心中脫口而出。但是為了讀者的緣故，筆者這方面的感恩會在以下敘述中，間接地表達。

　　第三種需要顧到的心血則是讀者閱讀中所要付出的心血。「癩痢頭的兒子是自己的好」這一句話也適用於出書：作者一般容易忘記自己的作品並不如自己所想像的那麼可愛！假如是面對有血有肉的孩子，一般比較好的教育方式是引導自己的小孩更成功地與其他大人互動，但是由於一本書寫完之後，已經定型了，筆者只好試圖與讀者說明這個孩子的特質，以便於讓讀者更了解如何與它互動。

　　以下篇幅主要提出且回答三個問題：

　　（1）為什麼要寫這本書？

　　（2）這本書有什麼內容？

（3）這本書要怎麼使用？

（1）為什麼要寫這本書？

大多數的國中課本仍然使用《孟子》文本作為教育題材，但是如果老師們都覺得孟子的言論很囉嗦，在校的學生也難免得到類似的印象。本文第一篇也正是回應孟子時代以及現代對於孟子的疑問：孟子為什麼那麼好辯呢？當然，這個問題可以藉由孟子自己的話語給出答案，但是本篇的貢獻主要在於提供一個比較系統性的答案，一方面解釋孟子為何看似有那麼多「地雷」，說明他為何不只是一個過於敏感的人，而真的是不得已好辯。另一方面，本篇所提供的答案也間接地突顯出哲學系統性的思維方式能夠帶出的不同答案。本篇來自於筆者碩士論文，而由於作者本來對於《孟子》並不熟悉，因此本文藉由孟子生動的比喻試圖系統性地認識孟子的思想。筆者在研究的過程中，也發現這是一個相當合理且有效的學習思路，皆有理論根據與教學實踐之可能性。

當然，即便接受以上說明，想要使用以上結論，也許仍然有正在教導國中生的老師，正在苦惱該如何教導自己的學生，但是在嘗試新的教學方式之前，想要知道某一個理論是可靠的，也正是這本書第二個部分藉由所謂的「思想單位」所處理的問題。本篇是筆者嘗試使用本人台大哲學所博士班指導教授李賢中老師的「思想單位」理論去詮釋《孟子》文本中的一些與人性相關的關鍵篇幅，從此檢驗「思想單位」作為一個理論架構之合理性，以及間接地顯示孟子人性論相關篇幅應該怎麼解讀。

然而，就算接受了這個架構，並且想要先看看應用方式，再自己做判斷的人，最後一篇直接用問答方式呈現，等於是提供一個帶問題討論的範本。本篇的設計來自於筆者主持台灣第一個兒童思辨節目，好消息平台《貓道上的哲學家》的經驗。在籌劃的過程中，筆者發現節目的好壞取決於問題設計的品質。假如問題能引起孩子們的興趣，並且是開放性的，真心想要詢問孩子們的想法，筆者的經驗是孩子們一般願意踴躍參與且回答。根據以上經驗，筆者便嘗試從《孟子》文本中，設計出一些皆能引起孩子興趣和回答的題目，以便於在教學上也有所貢獻，使得以上理論有實際的應用方式。由於《貓道上的哲學家》得到的評價相當正面，筆者也相信本文中所提供的問答，至少可以作為各個教學者的引導問題之初稿，希望能夠成為引導孩子們（或大學生）重新珍惜《孟子》思想的媒介。

（2）這本書有什麼內容？

本書分成三篇：（a）理論設立篇、（b）理論延伸篇、（c）教學實踐篇。

（a）理論設立篇主要透過《孟子》的文本與譬喻分析，說明孟子為何如此好辯，在過程中探討孟子人性奠基於心中的四端，延伸至規範人與人之間的五個人倫關係，並且說明孟子所批評最嚴厲的三個對象。細部說明，可見該論文摘要。

（b）理論延伸篇主要透過李賢中教授的「思想單位」方法論來分析以上文本中的各個段落，做出更系統性的分類與分析，並且是文本分析的更詳細示範。細部說明，可見該論文摘要。

（c）教學實踐篇則提供筆者針對《孟子》文本中幾個章節所設計出的討論問題，意圖是設計出一些連國中生都能回答的問題。這段中的問題按照以下幾個原則設計：

（i）提升互動：開頭的「互動題」是按照討論段落的重點而設計出來的，目的是為了引起學生對於主題的興趣，並且開始對於該段落感興趣。

（ii）壓低門檻：第一題盡量壓低門檻，確認答案在文本中有明確且清楚的答案，目的是為了提升學生們對於自己回答能力的信心以及讓後續的思考有明確的根據。

（iii）抓住重點：後續的問題試圖涵蓋討論段落中的各種重點，目的是為了帶出該段落中的精華，卻避開一些難解的議題。

（iv）聯結生活：最後的問題如何與個人言行（要怎樣？）相關則更為理想，目的是為了引起學生對於該段落後續的思考，使得所討論的問題不只是課本上的問題，而是化為自己想得到解答的問題。

每一個段落都有提供文本範圍、重點摘要與模擬問答。本文所篩選的篇幅是〈梁惠王上〉與〈告子上〉的前十個段落以及其他以上論文所使用的單篇段落，原因有二。首先，本書中所提供的問題設計比較適用於不中斷的敘述，因為這樣問答的根據比較穩固（相對於需要從《孟子》文本不同篇幅中拼湊出一個答案），而這些段落正好有一些較為深入的敘述，因此適用於該問題設計方法。其次，〈梁惠王上〉雖然對於很多學者而言理論價值不高，但是筆者想要透過精彩的問答設計突顯這些段落仍然可以帶出寶貴的重點。相對而言，〈告子上〉（特別是前十個段落）一般被認為是《孟子》理論（特別是人性論）的關鍵篇幅，而假如本書所提供的問題設計也適用於這些較為理論性

的篇幅，就可以突顯這樣問題設計適用範圍的廣度。筆者認為比較重要的其他篇幅也附加於「其他單篇段落」裡。

（3）這本書要怎麼使用？

本書三篇各有其重點，而如果把三篇設定在一個「研究」與「教學」的光譜上，可以如此分類：

（i）偏研究：理論延伸篇

（ii）研究＋教學：理論設立篇

（iii）偏教學：教學實踐篇

學者可能會對於前兩者會較有興趣，而教師可能會對於後面兩者較有興趣，可各取所需。

最後的教學實踐篇可能需要更細部的說明。該篇試圖刻畫出一些討論問題，適用於引起學生對於文本的興趣與好奇心。該篇有問題也有擬答，刻畫出一些學生可能會回應的方式或至少回應的方向。問題的檢驗經常需要透過想像學生可能會怎麼回答，或至少自己會怎麼回答，才能夠檢驗一個問題能否引起學生的興趣，使得那個問題化為他們所好奇的問題，而不只是另外一個為了考試而需要背誦的問題與答案。筆者所提供的擬答是自己能夠想像的，但是當然也有其他可能的答案。設計的重點在於提供一個思路，讓老師們可以引導同學們盡情發表自己的想法，但是仍然沒有因此而失去大方向（所以在提供問題之前，才會提供一個「重點」摘要）。

最後，教學實踐篇的分類（1.1，1.2 等）是按照傅佩榮教授《孟子解讀》的標題作為分類點以及其白話文為翻譯依據。如果讀者使用其他版本的話，筆者也有提供每一個篇幅的篇幅範圍、重點摘要與模擬問答，因此仍然適用於其他版本。

理論設立篇：碩士論文

摘 要

　　本文命名為「予豈好『譬』哉？」結合著本文檢討的研究問題與研究方法，亦即本文試圖重新檢驗「孟子為何如此地『好辯』？」，並且經由譬喻分析來回答這個問題。答案為：孟子所批評的對象違反了道義，而道義的實質內容以及判斷標準顯示於孟子的譬喻中。本文首先做文獻回顧、譬喻定位與概念澄清三方面的鋪陳，以便於突顯過往哲學研究對於譬喻研究的遺漏、釐清思想過程本身就為譬喻性以及陳述與孟子人性論相關概念該如何解釋。接著，本文選出孟子對於人性論最關鍵的五段論述，從得出的譬喻描述中建構孟子人性論的五大特色：（1）猶有四體——人有四端；（2）芻豢悅口——理義悅心；（3）猶水就下——人性之善；（4）山養則長——性養則長；（5）舍魚取掌——舍生取義。再者，由於孟子的人性論必須要展現於人倫關係中，本文便指出「五倫」背後的關鍵譬喻。特別重要的譬喻包括國君應該「為民父母」、臣下應該「營造環境」、士人應該「居仁由義」。基於以上分析，本文最後突顯孟子批評最嚴重的三個對象是濫用自己權力的國君、逢迎國君過錯的臣下與誤導百姓言行的士人。以上分析試圖從新的角度顯示孟子思想的價值與特色所在，證明孟子之「好辯」並非不合理，反而有系統性和充分的根據。

　　關鍵字：孟子、譬喻、人性、人倫、辯論

第一章　緒　論

第一節　緣由

　　本文研究問題是「孟子為何如此地『好辯』？」孟子自己所提及的答案是「我亦欲正人心，息邪說，距詖行，放淫辭，以承三聖者；豈好辯哉？予不得已也。」（〈滕文公下〉）然而，這種出自於不得已的端正人心、消滅邪說、批駁偏頗的行為與排斥荒誕的言論豈不是大多數哲學家都認為自己在做的事嗎？因此，要更充分地回答這個問題不應該停留在孟子的自述回答，而必須要做更進一步的說明。為了更充分地回答這個問題，本文試圖經由譬喻分析解釋孟子為何如此地「好辯」。這顯然並非一般所採取的方法：一般對於「好辯」的研究聚焦於孟子的抽象邏輯推論，而一般對於譬喻的研究容易被哲學界歸類到邊緣。這也並非不合理，因為過往對於孟子與譬喻的研究也很少脫離傳統修辭學的範圍。然而，本文認為這種思路不僅是一個可以得出新鮮觀察的研究方法，甚至是最適合探究孟子思想的研究方法之一，因為沒有掌握孟子的譬喻就無法掌握孟子的思想。本文所得出的答案為：孟子如此地「好辯」是因為對話者違反道義，而道義的實質內容與判斷標準都由背後所預設的譬喻來界定。本文題目定為「予豈好『譬』哉？」也正是結合著研究問題「予豈好辯哉？」與回答這個問題的方法：「譬喻」。

　　然而，把本文的題目定為「予豈好『譬』哉？」：孟子與譬喻，可能會引起兩種反應：一種是對於前面的「予豈好『譬』哉？」感到不滿，一種是對後面的「孟子與譬喻」感到不滿。由於對於前者的回應比較複雜，筆者會

先釐清對於後者的質疑。看見「孟子與譬喻」的標題有可能引起各種疑問：「這個作者企圖心是否太大？」「這個題目豈不是太廣泛了？」「孟子的譬喻有什麼好討論的呢？」這些疑問容易聯想出來又很合理，本文標題卻仍作「孟子與譬喻」。這是因為：要把題目設立得更細膩代表該領域已經有豐富的研究成果，而必須要在題目中澄清該論文在各個研究成果中的具體定位何在；然而根據筆者的考察，中國哲學界對於《孟子》譬喻的研究不能算多，使得筆者難以指出本論文的相對特色何在。因此筆者決定簡單使用「孟子與譬喻」作為標題，並且歡迎讀者先參考緒論對於論文範圍的介紹之後，再自己評估本文之學術定位和價值。

就算「孟子與譬喻」的標題可以通過讀者的檢驗，還是容易碰到第二個挑戰：為何要把論文標題訂為「予豈好『譬』哉？」呢？熟悉《孟子》的讀者都會知道這段語句來自於孟子的「予豈好辯哉？」（〈孟子·滕文公下〉），但是用「譬」來代替「辯」豈不是在耍嘴皮子，並且用一個充滿低俗諧音的字詞來引起興趣嗎？如果如此命名論文沒有其他原因，那麼「忠恕有罪」。〔註1〕然而在說明如此設立標題的理由之前，筆者想指出這類的質疑是孟子當時所遭受的，因此希望先檢討孟子能否得到充分的辯護，再回來為自己辯護。

擅長使用譬喻的孟子在古代就被同輩批評為「好辯」。孟子的對話者也常常認為孟子思想不切實際、過度理想、〔註2〕而不但用刺激的方式，被批評時也用口才逃避別人的批評。〔註3〕這種批評也被著名西方漢學家 Arthur Waley 重述，值得長篇引述，因為該觀點可能反應很多讀者對於孟子的心態：

> 作為一個爭辯者，他並非重要。仁義是內是外的整個討論（〈盡心篇〉）充滿著一團不相干的譬喻，大多數甚至可以用來駁斥它們應該證明的論述。在其他段落中，實際的重點反而被譬喻混淆了。一個明顯的例子是孟子與淳于髡的討論（〈離婁上〉），淳于髡對於孟子不

〔註1〕此處引述《孟子·離婁上》記載樂正子所承認的「克有罪。」以下篇章中若引述《孟子》的篇幅，會直接用《孟子》的篇章引述（如〈公孫丑上〉）。

〔註2〕孟子曾得到的建議是「枉己直人」（〈萬章上〉）以及降低「道」的標準以便於使人更能夠達到此標準（〈告子上〉）。

〔註3〕孟子承認自己習慣「正人心，息邪說，距詖行，放淫辭」（〈滕文公下〉），所以被別人批評為「好辯」。此外，孟子確實有時展現出俏皮的態度，可以參考孟子與景丑氏的對話（〈公孫丑下〉）。但是孟子一旦被景子逼到角落時，就顯示俏皮的表面背後確實有紮實的理論：他不接受齊宣王召喚的原因是「故將大有為之君，必有所不召之臣」。

願意執政感到吃驚。淳于髡的論述如下：就如在緊急情況下，一個男人會伸手救嫂嫂脫離溺死危機（雖然一般禮制規定男女之間不准親手觸碰），同樣的在面臨中國當前的危機時，應該放下一般使人對於執政感到遲疑的原則，願意被政府使用。孟子的回應是：「當天下即將溺死，只能用（古代聖王之）道來救；當嫂嫂即將溺死，可以用手去救。你想要我用手救天下嗎？」

這個頂多是一個狡猾的辯論技巧。正確的答案（有否被提出無法驗證，但是並非出現於《孟子》）顯然是：「從譬喻的角度而言，應該去救。就如面臨危機可以違反禁令，以便於幫助處於危機者，同樣的，我希望你在面臨當前政治危機而犧牲你的原則，並且『伸手』輔助公共事務。」〔註4〕

　　Waley 的質疑其實忽略了一個重要的區分：拯救嫂嫂脫困可以用手或用樹枝完成，但是拯救天下人脫困不得不用正道拯救，使得任何降低正道標準的方法都無法成功。〔註5〕因此，孟子並不是不願意拯救天下人，反而是孟子一直在推廣唯一能拯救天下人的正道，但是沒有人執行孟子所推廣的政策。

〔註4〕筆者譯，原文如下："As a controversialist he is nugatory. The whole discussion (Book VI) about whether Goodness and Duty are internal or external is a mass of irrelevant analogies, most of which could equally well be used to disprove what they are intended to prove. In other passages, the analogy gets mixed up with the actual point at issue. A glaring example is the discussion (IV. I. XVII) with Shun-yü [this should be Ch'un-yü] K'un, who was shocked by Mencius's reluctance to take office. Shun-yü Kun's argument is as follows: just as in the case of great urgency (despite the taboo on men and women touching hands) a man will give his hand to his sister-in-law to save her from drowning, so in the present emergency of China you ought to put aside the general principles that make you hesitate to take office, and place yourself at the disposal of the government. Mencius's reply is: 'When the world is drowning, it can only be rescued by the Way (of the Former Kings); when a sister-in-law is drowning, she can be rescued with the hand. Do you want me to rescue the world with my hand?'

"This is at best a very cheap debating point. The proper answer (which may or may not have been made, but does not occur in Mencius) of course is, 'Figuratively, yes. Just as one breaks taboos in an emergency and gives a hand to someone in peril, so I want you in the present political emergency to sacrifice your principles and "give a hand" to public affairs.'" Arthur Waley, *Three Ways of Thought in Ancient China* (London, 1939): 194~95. 出現於 D.C. Lau, *Mencius: Translated with an Introduction by D.C. Lau* (Harmondsworth: Penguin Classics, 1970): 33.

〔註5〕詳見 D.C. Lau, *Mencius: Translated with an Introduction by D.C. Lau* (Harmondsworth: Penguin Classics, 1970): 200~29.

然而，回到原本的問題而言，即使孟子不應該被貼上「好辯」的罪名，這並不代表筆者不應該被貼上「好譬」的罪名，除非筆者能夠解釋用「譬」代「辯」有合理的原因。

筆者使用「好譬」來代替「好辯」的原因有幾個。首先，孟子被批評為「好辯」的原因之一是他擅長使用譬喻。由於本文目的之一是突顯孟子「辯論中所使用的譬喻」，這樣的替代更能突顯本文重點。其次，西方哲學傳統對於譬喻的定位長久以來都不是很高，常常疑問：「哲學界何必要探討譬喻呢？這豈不是已經接近語言學與修辭學了嗎？哲學是愛好紮實、可靠的真理，而語言與修辭方法再怎麼有趣豈不都只是片面包裝而已，已經遠離了內在真理嗎？」就如孟子的「辯論」常被同輩批評，現代人也容易批評「譬喻」。這種替換是一種直接的類比。簡而言之，「譬喻」在有一些人的評價中，只不過是空洞話，因此只要貶低譬喻的態度還存在，那麼「予豈好『譬』哉？」就仍然是一種適當表達對於這種態度的抱怨，也是一個適當的論文標題。

簡短的緒論不足以充分說明這種態度所蘊含的問題，但是可以暫時提出幾個現象供讀者參考，粗略地質疑這種質疑譬喻的態度。首先，近年來有愈來愈多哲學家看見譬喻對於思維的重要性，並且得到語言學家與哲學家的關注。學者逐漸意識到譬喻其實不只是可有可無的包裝或遠離哲學的核心議題，反而是接近於日常生活的事實，因為我們對它們太熟悉，所以難以清除看見譬喻對於思維的重要性。有一句俗語說：「旁觀者清」。同樣的，如此多的西方漢學家在做關於中國哲學譬喻的研究，可能正是來自於他們自己跨文化的經驗。由於文化與文化之間都具有鴻溝，必須要製作適當的橋樑才能夠順利地與其他文化溝通，而無論是了解現代的其他文化還是古代的文化，譬喻一律是一流的通道。森舸瀾（Edward Slingerland）對於譬喻跨文化的溝通功能描述地特別生動：「這種認知通順度容易導致我們忽略以下現象是如此驚人：一些睿智儒者在公元前第四世紀所整理的文言文文獻既然倖存千年，翻譯為現代英文，並且按照原始作者的預測觸發公元 21 世紀、穿著寬鬆褲子、傳著簡訊、使用著臉書的加拿大大學生的思想建構。」〔註6〕

〔註6〕筆者譯，原文如下："This sense of cognitive transparency makes it easy for us to overlook how astounding it is that a text assembled in archaic Chinese in the 4th century B.C.E. by some wizened Confucian scholars could survive the millennia, be translated into modern English, and trigger the construction of spaces in the minds of 21st century C.E., baggypants-clad, text-messaging, facebooking

　　其次，筆者在撰寫論文的過程當中，時常有機會與哲學界之外的台灣本地學生討論。這些學生可能聽過孟子的名字，卻似乎對於孟子的思想不熟悉。但開始問「你聽過『一曝十寒』？『揠苗助長』？『綽綽有餘』？」時，受過台灣教育的對話者幾乎一律聽過，甚至經常使用這些譬喻。值得注意的是，這些對話者常常不經意地使用這些譬喻，也不知道自己所使用的譬喻來自於《孟子》。台灣學生在國中、高中的教科書裡都會片段式地閱讀過《孟子》，而出社會之後也常會使用出自《孟子》的譬喻。然而，假如譬喻只是思想與學習的外圍環節，為什麼幾乎所有學生書本、思想都忘記後，卻始終記得《孟子》的譬喻，並且在各種與孟子距離很遙遠的情況之下，準確地使用這些譬喻呢？這也似乎說明譬喻沒有我們想像得那麼簡單，只是「包裝」而已。

　　其三，譬喻能夠釐清不清楚的現象，把以前複雜的事實用一個清楚的架構統整，使人恍然大悟、豁然開朗、茅塞頓開。由於這種經驗難以解釋，而必須要親自經歷後才容易了解，因此以下簡單呈現筆者對於譬喻開竅性的具體經驗。由於筆者的父親是美國人而母親是台灣人，從小就接觸西方和中華文化與語言，在父母的教導之下，也學會了英文與中文。但是筆者的「外國」面孔配上一口「標準」的中文常常使第一次見面的陌生人困惑，這些陌生人也常常詢問：「請問你是哪一國來的？」因此，筆者從小就對於身分定位很敏感，不斷地在被別人定位，也不斷地在思索該如何自我定位。筆者母親曾經詢問過我與三位兄姐：「如果美國與台灣各組了一個籃球隊，你們會參與哪一個籃球隊呢？」我們四個回答「我們會自組一個籃球隊」，這也是我們反抗「文化對立」的方法之一。我習慣反思：我應該如何解釋我認為自己是百分之百的美國人，也是百分之百的台灣人呢？大學畢業之後的暑假，我在日記裡寫著：「我發現西方文化與語言是我其中的一條腿，而中華文化與語言是我另一條腿。我出生就具有兩條腿，這兩條腿同時是我的一部分，但同時也不代表我整個人。無論我中華文化那一條腿如何衰弱，我絕不可能把那條腿砍掉，而是頂多一拐一拐地行走而已。」由於我當下對於中華文化的認知與中文寫作能力有限，自然地延伸了這個譬喻，把「回台灣

Canadian college students in a manner entirely predictable to its original author." 參考 Edward Slingerland, "Metaphor and Meaning in Early China," *Dao* 10 (2011): 25~27.

就讀台大哲學所」視為「復建一條萎縮的腿」。從此之後，一旦有人詢問我與我身分相關的問題，我一律使用這個譬喻回答。有趣的是，這個譬喻不只讓我融會貫通地解釋我從小與文化相關的經驗，這個譬喻也能夠一言以蔽之地使很多人一瞬間了解我的意思。不是每一個人出生就具備兩種文化與語言，但是絕大多數人出生就有兩條腿，即便沒有自己的兩條腿，也至少生活在一個大多數人都具有兩條腿的世界裡。以上的譬喻讓我親身經歷到譬喻的力量，因為這個譬喻又有說明過去事實的解釋力，又有引導出未來途徑的創造力，例如用兩條腿的譬喻說明文化與語言都是人類重要的成分，但是加起來並不能等於一個人的整體。這個譬喻也能夠幫助陌生人一瞬間就理解他們沒有親身經歷的事情。

　　筆者以上從跨文化溝通的最佳方法、學習策略的秘密絕招、和創造意義的震撼架構三方面提出了三種突顯譬喻重要性的現象，供讀者參考。像筆者親自經歷過譬喻效應的讀者，應該都會了解譬喻對於人生的重要性。至於「譬喻對於哲學研究有何價值？」的問題，筆者只能邀請讀者參考以下論述，並且從筆者藉由有限的篇幅呈現孟子的各種譬喻中，一窺這些譬喻如何有助於理解孟子的哲學思想。

第二節　譬喻的要素

　　要在《孟子》譬喻研究上有進展的話，必須要先澄清與譬喻相關的基本要素。首先，我們必須要定義「譬喻」，以便於澄清研究範圍。簡而言之，譬喻是「*舉他物而以明之也*」（《墨子·小取》）〔註7〕或「*以其所知諭其所不知而使人知之*」（《說苑·善說》）。〔註8〕換言之，譬喻重要的功能就是「用清楚的事物描述模糊的事物」。〔註9〕一個事物的「模糊」性有幾個來源，但

〔註7〕李賢中《墨子》（導讀及譯註）（香港：中華書局，2014）：321～322 頁。

〔註8〕盧元駿（註譯）、陳貽鈺（訂正）《說苑今註今譯》（臺北市：臺灣商務印書館，1998）：358 頁。

〔註9〕本論文所使用的「譬喻」廣泛包括西方的 analogy、metaphor、simile 等等概念，也比較接近於 Edwyn Bevan 的「symbol」和 Owen Barfield 的「metaphor」。參考以下文獻：Edwyn Bevan, *Symbolism and Belief*, Gifford Lectures, 1933~1934 (London: G. Allen & Unwin, 1938): 11~15。Owen Barfield, *Poetic Diction: A Study in Meaning*, 4th ed (Oxford, England: Barfield Press, 2010): 65~68。

是基本上奠基於無法被感官察覺（例如靈魂）、需透過抽象思維掌握的事物（例如數學規則）、或在時空或思考上疏離的事物（例如外太空）等等。這個區分突顯語句可以分為譬喻（metaphorical）描述以及字面（literal）描述。這個區分歸根究底回溯到雷可夫與詹森所強調的「棲於身」（embodiment）。「字面」的描述平常是描述一個事物與人的身體之間的互動。「譬喻」描述是把這些「字面」描述套用在別處。舉例來說，孟子說：「人之有是四端也，猶其有四體也」（《孟子・公孫丑上》）。「人有四肢」是字面描述，因為人的身體確實有四肢，而孟子根據這個字面描述進而論述「人有四端」，因此「字面」描述與「譬喻」描述應該被區分開來。但是在此所指出的「字面」與「譬喻」區分並非「直接」與「不直接」描述的區分，因為有時我們對於某一個事物最直接的描述不得不是「譬喻」描述（例如：爭辯是戰爭）。筆者本論文中所關注的是「譬喻」描述。

接著，我們必須區分兩種譬喻：孟子時代所賴以生存的譬喻以及孟子刻意推廣的譬喻。兩者差別何在？前者指孟子所處社會已經長期接受的譬喻。這種描述可能一開始是刻意的譬喻延伸，但是逐漸僵化、變為抽象，接近於「字面」意義，使民眾不見得知道自己在使用譬喻。雷可夫與詹森所使用的著名例子「爭辯是戰爭」就是一個好例子。由於對於這個例子的分析必須透過複雜的文獻與時代考察，也在本文範圍之外，因此暫時不多論述。相對而言，孟子時常使用新鮮生動的譬喻來描述各種事物。這些譬喻時常以「猶」、「若」、「如」等概念直接對照，透過文法突顯孟子是刻意使用這些譬喻。除此之外，孟子也直接使用譬喻描述其他事實。舉例來說，孟子認為「仁義禮智根於心」，直接把仁義禮智譬喻為根植在心中的植物。這些描述很明顯不是「字面」描述，因此可以歸類為「譬喻」描述，也歸在本文處理範圍內。

依據以上的條件搜尋，在《孟子》260 個段落中，有將近 90 個段落包含孟子清楚的譬喻。這不代表孟子在其他段落中沒有使用當時已接受的譬喻，但光是依據這樣的統計代表《孟子》三分之一的段落中都出現清楚的譬喻。既然出現的頻率這麼高、例子那麼豐富，這些譬喻該如何整理呢？要回答這個問題需要回溯譬喻本身的性質。

譬喻主要有兩個值得注意的成分。第一是譬喻的來源（source）。第二是譬喻的目標（target）。要整理《孟子》中將近 90 個譬喻出處的話，應該依照

來源還是目標整理呢？依照譬喻的來源整理孟子的譬喻有一個優點：它可以幫助我們澄清孟子當時習慣使用的譬喻。這些包括植物、動物、水火、道路、住宅等等。這種分析的方法有助於澄清當時社會所接觸的現象，而從此處推出當時社會其他賴以生存的譬喻。但是這種方法的缺點在於這條路線難以釐清孟子所關注與描述的現象，因此按照譬喻目標來整合孟子所有的譬喻才是比較適合的方法。孟子用譬喻釐清的目標便能夠突顯孟子所關注的現象的優先次序，並且有助於透露孟子思想的中心何在。分析的結果顯示孟子幾乎所有的譬喻都與人的言行相關，並且特別注重人與人之間的「適當關係」，亦即他大多數所使用的譬喻都與「人該如何適當地與人相處」有關。以下研究結果會進一步探討該特色。

第三節　研究範圍、方法、價值、成果

一、研究範圍

　　本文專注考察《孟子》的文本，以此文獻作為一切論述的根據，因此該研究會大量引述孟子文本中的各個章節。為了閱讀通順的緣故，筆者直接把「孟子」與「《孟子》」互相通用，亦即筆者把《孟子》所記載的「孟子曰……」之表述當作確實反映著「孟子思想」中的「孟子」。本文並未處理各種高等批判的材料，〔註10〕因此不特別區分「《孟子》」與「孟子」。筆者選擇用「孟子」而非「《孟子》」，為了讓敘述不那麼冗贅。總而言之，筆者在本文中所關注的範圍是《孟子》整本書，包括孟子的各種對話者，並且把《孟子》文本中的「孟子曰……」假定為孟子真正的話語。

二、研究方法

　　中國哲學研究都必須要使用某一些方法來閱讀經典、找尋重點與貫穿思想，而可採取的路徑不少。面臨研究者最根本的問題就是：該如何跨越與經典之間的時空距離，以便於從經典中得到自己所探索的答案呢？既然這是一篇關於孟子思想的論文，我們可以從《孟子》文本先列出孟子本人所提

〔註10〕要進一步了解《孟子》的文化背景課參見：Bruce E. Brooks and A. Taeko Brooks, "The Nature and Historical Context of the *Mencius*," in *Mencius: Contexts and Interpretations*, edited by Alan Kam-leung Chan (Honolulu: University of Hawai'i Press, 2002): 242～243，256～266。

及「以意逆志」與「知人論世」的兩個原則。〔註11〕首先，孟子認為詮釋古代之詩不能被字面或詞句而限制，而必須要從自己的體會推測作者的原意：「故說《詩》者，不以文害辭，不以辭害志。以意逆志，是為得之。」（〈盡心下〉）這也指明了我們必須要以了解孟子的意思為目的，但可以把自己的體會當作起點。這樣才可以達到孟子推崇的「尚古」之理想，以便於學習古人所傳達的智慧：「以友天下之善士為未足，又尚論古之人。頌其詩，讀其書，不知其人，可乎？是以論其世也。是尚友也。」（〈盡心上〉）光是朗誦孟子的言語、閱讀孟子的文字不足以顯示我們了解孟子的論述，反要「以論其世」才能「知其人」。由於此段落聚焦於古人而不是古書，因此「以論其世」的「其」應該也是針對著古人，而本段落所推廣的策略是藉由討論古人當時的所作所為，而真正地與古人做朋友。因此，筆者也採取「以意逆志」與「知人論世」為基本的詮釋原則。

試問：這兩種詮釋原則該如何用來詮釋文本呢？本文主要採取四種研究方法：（1）文獻研究法、（2）問題研究法、（3）概念分析法、與（4）譬喻詮釋法。以下一一探討。

（一）文獻研究法

首先，文獻研究法的基本理念就是人類必須要學習各種豐富的智慧才可以滿足人類所有的需要，但是因為人類很脆弱、生命也短暫，因此必須要參考經典才能夠減少學習的時間，以便於在有限生命中至少不要過的那麼苦。文獻研究法的基本操作方式包括確認《孟子》文本究竟說什麼，以便於確認現代《孟子》版本準確。筆者主要依賴趙岐、朱熹、焦循與楊伯峻所註釋的《孟子》文本為準。〔註12〕根據文獻研究法，每一段的根據也必須要通順，因此在判斷某一段的正確詮釋，可參考該詮釋是否符合上下文。舉例來說，孟子把水之清濁所引發的相差待遇用來比喻人類之清濁所引發的相

<hr>

〔註11〕孫中原先生指出「以意逆志」與「知人論世」為兩個詮釋歷史人物與文獻的方式。可以參考孫中原（著）、王讚源（審定）《中國邏輯學》（台北市：水牛出版社，1993 年）：61～62 頁。

〔註12〕參考以下的文獻：（漢）趙岐注；（宋）孫奭疏；廖名春、劉佑平整理；錢遜審定；李學勤主編《孟子注疏（十三經注疏）》，北京：北京大學出版社，2000。（宋）朱熹《四書集注》，台北：漢京華文事業有限公司，1983。（清）焦循《孟子正義》，北京：中華書局，1991。楊伯峻《孟子譯注》，台北：五南圖書，1992。

差待遇，並且藉此提醒聽眾，他們所經歷的待遇是「自取」的結果（〈離婁上〉）。〔註 13〕不仔細參考文本脈絡容易引發誤會，例如：孟子的論述中有不對稱之處，因為雖然人之清濁可能是「自取」的，但是水之清濁缺乏自主性！文獻研究法可以幫忙解決以上誤讀之問題，因為我們會了解「自取」必須可以同時套用在缺乏自主的水與擁有自主的人身上，因此把「自取」解釋為「（待遇是）由水自己招來的」，亦即水或人所得到的待遇是來自於他（它）的清濁。缺乏自主能力的水會因為無法控制的清濁而得到某一種待遇，這是客觀事實；但是人的清濁以及清濁所帶來的待遇絕大部分在人類的控制之下！水與人的共同之處不在於兩者清濁都由自己決定，而是清濁一般會帶來對稱的待遇，而就是因為人可以決定自己的清濁，所以才需要特別謹慎！這就是孔子與孟子為何都如此推崇水：它可以先提供「清濁待遇相差」的警告，並且更進一步強調人類仍可以且應該決定自己的清濁，所以必須要謹慎。除了預設著一段的一致性之外，文獻研究法也預設《孟子》整本經典之主張大致上應該具有它的一致性，因此可以「以經解經」，使用《孟子》比較清楚的論述來突顯較為困難理解的段落的意義。〔註 14〕文獻研究法也預設著能夠統整《孟子》所有段落中的詮釋才是最合理的，〔註 15〕也是每個時代研究者能夠「接著（經典）講」的重要根據。〔註 16〕

　　文獻研究法對第三、第四與第五章特別重要，是彰顯孟子思想的重要基礎。由於本文的焦點為孟子思想，因此整篇論文的分析都奠基於文獻研究所整理出來的內容，可以說是本文之身體細胞：本文沒有一個部分不是來自於文獻研究法所得出來的成果，就如身體裡最基本的成分之一是細胞。

〔註13〕關於相關論述，可以參考第三章對此段的討論（78 頁）。

〔註14〕李賢中老師區分重構傳統思想的三種方法：順向重構、參照重構、擴展重構。本文試圖採取前者（順向重構），從《孟子》的文本重構孟子的思想。參考李賢中〈傳統思想的現代重構與轉化——以墨、荀為例〉，《哲學與文化》42 卷第 3 期「中國哲學走向世界的方法論問題專題」（2015 年 3 月）：123～127 頁。

〔註15〕關於「合理」的判斷標準，可以參考李賢中〈論合理性標準在詮釋過程中的作用與限制〉，《中國詮釋學第 13 輯》洪漢鼎、傅永軍主編（濟南：山東人民出版社 2016 年 12 月）：2～6 頁。

〔註16〕假如解經僅限於「照著講」，那麼研究者永遠不能夠超越或突破過去的思想。由於文本研究法的基本理念是經典的基礎性，每一代的研究者都可以回到經典，再次從經典的題材找出新的解釋與啟發。

（二）問題研究法

　　每一個時代的研究者所面臨的問題都不一樣，因此每一個時代的研究者也會試圖藉由經典的啟發回答不同的問題，或對於長久以來的問題作出新的解釋。本文所採取的第二種研究方法也就是這種問題研究法。研究者對於經典的仔細考察一定會引發出一些疑問。疑問可能包括該如何詮釋作者原本意思或理解文本後所引發出的延伸追問。問題研究法試圖歸類出一些基本的方法來引導研究者對於這些問題的回應。問題研究法的關鍵就是釐清研究者所探究的問題。這個研究問題不能夠太廣泛，也不能夠太狹窄，並且必須要與相關經典有關，否則得出來的結論容易缺乏穩定的文本根據。此外，問題研究法另外一個基本理念就是人類思想最根本的成份並非概念，而是問題。亦即哲學研究不應該把概念分析視為人類思考最根本的基礎，反而應該釐清每一個哲學家所診斷且解決的問題，以便於正確掌握那一個哲學家的思想體系。〔註17〕

　　問題研究法對於論文整體架構特別重要，因為論文的核心問題很清楚設立為「孟子為何如此地『好辯』？」這種研究方法形成整體論文的脊椎，賦予以上文獻研究法之細胞一個明確的形狀。雖然本文只有緒論與結論明確指出這個問題，但是這個研究方法一直處於表面之下，就如脊椎隨時賦予身體一個主軸。

（三）概念分析法

　　然而，雖然概念並非哲學思考最根本的層次，本文所採取的第三個研究方法仍然是概念分析法，因為假如要精準地採取一個文本來回答某一個研究問題的話，研究者必須要了解那位哲學家對於不同概念的界定與使用。舉例來說，Bevan 指出古希臘文所使用的 *pneuma*（氣、風）原本意義僅限於氣或風，但是《聖經‧新約》使用希臘文的 *pneuma* 翻譯古希伯來文的 *ruakh*（氣、靈魂、風），〔註18〕因此〈新約〉對於 *pneuma* 概念的理解與其他古希臘文經典所使用的 *pneuma* 有明顯的差異。概念分析法的好處是在回答研究問題時，澄清那經典如何使用和理解某一個概念的意思。第二章的概念分析會加以釐

〔註17〕關於以問題為主的研究方法，可以參考杜保瑞《中國哲學方法論》（臺北市：臺灣商務，2013）：233～261 頁。

〔註18〕Edwyn Bevan, *Symbolism and Belief*, Gifford Lectures, 1933~1934 (London: G. Allen & Unwin, 1938): 151~205.

清《孟子》文本中容易誤會的概念,例如指明孟子之「情」是「實情」,而並非「情感」。這個例子也突顯概念分析法的價值:打破對於孟子思想的刻板印象或限制,並且幫助初學者透過掌握孟子的一些核心概念更精準地了解孟子的思想。〔註19〕其實,概念分析常常也是一種翻譯的工作,因為每一個時代都必須要重新用自己時代的慣用語來定位各種概念,如同把生命氣息再次賦與已死去、僵化的語言之屍體,以便於使得現代讀者所使用的概念不僅是僵化的外殼而已。總之,這種鋪陳性的分析可以幫助研究者更精確地查考出經典中的細微意義。

概念分析法在本文主要出現於第二章,對於人性相關的概念做出重要的釐清與整理,以便於避免誤解。概念分析法在本文的功能如同身體的白細胞:就如白細胞去除身體裡的各種雜物,使得身體可以正常運作,概念分析的主要功能同樣的是去除各種誤解,以便於幫助整篇論文避開會傷害清楚思路進展的因素。

(四)譬喻詮釋法

最後,在釐清一些關鍵概念之後,本文便採取譬喻詮釋法。譬喻研究法首先要求對於人類思維過程作出全面性的反省,判斷人類思維過程本來就是譬喻性的,〔註20〕因此不必排斥聚焦於一個哲學家的譬喻。由於本文的焦點是「人性」、「人倫」與「辯論」三個主題,使用譬喻研究法也十分恰當。人性不是人類感官能夠接觸的事實,所以孟子描述人性的主要方式是藉由譬喻,因此分析孟子人性論最合理的方法也就是分析孟子所使用的譬喻。人倫關係背後也有一些相關譬喻,可以減少孟子人倫關係對於現代讀者的距離。孟子辯論中也經常使用各種譬喻,因此從譬喻的角度搜尋孟子好辯之根基也非常合理。可見,譬喻詮釋法不只是可以套用在孟子思想上的研究方法,而是掌握孟子思想最自然與合理的研究方法之一。由於譬喻有兩個主要範疇,來源範疇(source domain)與目的範疇(target domain),因此譬喻詮釋法必須要聚焦於兩者之一,並且從得出的結果作出系統性的整理。本文聚焦於孟子的目的範疇,因為孟子的獨特性不在於他所使用的來源範

〔註19〕可以藉由參照《論語》的概念分析為例:儒家傳統公認「仁」為核心概念之一,然而傅全的概念分析可以引發出新的詮釋,例如傅佩榮〈重新詮釋孔子的「仁」〉,《哲學雜誌》第6期(1993年9月):73~79。
〔註20〕關於譬喻與思想之間的關係,可以參考第二章(41~45頁)。

疇，而是在於他譬喻所連接的目的範疇。〔註21〕總之，譬喻詮釋法主要聚焦於孟子想要突顯的目的範疇（例如，仁義禮智），並且統整孟子經由其譬喻所提倡的思想。

譬喻詮釋法在第三章、第四章與第五章都具有重要的功能，但是其實這種研究方法貫穿著整篇論文。假如血液循環為保持生命的關鍵，如同「一切活物的血就是他的生命」（《聖經·利未記 17：14》），那麼本篇論文的生命力來自於貫穿整體的「血」，亦即譬喻詮釋法。這個方法論為本篇論文的生命力，因為譬喻研究法可以使得孟子在我們心目中再次活過來，不再只是一個枯燥的古書，而是一個活生生的同伴，對於現代人仍然具有啟發性的哲人。

三、研究價值

本文的研究價值何在？筆者認為本文至少擁有四種貢獻。

首先，過往學者雖然關注孟子對於人性論、人際關係與各種辯論的描述，但是並未用譬喻的分析把三者貫穿起來。漢學界對於孟子的譬喻研究已經累計了相當程度的成果，而中國哲學界對於孟子的人性、人倫與辯論也都有精彩的研究成果。本文結合這兩個世界，採取漢學家所習慣的研究方法重新檢討中國哲學界長久以來所探究的哲學命題。結合東西方的問題與方法是一種跨文化研究，不但可以作為兩個世界之間的橋樑，也可以從新的視角探究中國哲學。現代人活在國際化的全球村裡，而傳統之間的交流還有深化對於自己傳統的認識都是現代人必須具備的基本能力。本文嘗試穩穩地站在兩個世界裡，吸收兩種傳統的精華，並且開創新的未來。

其次，過往研究者並未整理出孟子五倫背後所擁有的相關的譬喻，作為某一個倫理關係後設的言行規範。這種整理的結果可以與孟子的批評比較，讓我們對於孟子的映像不只是「好辯」，反而能夠解釋孟子為何在不同的段落

〔註21〕舉例來說，墨子與孟子都用「水滅火」作為他們譬喻的題材（來源範疇），但是兩者所對照出的事實卻不一樣。墨子想要指出堅持「兼愛天下」才是用水來熄滅燃燒天下的火，不像別人可能在「火上加火」（《墨子·卷十一·耕柱》）。孟子想要指出仁勝過不仁如同水勝過火，但是問題是水的分量卻不夠熄滅燃燒的火（《孟子·告子上》）。兩者都採取「水滅火」的現象作為譬喻，但是兩者希望突顯的「來源範疇」卻不一樣。關於墨子對於孟子推理方法的影響，可以參考李賢中〈墨子推理方法對於孟子的影響〉《四川大學學報》（哲學社會科學版）總第 212 期（2017 年第五期）：41～47。

中如此地「好辯」。這種整理對於閱讀《孟子》特別有所幫助,因為孟子的對話中經常在探究人倫關係,因此孟子對於某一個人物的斥責藉由本文所整理出來的框架作為詮釋的眼鏡,便可以幫助我們了解孟子為何在某一個情況下會批評某一個人。

其三,本文也明確檢驗「孟子最嚴重的批評對象是誰?」本文解釋孟子為何如此嚴苛地批評「濫用自己權力的國君」、「逢迎國君過錯的臣下」與「誤導百姓言行的士人」,為現代人再次釐清孟子為何不應該被視為一個「好辯」的老先生,而是有條有理的哲學家。現代多元社會似乎提倡「包容」,因此難以接受過度批評的言論,因此本文價值之一在於分析孟子所批評的對象而指出孟子的批評是奠基於明確的根據,突顯這些批評不但有其合理性,而甚至是所有人都會一起批評的對象。

最後,本文對於人性論的探討有兩個優點,一個為研究優點,一個為教學優點。東方與西方學者都長久以來把孟子人性論視為孟子思想中的關鍵理念。中國哲學對於人性論的探究也經常環繞著孟子的「性善」應該解讀為「人性本善」還是「人性向善」或其他相關說法。〔註22〕本文刻意跳開一般中國哲學界的張力,盡量客觀地詢問:「哪一些段落對於解讀孟子人性論最為關鍵?」第四章所摘要出的五個關鍵描述明顯是建構孟子人性論的關鍵篇幅,而本文從這五段所建構出的基本特色便可以反過來幫忙判斷各種人性論詮釋是否符合孟子譬喻原始的意思。

此外,本文也有教學優點。臺灣教育部最近開發了新的教學教育部計劃,如同長久以來就有的科技部計劃,因為臺灣政府意識到學者的功能不能僅限於研究突破,而也必要有教學創新。本文提及的孟子人性論的五大譬喻可以用來做為摘要和介紹孟子人性論的教學策略,顯示本文不但在研究上有貢獻,而也符合臺灣政府最新策略的推廣,能夠把研究成果轉化為課堂上可採取的教學教材。藉由譬喻可以降低學生對於中國經典的陌生,符合現代學者

〔註22〕以下的文獻回顧會對於「人性本善」與「人性向善」做進一步的探究,是學者仍然在討論的議題。然而,這不僅限於學者的探討,而也仍然是學生學位論文的關注,代表此議題為孟子思想的核心之一。可以參考以下論文為例:陳姿伶〈孟子人性論現代詮釋的爭議與釐清〉(國立臺灣師範大學國文系碩士論文,2006年):68~93頁。何謂孟子的「性善」也是漢學家所關注的主題,可參考以下論文為例:羅惠齡〈當代《孟子》人性論的省察——以漢學家的詮釋所展開的反思〉(淡江大學中國文學系博士論文,2016年):68~78,91~103頁。

在發展教學教材上的責任，也是把研究成果推廣到學術象牙塔之外的策略之
一。

四、研究成果

　　除了緒論與結論以外，本論文的主要內容有四章。第二章主要做文獻回
顧、譬喻定位、概念澄清三方面的鋪陳。該章會先回顧西方與中國哲學界對
於譬喻的研究。由於前人研究的方向都蘊含著對於譬喻的某種定位，因此筆
者便會順著雷可夫與詹森指出過去哲學研究對於譬喻的誤解，並且提出譬喻
的一些關鍵特徵，以便於幫助澄清後面的分析。在進入第三章之前將會澄清
各種與孟子「人性論」相關的概念，好讓下面三至五章的文本解讀可以順利
進行，而不必花費太多篇幅解釋某一段的解讀原因。

　　第三章將討論「四端與譬喻」。「關係」是孟子最關注的具體現象之一，
而這些關係的源頭可以回溯於人性論。簡言之，人性論就是孟子的理論基礎
之一，而這顯示於他「民為貴」與「孰不為守」的相關論述中。而孟子的人
性論一言以蔽之必須回溯到心的四端。筆者在此章會挑出孟子對於「心」與
「性」最關鍵的描述，〔註23〕並且以五個核心譬喻摘要孟子人性論的關鍵特
色。筆者也將會稍微回應那些對孟子使用譬喻描述人性的質疑，因此在這裡
只提出一個簡單的問題供讀者思考：或許有人會批評孟子使用譬喻探討人性
不恰當，因為缺乏數學或邏輯的普遍必然性，但是除了譬喻之外，還有更適
合的方法可以用來描述感官無法察覺的人性嗎？〔註24〕

　　第四章將聚焦於「五倫與譬喻」。為什麼要探討五倫呢？因為孟子在各個
對話中常常使用譬喻指出對話者的謬誤，為了糾正他人對於「人與人之間適
當關係的實現」的誤解或指出他們偏離這理想的言行。換言之，孟子最關注
的議題就是「人際關係」，因此筆者也會處理日常生活中需要不斷調適的「人
際關係」。孟子自己也提出「五倫」摘要他認定為最關鍵的五種「適當關係的
實現」。分析孟子五倫背後的各種譬喻有助於讀者貫穿孟子不同篇段中所給予

〔註23〕嚴格來說，是挑出最關鍵的譬喻性描述，但是由於孟子大多數對於人性論最
　　　　關鍵的描述都是譬喻性的描述，與人性相關「關鍵的譬喻性描述」與「最關
　　　　鍵的描述」意思幾乎是一樣的。

〔註24〕當然，孟子大多數對於「人性」相關的探討都是人如何藉由言行表現出或隱
　　　　藏住人性的潛能，但是假如要探究人性的特色或本質，而不只是作用或功能，
　　　　那麼使用譬喻則十分恰當。

的建議與斥責。

第五章將探究「三辯與譬喻」。〔註25〕孟子希望「正人心，息邪說，距詖行，放淫辭」（〈滕文公下〉），因此被批評為「好辯」。試問：孟子最反對哪一些邪說、詖行、淫辭呢？答案是濫用自己權力的國君、逢迎國君過錯的臣下、與誤導百姓言行的士人。試問：孟子為什麼以如此嚴苛的方式對待這三種人呢？因為孟子深信「天降下民，作之君，作之師。惟曰其助上帝，寵之四方。」根據這段《尚書》的記載，孟子認為國君與老師的重大責任在於幫助上帝照顧百姓。臣下的責任則是輔助國君完成國君的責任，因此失敗的臣下也包括在孟子批評的範圍內。

簡而言之，除了第二章的回顧文獻、譬喻定位、概念澄清三方面鋪陳之外，本論文的結構就是「四、五、三」。筆者希望以下分析可完成以上所設立的任務，並且引導讀者從不同的角度欣賞孟子的思想。

〔註25〕一般所謂的孟子「三辨」為人禽之辨、王霸之辨、義利之辨。筆者此處使用「三辯」聚焦於孟子「辯論」中所批評的對象。兩者意思並非一樣。

第二章　思想與譬喻

　　從柏拉圖開始，哲學家就以不信任的眼光看待譬喻。或許是因為他們把譬喻視為辯士所使用的策略之一，但是清楚的後果則是西方哲學長久以來認為譬喻不值得仔細考察。雖然哲學家似乎比較少直接關注譬喻，有幾個現象值得注意。首先，一般民眾與非專家要理解複雜理論的最佳方式之一就是採用生動的譬喻。舉例來說，愛因斯坦曾用比喻解釋相對論：「把你的手放在滾熱的爐子上一分鐘，感覺起來像一小時。坐在一個漂亮姑娘身邊整整一小時，感覺起來像一分鐘。這就是相對論。」任何有教學經驗的人都經歷過使用一個好譬喻之後，在學生眼中所開起的那盞燈。其次，跨文化溝通經常需要使用各種譬喻才能夠跨越文化與語言的障礙。跨文化溝通最常使用的句子是「這就像……」，代表這種思維對人類很重要。其三，好的譬喻似乎可以創造出新的意思，並且改變人的行為。當抽象的「愛」被比喻為「愛是一個旅途」，這能夠鼓勵正在經歷婚姻困難的人要持之以恆。

　　這些簡單又常見的例子顯示譬喻與思想之間的關係可能比一般人所想像的還要緊密。本章的目的主要有三個：第一是回顧西方哲學以及中國哲學對於譬喻的研究成果，透過這個回顧開始定位譬喻的地位；第二是探討思想與譬喻之間的關係，釐清譬喻在思維過程當中的定位；第三是澄清《孟子》文本中的基本概念，以便於讓後面的文本探討更清楚。這三個步驟都是重要的鋪陳，對後續的分析很重要，因此在本章會先處理這三個議題。

第一節　文獻回顧

一、西方哲學的譬喻研究回顧

（一）西方傳統中的「客觀主義」

蘇格拉底是西方哲學第一位偉大的哲學家，經常在哲學教室被提倡為「真理辯護者」的典範，而介紹蘇格拉底的教科書習慣稱讚蘇格拉底服從普遍真理，並且批評辯士學派服從修辭技巧。在柏拉圖的筆下，蘇格拉底是哲學家，而辯士學派頂多只是擅長扭曲語言者。從蘇格拉底與柏拉圖的時代開始，西方哲學就強調普遍真理的重要。由於具體言行局限於它們的時空，所以缺乏抽象性也沒有普遍性，因此重視可以統合一切的靈魂，而藐視局限靈魂的身體。亞里斯多德雖然強調身體的重要性，但仍然注重邏輯，也因此發展出了很豐富的邏輯思想。從表面看來，語言雖然與哲學的關係很緊密，應該早已延伸語言的探討，但是西方哲學的發展較注重邏輯，使西方哲學史甚至可以被視為邏輯的發展。〔註1〕換言之，西方哲學在尋找的是不受限於時空的真理，而從此推出其他結論。相對而言，語言會順著時代而改變，而且在這種強調抽象邏輯的哲學傳統裡，這種改變只是一種需要被解釋的麻煩現象。〔註2〕雷可夫與詹森把這種傳統概括性地標籤為「客觀主義」的傳統，並且解釋它有以下的特色：

> 真理是以語詞與世界相符的事件……
>
> 自然語言的語義理論是以真理論為基礎的，與人們理解及運用語言的方式無關……
>
> 意義是客觀而且非肉體性的，與人的理解無關……
>
> 句子是具固有結構的抽象物……
>
> 句義可由句子各組成部分之含義及句子的結構獲得……
>
> 溝通是說話人將含有固定義的信息傳遞給聽話人的一種事件……
>
> 一個人如何理解一句話，此句對「他」而言有何意義，是此句的客

〔註1〕Owen Barfield, *Poetic Diction: A Study in Meaning*, 4th ed. (Oxford, England: Barfield Press, 2010): 52.

〔註2〕Owen Barfield, *Poetic Diction: A Study in Meaning*, 4th ed. (Oxford, England: Barfield Press, 2010): 53.

觀義以及此人所相信的世界與此句發生的情境等因素的一種綜合
運作……〔註3〕

這種觀點認為「意思」（meaning）需要如建築被建構，把萬物視為具有
各種特色與形狀的磚塊。哲學的工作便是了解各個磚塊本身不變的內含，
〔註4〕並且適當地拼湊出一個完整的哲學建築。〔註5〕普遍性成為真理與意
義的標準，而個人理解則局限於具體情況而已。主觀的考量（含個人理解）
頂多是一個需要被克服的、阻擋我們達到真理的障礙。順著這種觀點，譬喻
的定位也不高，難以避開以下的思路：

其一：就定義而言，譬喻概念或譬喻意義並不存在，意義是客觀的
與客觀真值的特殊條件的。……

其二：既然譬喻不可能是意義事件，那就只能是語言事件。……

其三：依照定義，可能並不存在直陳性（常規的）譬喻這回事。……

其四：譬喻對理解的貢獻只是使我們看到客觀相似，也就是，客觀
義 M 與說話人含意 M 的相似。〔註6〕

根據「客觀主義」的觀點，真理如同一個人的身體，而譬喻頂多只是可有可

〔註3〕雷可夫與詹森（撰）、周世箴（譯）《我們賴以生存的譬喻》（臺北市：聯經，
2006）：293〜94 頁。原文如下：
"Truth is a matter of fitting words to the world.
A theory of meaning for natural language is based on a theory of truth, independent
of the way people understand and use language.
Meaning is objective and disembodied, independent of human understanding.
Sentences are abstract objects with inherent structures.
The meaning of a sentence can be obtained from the meanings of its parts and the
structure of the sentence.
Communication is a matter of the speaker's transmitting a message with a fixed
meaning to a hearer.
How a person understands a sentence, and what it means to him, is a function of the
objective meaning of the sentence and what the person believes about the world and
about the context in which the sentence is uttered."
George Lakoff and Mark Johnson, *Metaphors We Live By* (Chicago: University of
Chicago Press, 2003): 196.
〔註4〕這也解釋概念分析為什麼對於西方哲學如此地重要。哲學家必須要知道這個
概念磚塊所具有的特色，才知道該如何歸位。
〔註5〕雷可夫與詹森（撰）、周世箴（譯）《我們賴以生存的譬喻》（臺北市：聯經，
2006）：202〜203 頁。
〔註6〕雷可夫與詹森（撰）、周世箴（譯）《我們賴以生存的譬喻》（臺北市：聯經，
2006）：209 頁。

無的衣服，可以順著時間而改變服裝，〔註7〕導致譬喻在西方哲學史上被貶抑，而且被視為哲學邊緣的議題和方法。〔註8〕

「客觀主義」的框架雖然在西方哲學裡很強盛，但是它無法解釋幾個重要的現象：思想無法跳脫譬喻、學習時常透過譬喻才有效、以及譬喻能夠創造出新的意思和關係。〔註9〕為了彰顯主觀因素的重要性，西方哲學也引發出了一個「主觀主義」的傳統。這種觀點的核心價值就是經驗缺乏自然、普遍的結構，因此意義與真理也不會受到不存在的自然、普遍事實的限制。〔註10〕順著這個前提，我們確實可以解釋譬喻對於個人的重要性，理解人為何會使用各種譬喻來理解自己的生活。問題是，這種觀點過度主觀，無法解釋不同文化為何使用同樣的譬喻，也無法澄清譬喻為何與「真理」有關，而不只是「幻想」。這種思路最嚴重的後果是導致思考變得毫無意義，因為所謂的「意義」已經失去任何普遍、穩固的立足點。

（二）《象徵與信仰》

除了以上的「客觀主義」與「主觀主義」之外，還有學者同時肯定譬喻的重要性和譬喻的普遍根據，可用 Edwyn Bevan 與 Owen Barfield 作為兩個代表性例子。首先，值得參考 Edwyn Bevan 在《象徵與信仰》中與譬喻相關的探討。根據 Bevan，「象徵」是「代表其他事物的現象」，〔註11〕並且可以進一步區分成「象徵已經直接認識的事物的象徵」與「象徵不能直接認識

〔註7〕現代學者也逐漸意識到衣服沒有以前所想像的那麼簡單。可以參考 Daniel Miller, *Stuff* (Cambridge: Polity Press, 2010): 12~41，對於衣著的精彩描述。

〔註8〕Mark Johnson, "Introduction: Metaphor in the Philosophical Tradition," in *Philosophical Perspectives on Metaphor*, edited by Mark Johnson (Minneapolis: University of Minnesota Press, 1981): 3~20.

〔註9〕雷可夫與詹森（撰）、周世箴（譯）《我們賴以生存的譬喻》（臺北市：聯經，2006）：311~12 頁。

〔註10〕雷可夫與詹森（撰）、周世箴（譯）《我們賴以生存的譬喻》（臺北市：聯經，2006）：326 頁。英文的意思可能比較清楚：「experience has no natural structure and that, therefore, there can be no natural external constraints upon meaning and truth.」參考 George Lakoff and Mark Johnson, *Metaphors We Live By* (Chicago: University of Chicago Press, 2003): 224。

〔註11〕Bevan 把象徵（symbol）定義為「一個給予官能或想像（一般給予官能）且代表他物之物者」（something presented to the senses or the imagination--usually to the senses--which stands for something else）。參考 Edwyn Bevan, *Symbolism and Belief*, Gifford Lectures, 1933~1934 (London: G. Allen & Unwin, 1938): 11。Bevan 所探討的「象徵」與筆者所探究的「譬喻」意思很接近。

的事物的象徵」。第一種象徵不必要與象徵的目標有相似之處，可以完全不一樣，就如一顆石頭可以讓一個人聯想到某一個朋友，但是朋友與石頭之間並沒有本質上的共同之處。相對而言，第二種象徵必須要與象徵的目標有相似之處，也是 Bevan 所關注的象徵，例如用高度（height）、時間（time）、光明（light）、靈魂（spirit）與憤怒（wrath）描述神，而這一些描述則是神的本質。他在第十三章裡指出「擬人論」（Anthropomorphism）、「比喻」（Analogy）與「不可知論」（Agnosticism）為三種象徵看不見的事物的方式。「擬人論」把對於「人」與「神」的描述內容視為完全一致（univocal），因此神所有的特色只是把人的特色放大而已。相對而言，「不可知論」把對於「人」與「神」的描述內容視為完全不一致（equivocal），於是把有關神的知識歸類為未落實在人類社會中的知識，因此判斷這方面的知識並不是人能擁有的。「比喻」的方法則是避免這兩條思路，同時強調人對於神的認知是真知識，同時強調這個認知不完全地界定神。換言之，「比喻」能夠表達某一種「象徵性知識」，而且這種知識是最適合表達這種知識的方式。〔註 12〕換言之，針對某一些對象，人類並沒有比「比喻」更適合表達知識的方式。舉例來說，「神就是光」不「只是」一個譬喻，而其實是描述神的最佳方法之一，因為這個描述牽涉我們對光的認知（溫暖、良善）和反應（敬畏、懼怕）。可見，「神就是光」同時是譬喻性的描述符號（symbol），同時也是描述神的最佳方式之一。試問：以上對於神的象徵之探究與孟子的譬喻有何關聯呢？

　　以上的探究有兩個重點值得參考。首先，Bevan 敏銳地指出有一些知識只能透過避免「擬人論」與「不可知論」的陷阱才能夠得到。「擬人論」的錯誤在於把所有對照性的描述視為單義（univocal）語詞，而「不可知論」的錯誤在於把所有對照性的描述視為多義（equivocal）語詞。如果把所有事物的對照都視為單義的，就等於否認事物的區別與多元性；然而把所有事物的對照都視為多義的，就等於否認對照式描述可以帶來真知識。但是一

〔註 12〕 "And to say that a conception has symbolical truth does not only mean that it promotes a certain kind of emotion and will; it implies a belief that God, although unimaginable, is really such that a response of that kind is the appropriate response to Him. It means that the symbolic expression is the best possible way the truth could be expressed in terms of human ideas." 參考 Edwyn Bevan, *Symbolism and Belief*, Gifford Lectures, 1933~1934. (London: G. Allen & Unwin, 1938): 340。

般經驗中就有諸多的反例，例如對於年輕人說「愛情是旅途」可能會讓他體會到「愛情的過程可能比結局還更重要」的真實知識。其次，我們可以掌握住「譬喻」是最適合、甚至唯一能夠描述某一些事實的方式。神的各種特色無法直接被人理解，但是可以透過「譬喻」得到真正象徵性的知識；同樣的，人也無法直接認識孟子常常探討的人性，因此唯一認識人性的進路就是透過譬喻得到真正的象徵性知識。〔註13〕除了用譬喻描述之外，還有更適合闡述人性各種特色或作用的方式嗎？或許有其他適合的方式，但是譬喻至少可以說是最為普遍和受用的方式之一。至於孟子人性論的實質特色，以下再論。

（三）《詩辭》

其次，Barfield 在《詩辭》中對於譬喻的探討有助於釐清譬喻的功能與定位。根據 Barfield，語言在歷史演變中會被兩個主要的原則影響：「創意原則」（poetic principle）與「分析原則」（prosaic principle）。〔註14〕

> 在人類意識的發展過程中，我們可以追溯兩個相對原則或動力的運作。首先，就如我們所見，有一個動力見於單一意思分成複數分開、經常獨立的概念……第二個原則則是贈予於人類、是原始的，如同語言出生具有的性質。這即是生命統一原則。〔註15〕

古代詩人所使用的原始語言基本上完全依從「創意原則」，因為他們把萬物視為一個充滿著生命力的整體。為了解釋這一切，荷馬與其他早期的詩人並沒有清楚意識到自己在編輯美麗的詩歌，而且原始語言充滿著神話成分，

〔註13〕要聯想其他例子也不難：愛情也是一個無形可見，但是可以透過五官觀察它實質的效果。

〔註14〕筆者決定把 Barfield 的「poetic principle」翻譯成「創意原則」是因為 Barfield 對於「詩性」（poetic）的定義比較接近於現代人的「創意」（creative）：「因此，當我談及『詩性』，我的意思為那大多數人習慣稱為『創意性』之物」(Thus, it must be understood that when I speak of the poetic I mean what many people would prefer to call the "creative.")。參考 Owen Barfield, *Poetic Diction: A Study in Meaning*, 4th ed. (Oxford, England: Barfield Press, 2010): 99。

〔註15〕筆者譯，原文如下："In the whole development of consciousness, therefore, we can trace the operation of two opposing principles, or forces. Firstly, there is the force by which, as we saw, single meanings tend to split up into a number of separate and often isolated concepts……The second principle is one which we find given us, to start with, as the nature of language itself at its birth. It is the principle of living unity." Owen Barfield, *Poetic Diction: A Study in Meaning*, 4th ed. (Oxford, England: Barfield Press, 2010): 79~80.

因為原始人在日常生活中會與神明有密切的互動。〔註16〕然而每一個社會遲早會產生自覺式的反思，並且開始深入反思萬物，而這種現象就是「分析原則」所帶來的自覺性。「創意原則」是一個語言的原始狀態，但是遲早會開始展現「分析原則」式的反思。

　　舉例來說，現代人在閱讀古拉丁文獻時，有時會讀到 *spiritus*，並且把它意思翻譯為氣、靈魂或風，但是古代人並沒有區分這三個意思，反而是一起使用，因為古代人並不會像現代人詳細地區分這些概念，反而是把它們視為一體。〔註17〕Bevan 指出古希伯來文的 *ruakh*（氣、靈魂、風）與古希臘文的 *pneuma* 也都展現後來區分的現象。〔註18〕但是一個語言一旦開始受到「分析原則」的影響之後，就會逐漸開始僵化，把所有的概念都區分地愈來愈清楚，把事物描述地愈來愈詳細，並且開始切割以前所具有的統一性。僵化和失去以前具有的生命力就是分析細膩和自我覺醒的黑暗面，如果沒有被某一種力量克制，那麼一個語言恐怕真的會成為不少哲學家在 20 世紀所追求的極度精準的哲學或數學語言！〔註19〕但是哲學界裡面的學者應該最了解單純具備「分析原則」的枯燥，顯示這可能沒有想象中那麼理想，而且 Barfield 也認為最偉大的作者是那些同時兼具「創意原則」與「分析原則」的人，例如丹特和莎士比亞。

　　試問：該如何兼具兩者呢？Barfield 所提供的答案就是「譬喻」：

　　　到底什麼才是真實的譬喻呢？……「譬喻並非僅僅指相似之處，如同那些具有狹窄觀察力的人可能誤認為的，而是自然之踪跡，踩踏或銘刻在各種主題或事物上」（培根，《學術的進展》）。這才是答案：譬喻就是這些「自然之踪跡」，而它們的聲音同樣出現於原始

〔註16〕根據 Charles Taylor 的分析，古代人具有一個「透氣的自我」（*porous self*），而現代人卻具有一個「包裹的自我」（*buffered self*），與神明無關。一個「透氣的自我」對於超越界是開放的，很自然地認為各種現象充滿著神明的介入，但是一個「包裹的自我」卻把神明格局在外，在日常生活中根本看不見神明的影響。詳細論述可以參考 Charles Taylor, *A Secular Age*, Gifford Lectures, 1999 (Cambridge, Mass.: Belknap Press of Harvard University Press, 2007): 37~39。

〔註17〕Owen Barfield, *Poetic Diction: A Study in Meaning*, 4th ed. (Oxford, England: Barfield Press, 2010): 73.

〔註18〕Owen Barfield, *Poetic Diction: A Study in Meaning*, 4th ed. (Oxford, England: Barfield Press, 2010): 151~205.

〔註19〕該讓人遲疑的是，這種嘗試在喬治・歐威爾的《一九八四》的反烏托邦小說中被描述為霸權所追求的目標。

語言以及詩人最精美的譬喻。人類並非發明這些不同、外在物體之間且事物與情感或理念之間，並且經由詩詞展現的神秘關係。這些關係的存在是獨立於任何單一會思考的主體，卻並非獨立於「思想」本身。〔註20〕

Barfield 認為事物之間的關係原本是馬上能意識到的事實。〔註21〕然而藉由「分析原則」的影響，人類的自覺性與區分能力確實會提升，但是事物之間的原始關係和表達這些事實的語言生命力反而會下降。譬喻的重要功能則是再次把這些已失去的關係連接起來！根據 Barfield，當人類用譬喻描述各種事物之間的關係，這絕對不是一個無根據的辯論策略而已，〔註22〕反而是重新把原始的生命力賦予語言，並且恢復各種事物之間原有的關係。〔註23〕從主要被「創意原則」指導開始，語言逐漸經歷「分析原則」的影響，並且為了維持兩個原則之間的平衡，必須要倚賴偉大的作者使用各種譬喻重新還原和突顯萬物之間的關係，卻同時仍具有足夠的自覺性做出深入的反思。

　　Barfield 的精彩分析突顯兩個值得注意的重點。首先，譬喻是抵抗思想僵

〔註20〕筆者譯，原文如下："Then what is a true metaphor?...... 'Neither are these only similitudes, as men of narrow observation may conceive them to be, but the same footsteps of nature, treading or printing upon several subjects or matters.' (Bacon, Advancement of Learning) This is the answer: It is these 'footsteps of nature' whose noise we hear alike in primitive language and in the finest metaphors of poets. Men do not invent those mysterious relations between separate external objects, and between objects and feelings or ideas, which it is the function of poetry to reveal. These relations exist independently, not indeed of Thought, but of any individual thinker." Owen Barfield, *Poetic Diction: A Study in Meaning*, 4th ed. (Oxford, England: Barfield Press, 2010): 78~79.

〔註21〕Owen Barfield, *Poetic Diction: A Study in Meaning*, 4th ed. (Oxford, England: Barfield Press, 2010): 85.

〔註22〕「這些譬喻絕對沒有任何僥倖或任性，而是固定的，並且貫穿自然……當我們逐漸回到原始歷史，語言變得愈來愈圖像性，一直到語言的初期，當一切都為詩詞；或所有的屬靈意義都用自然象徵代表。」"[T]here is nothing lucky or capricious in these analogies, but that they are constant, and pervade nature......As we go back in history, language becomes more picturesque, until its infancy, when it is all poetry; or all spiritual facts are represented by natural symbols." Owen Barfield, *Poetic Diction: A Study in Meaning*, 4th ed. (Oxford, England: Barfield Press, 2010): 85.

〔註23〕所謂恢復各種事物之間「原有的關係」是延伸以上所引的論述。Barfield 似乎認為當現代人使用某一個譬喻來描述兩個似乎無相關的事物，假如這個譬喻合理地連接該事務，此連接來自於兩者之間原本就有的形上關係，而這個連接只是終於被人重新意識到而已。因此，譬喻的根據不只是人的知識，而是有形上根據的，而這個連接的存在不依賴人類有否意識到它。

化的最佳方法之一，因為透過譬喻的連接功能，它可以還原事物之間的原始關係，並且阻止思想走上漫向僵化的途徑。其次，所有譬喻的根據都是奠基於萬物實際的關聯性，而且這個關聯性的證明就在於古代的語言使用中，因此譬喻的合理衡量標準在於這個譬喻符不符合人類其他的經驗。這些廣泛的考量也能夠解釋譬喻為何如此有效地創造共鳴：「在創造一致（rapport）並溝通非共享經驗之本質的過程中，譬喻想像是決定性的技巧，此一技巧有頗大部分要看你融合世界觀以及調整經驗範疇化方式之能力」。〔註24〕

二、中國哲學的譬喻研究回顧

（一）回顧中國哲學家的研究成果

　　有的學者接受了以上探討的「客觀主義」，但是這種思路以往經常只有發展出一種結果：把中國哲學的譬喻內容轉化為邏輯語詞，並且試圖把古代所有精彩的譬喻內容轉化為抽象的邏輯符號。〔註25〕但是，這種思路只有看見思想或推理的一個面相。就如李賢中教授指出，中國哲學推理可以分為「所依之理」與「所據之理」兩個面相。〔註26〕「所依之理」就如一個思想的「形式」，也就是傳統西方邏輯所注重的部分，可以說是思想必須要遵守的規則。相對而言，「所據之理」是思想內容所依循的推理方式，必須要貼近該哲學家的具體主張而談。就如 Barfield 指出，一個人能夠對於思想有貢獻，取決於他能否用譬喻使得一個已僵化的概念重新得著生命力。所以，一個思想必須要同時具備正確的「形式」，遵守思想的規則，但是最偉大的哲學家也必須要同時提供突破性的「內容」組合，同時發揮「所依之理」與「所據之理」的推理方式。就如李賢中教授以上所指出，中國哲學家的思想並不能夠僅用「所依之理」的方式去分析，而必須要扣緊所探討的實際脈絡，才可以正確理解某個哲學家的推理，特別是因為先秦哲學家常常使用譬喻。從以上對於西方文

〔註24〕雷可夫與詹森（撰）、周世箴（譯）《我們賴以生存的譬喻》（臺北市：聯經，2006）：335 頁。

〔註25〕要見具備這種性質的研究可參 Kwong-loi Shun, *Mencius and Early Chinese Thought*, (Stanford: Stanford University Press, 1997): 103-107 以及 Eric Hutton, "Moral Connoisseurship in Mengzi," in *Essays on the Moral Philosophy of Mengzi*, edited by X. Liu and P. Ivanhoe (Cambridge, MA: Hackett Publishing Company, 2002): 169。

〔註26〕李賢中〈先秦邏輯史研究方法探析〉，《哲學與文化》44 卷第六期（2017 年 6 月）：75 頁。

獻回顧也可見，西方哲學家也似乎逐漸強調推理中的具體內容，而不只是聚焦在推理規則上。這裡只能點到為止。

先秦的墨子在思想「抽象推理規則」上就已經做出深入的反省，並且比較接近於西方傳統的邏輯研究，也影響了孟子的推論方法。〔註27〕中國哲學的學者長久以來習慣看重墨子對於「譬喻」與「思想」的貢獻，可能是因為這種思想模式比較接近於西方傳統習慣的研究思路，但是近年來也有愈來愈多學者開始看見，如果哲學對於「譬喻」的探究只局限於「形式」，那這些探討都只是空盒子，雖然確實具有某一種普遍性，但是缺乏落實性。〔註28〕中國哲學家對於《孟子》譬喻的研究基本上採取「邏輯史」或「所依之理」的路線，著重於孟子所依據的邏輯規則以及孟子所使用的推理方法。〔註29〕近年來的中國哲學家卻開始進一步關注譬喻推論的各種面相，而在《莊子》譬喻研究上有特別多突出的成果。台灣近幾年來的碩博士論文有一篇哲學碩士論文處理《莊子》〈齊物論〉、〈人間世〉、〈德充符〉的譬喻，〔註30〕而更廣泛處理《莊子》寓言的哲學意涵的論文也不少。〔註31〕除了《莊子》譬喻研究之外，中國哲學界只有少數探討經典與譬喻的關係，而對於《孟子》譬喻的研究相當罕見。

李賢中老師把先秦中國哲學的推理方式區分為「所據之理」與「所依之理」。換個方式說的話，「所依之理」可理解為「抽象推理規則」，是思想必須要遵守的規則，而「所據之理」可理解為「脈絡推理根據」，也就是某一個哲學家實際採取的根據，例如物理、生理、道理等等。雖然「所依之理」能夠脫離某一個具體脈絡、抽象地談論，「所據之理」卻必須要貼近某一個哲學家的實際論述，關注該哲學家實際依賴的推論方法。

〔註27〕根據李賢中老師的論述，墨子影響孟子的推論方法包括：三表法、「辟式」、「援式」、「推式」與歸謬法。參考李賢中〈墨子推理方法對於孟子的影響〉，《四川大學學報》（哲學社會科學版）總第212期（2017年第五期）：42～47頁。

〔註28〕在此舉一個例子可能可以突顯只具有「抽象推理規則」，但是缺乏與「脈絡推理根據」相關的論述之限制：一個人如果對於邏輯規則有充分的掌握，但是沒有學會與某一個具體情況連接的推論方式（內容），那麼這種知識也只是抽象的、不適用在日常生活中。

〔註29〕這類型的研究最值得參考的是孫中原（著）、王讚源（審定）《中國邏輯學》（台北市：水牛出版社，1993）：61～62頁。

〔註30〕黃弘翔〈《莊子》〈齊物論〉、〈人間世〉、〈德充符〉有關心的譬喻〉（國立臺灣大學哲學研究所碩士論文，2009）：22～32、52～62、77～85頁。

〔註31〕以下論文為例：鄧新恭《《莊子》寓言中的人生哲學》（華梵大學哲學系碩士論文，2011）：203～244頁。

　　大多數的學者對於孟子譬喻相關的研究都著重於孟子推理的「所依之理」。這類的研究特色有四個重點值得提出來。首先，大多數探討孟子思維方法的學者都從孟子被評論為「好辯」開始，並且加以解釋此評論顯示孟子看重「論辯」和邏輯清晰的重要性。〔註32〕其次，他們指出孟子自稱為「知言」，並且把「知言」界定為「詖辭知其所蔽，淫辭知其所陷，邪辭知其所離，遁辭知其所窮。」（《公孫丑上》）〔註33〕孫中原先生指出「知言」的方法包括「以意逆志」與「知人論世」兩者。〔註34〕其三，學者公認孟子的「類推」是他邏輯思維中最鮮明的特色之一。有的學者認為孟子的「類推」有時會不恰當地「充類」，形成異類相比的謬誤。〔註35〕但是其他學者正確指出孟子的類推並未無判斷標準，而孟子「類推」至少有兩個不可違背的標準：「類比的性質應該是本質的，類比的過程應該取同一標準」。〔註36〕最後，孟子「求故」，亦即推求其所以然之故，而這類型的分析便顯示孟子的推類確實是有更穩固的基礎。

　　值得注意的是以上學者所採取的研究方法一律都是著重於「所依理」，亦即找尋孟子思想所內含的普遍規則。孫中原先生對於孟子所採取的「類推」做出以下的評價：「任何兩個事物，在一些角度上，其屬性和類別可能是相似或相同的，在另一些角度上，其屬性和類別也許就不相似，不相同。所以一個類比推理也只能推論有關事物的部分屬性，而不能要求它從各個角度完全地說明問題。」〔註37〕這段描述給人的印象是孟子「類推」中所使用的譬喻

〔註32〕可以參考以下三位作者為例。周云之《先秦名辯邏輯指要》（四川：四川教育出版社，1993）：51～52頁。溫公頤、崔清田（主編）《中國邏輯史教程》（修訂本）（天津：南開大學出版社，2001）：37～38頁。孫中原（著）、王讚源（審定）《中國邏輯學》（台北市：水牛出版社，1993）：61～62頁。

〔註33〕參考溫公頤、崔清田（主編）《中國邏輯史教程》（修訂本）（天津：南開大學出版社，2001）：38～39頁與孫中原（著）、王讚源（審定）《中國邏輯學》（台北市：水牛出版社，1993）：74～78頁。

〔註34〕孫中原（著）、王讚源（審定）《中國邏輯學》（台北市：水牛出版社，1993）：74～75頁。

〔註35〕溫公頤、崔清田（主編）《中國邏輯史教程》（修訂本）（天津：南開大學出版社，2001）：42頁。

〔註36〕孫中原（著）、王讚源（審定）《中國邏輯學》（台北市：水牛出版社，1993）：69頁。

〔註37〕孫中原（著）、王讚源（審定）《中國邏輯學》（台北市：水牛出版社，1993）：68頁。

不能完全地說明問題，因此似乎不如其他能夠「從各個角度完全地說明問題」的推理方式。然而，對於這種觀點有兩點可以參考。首先，這樣評價譬喻忽略了任何一個譬喻只試圖說明幾個明確的重點。只要一個譬喻能夠達到它預期的效果，就應該算為成功了。其次，類推之外的方法真的有與推理方法差那麼多，使得前者明顯超過後者的釐清能力嗎？或許有一些對象比較適合用其他方式描述。但是假如類推可以清楚說明一個事物最關鍵的性質，這好像難以視為類推的相對缺點。換言之，這種對類推的質疑並未獨特（unique），而是人類推理不可避免的事實。

　　排斥「類推」與譬喻或許來自對於其他推理方式的誤解。我們藐視譬喻的描述，因為譬喻描述似乎蘊含著「相對主義」的風險，也讓人聯想到辯士學派的各種語言的扭曲。譬喻誠然包含著「相對主義」的風險，但是其他推理方式其不也包含類似的風險嗎？推理方式主要分為「演繹」與「歸納」兩種，第一種是似乎普遍、客觀的事實，而第二個缺乏前者的確據。沒錯，「演繹」推理確實具有某一種確據，因為只要某一個前提被假設為真，那麼此前提將蘊含各種必然的後果，但是這種推理未能創造出新的意義。最偉大的哲學家都必須要兼具「演繹」與「歸納」推理方式，而我們平常判斷一個哲學家為「偉大」取決於他是否有突破過去已僵化的思想，重新想像出新的意義。然而，「演繹」推理僅限於順著邏輯規則指出某一個觀點是否符合此規則，而只有「歸納」推理可以超越過去的規則，在新的世界中找出新的意義。「演繹」只是一種判斷標準，無法增加新的知識，而「歸納」雖然沒有「演繹」的確據性，仍然可以判斷合理性的高低所在。〔註38〕至於能否克服極端「相對主義」的挑戰，可以參考紐倫堡審判，因為審判依據並非任何單一國家的法律，而是一種普遍道德的自然法。這代表在面臨戰爭這種危機，人類還是承認一些共有的自然法則存在，或許有助於減弱「相對主義」可能引發的猶豫感。

　　本文所採取的研究方法就是其他學者未花費太多篇幅探討的「所據之理」。雖然研究孟子譬喻推理中的具體內容不能達到孟子所依循的思想規則

〔註38〕可以參考李賢中老師所提出的「體證」、「引證」與「論證」為三種理論合理性標準。需詳細論述請參考李賢中〈論合理性標準在詮釋過程中的作用與限制〉，《中國詮釋學 第 13 輯》洪漢鼎、傅永軍主編（濟南：山東人民出版社 2016 年 12 月）：7～12 頁。

之普遍性，亦即孟子的譬喻推理並未具有西方長期所研究的「邏輯」的普遍必然性，但是就如帕斯卡（Pascal）所說，「人類不斷誇讚數學的可靠性與確據性，然而我充分有確據與有把握地認識一件我毫不在意的事實到底對我有何益處呢？」〔註39〕換言之，數學（以及緊緊相連的邏輯）可能是人類具有最高確據性的研究，但是它並不是大多數人最在意的議題。有史以來，人類並未脫離宗教、哲學與道德的各種問題，而且人類並沒有因為衡量此課題的研究成果不如數學與邏輯那麼固定而因此不在意此課題，反而隨時在深思相關的問題。既然「普遍必然性」不是哲學所追求的唯一理想，我們不該因為譬喻只有突顯一個事物某一個面向，而貶抑譬喻相關的研究。更何況，譬喻本身就是人類思維的基本方式，在大多數的學習者也都是依賴著此方法而上進。

　　由此可見，從孟子的譬喻推論來澄清他對於人性、人倫與辯論不但不會不合理，反而是使用適當的方式來探討人類最在意的各種課題。我們的理解本來就是藉由譬喻所建構的（例如：爭辯是戰爭），所以在探討類似議題時不得不用譬喻性的方式回答。譬喻性的描述甚至常常比抽象描述更為生動，更接近事實，更容易被我們理解。如同所有論述方式，譬喻不試圖「從各個角度完全地說明」某一個事物的所有面向，而只希望說明幾個重點。譬喻之所以有效就在於某一個描述側重某一個或一些細節而連接兩個範疇，以便於用來源範疇（source domain）釐清目的範疇（target domain）。更何況，「從各個角度完全地說明問題」本來就是無上限的標準，因為有的研究對象不是人的理性能夠完全理解的（例如神明或人性）。此外，沒有任何一個描述方式（無論是譬喻描述還是其他描述）可以「完全地說明」，但是即便有一些研究方法可以「完全地說明」某一個事務，這也不代表譬喻不是一個好的研究對象，因為這些描述本來就不試圖「從各個角度完全地說明」目的範疇的所有特色，而只是在某一個細節上說明該特色所在。〔註40〕

　　除了一些少數的大陸學者之外，在中國哲學界探討《孟子》譬喻的研究

〔註39〕筆者譯，原文如下："People never stop praising the reliability and certainty of mathematics. However, what benefit is there for me in knowing with ever so much certainty and reliability something which I do not in the least care about?" 帕斯卡引述於 Herman Bavinck, edited by John Bolt and John Vriend, *Reformed Dogmatics* (Vol. 1) (Grand Rapids, Mich.: Baker Academic, 2003): 221.

〔註40〕換言之，這種隨意批評譬喻的限制之習慣正好驗證了「客觀主義」的觀點。

主要是從邏輯史的角度切入。這種邏輯研究的方法經常把《孟子》的譬喻看為一種說服對話者的方法。說服對話者是目的，使用譬喻則是最適合達到這個目的的手段。這些研究有助於了解孟子的辯論策略，而且探討的目的是盡量找出《孟子》邏輯推論的策略，而比較容易為了搜尋抽象推理規則而失去譬喻的具體內容。除了邏輯的角度之外，也有學者強調在政治上應用孟子的譬喻技巧。舉例來說，鄧育仁教授曾指出《孟子》重要論辯策略之一是使用隱喻重新調節感覺，也更進一步指出這種策略特別適合用於現代多元的世界。〔註41〕這種研究指出了一個重點：譬喻在跨文化與其他多元互動上十分重要。除此之外，台灣近年來的碩博士論文也少數從譬喻切入了解孟子思想，然而這些論文不是從修辭學的角度處理孟子思想中的譬喻〔註42〕就是從教育適用性的角度處理〔註43〕，並未展現譬喻對於孟子思想的貢獻所在。〔註44〕中國哲學界主要缺乏的研究就是解釋《孟子》譬喻對於思想的重要性何在，以及這種研究可以帶出什麼有助於增加智慧的觀點。要了解這種研究的價值，必須要先釐清思想與譬喻之間的關係，也正是以下要討論的內容。

（二）回顧漢學家的研究成果

假如中國哲學界是近年來才對於譬喻的研究產生興趣，那麼漢學界可說是早已有這方面的研究。有的學者對以上貶抑譬喻的研究方法不滿，因此強調譬喻對於哲學思想與古代經典詮釋的重要性。先秦儒家經典〔註45〕與道

〔註41〕鄧育仁〈隱喻與情理——孟學論辯放到當代西方哲學時〉，《清華學報》38（3）（2008 年 9 月）：494～500 頁。

〔註42〕這方面的論文題目包括：「《孟子》譬喻修辭藝術探賾」、「孟子文章修辭析論」及「《孟子》書中有關孟子形象與其修辭研究」。

〔註43〕例如「《孟子》譬喻與寓言應用於國中寫作教學研究」的題目。參考陳怡蕙〈《孟子》譬喻與寓言應用於國中寫作教學研究〉（國立臺灣師範大學國文系碩士論文，2011 年）：49～82 頁。

〔註44〕台灣有其他碩士論文基本上從修辭學的角度切入探究孟子的譬喻，主要目的為分析與歸類孟子的推論方法，並且把譬喻歸類為孟子推論方法之一。但是這種研究無法脫離「修辭僅為包裝」的刻板印象。參考以下兩篇論文為例：高碧臨〈《孟子》論辯思維研究〉（國立臺灣大學哲學研究所碩士論文，2008）：33～53 頁。劉彝齊〈《孟子》論辯藝術之探析〉（國立高雄師範大學中文系碩士論文，2014）：86～91 頁。

〔註45〕Philip Ivanhoe, *Confucian Moral Self-Cultivation*, 2nd ed. (Indianapolis/ Cambridge: Hackett Publishing Company, 2000): 20~22.

家經典〔註46〕都成為提升譬喻地位的重要材料。而從 Munro 對於宋朝朱熹
思想的圖像性質研究可見，〔註47〕譬喻的重要性不局限於早期中國哲學家
之研究。森舸瀾（Edward Slingerland）指出近年來的漢學研究也以看重譬喻
為前提，甚至進一步把譬喻視為中國哲學的獨特性質。〔註48〕在他看來，西
方漢學研究對於中國哲學的譬喻主要採取兩種路線：（1）否定譬喻的重要性，
把神祕性視為中國哲學的特色或（2）肯定譬喻的重要性，並且把譬喻視為
中國哲學的特色。森舸瀾批評這兩種路線背後經常隱含著「Orientalism」和
「Reverse-Orientalism」的態度，〔註49〕並且指出兩者都以「本質」的角度看
待文化。〔註50〕另外，這兩種觀點都難以解釋為何跟古代中國有巨大時間和
文化隔閡的現代西方人可以依靠一個好的譯本而馬上掌握《孟子》的精彩對
話和譬喻。其實，人類思想過程本身就是譬喻性或圖像性的，這是語言學家
以及科學家近年來的共識和重要研究議題。〔註51〕既然如此，古代中國哲學
家的特色何在呢？根據森舸瀾，他們的特色就在於接受譬喻性之思考為前
提，並且發展出很精彩且有多層關聯性的譬喻。基於森舸瀾這方面的回顧和
分析，可以進一步強調一個觀點：思想本身就是譬喻性的。〔註52〕這個重點
是本篇的核心觀念之一，因此必須進一步分析。

　　除了這些廣泛的反省之外，漢學研究員也提供了各種精彩的文本研究。
森舸瀾從譬喻的角度理解《莊子》所突顯的「自我」〔註53〕也把「無為」視

〔註46〕 Harold Oshima, "A Metaphorical Analysis of the Concept of Mind in the Chuang-
　　　 tzu," in *Experimental Essays on the Chuang-tzu*, edited by V. Mair (Honolulu, HI:
　　　 University of Hawai'i Press, 1983): 63~84; Robert Allinson, *Chuang Tzu for
　　　 Spiritual Transformation: An Analysis of the Inner Chapters* (Albany, NY: State
　　　 University of New York Press, 1989): 66~71.
〔註47〕 Donald Munro, *Images of Human Nature: A Sung Portrait* (Princeton, NJ:
　　　 Princeton University Press, 1988): 112~154.
〔註48〕 Edward Slingerland, "Metaphor and Meaning in Early China," *Dao* 10 (2011): 2.
〔註49〕 這種批評的根基在於愛德華.薩義德(Edward Said)的代表著作《東方主義》
　　　 (*Orientalism*)以及學術界對於它出版之後的反應。可參考 Edward W. Said,
　　　 Orientalism (New York: Vintage Books, 1994): 31~48.
〔註50〕 這就是以上所提出的「客觀主義」的意思。
〔註51〕 Edward Slingerland, "Metaphor and Meaning in Early China," *Dao* 10 (2011):
　　　 9~11.
〔註52〕 這個觀點會在以下對於雷可夫與詹森的《我們賴以生存的譬喻》之探討加以
　　　 說明（41~45 頁）。
〔註53〕 Edward Slingerland, "Conceptions of the Self in the Zhuangzi: Conceptual
　　　 Metaphor Analysis and Comparative Thought," *Philosophy East and West* 54, no.
　　　 3 (2004): 328~335.

為古代中國的重要譬喻與理想。〔註 54〕中國哲學的多樣譬喻突顯了思想本身的譬喻性，也是現代科學逐漸察覺的事實。〔註 55〕《莊子》的譬喻因為特別明顯，因此也有其他學者以《莊子》為例，顯示譬喻對於哲學思考的重要性。有的研究直接用《莊子》作為比較唐納德・戴維森（Donald Davidson）與雷可夫與詹森語言哲學的切入點。〔註 56〕有的學者也指出《莊子》的譬喻如何貫串各種似乎沒有共同性的哲學議題，〔註 57〕顯示譬喻貫串思想的過程和譬喻對於詮釋哲學經典的重要性。

有趣的是，雖然《莊子》與譬喻得到漢學家大量的學術關懷，但是有關《孟子》與譬喻的哲學文章仍然不多。但是最近也有學者對照孟子與人性論相關的譬喻和近代科學成果，〔註 58〕並且引發出各種精彩的討論。〔註 59〕這些研究的主要價值在於對照先秦儒家人性論與近代科學的成果，然而並未進一步彰顯聚焦於譬喻如何可以突顯孟子思想的其他重要面向。

三、綜論

雖然西方與中國哲學傳統對於譬喻的態度偏向負面，但是兩個傳統中仍然有學者不接受對譬喻的貶抑，而因此得出很精彩的研究成果。漢學家指出孟子的思想的形成過程並非抽象理論（theory）建構，而是透過各個實際生活中的論證（argument）而逐漸建構出來的。〔註 60〕孟子推論貼近日常生活。孟子如果要順利說服國君改變政策且有助於天下百姓，那麼他必須要能夠簡略地陳述自己的理想，只能夠使用濃縮方式呈現自己的原則，而不能用很完整的方式推論。

〔註 54〕Edward Slingerland, *Effortless Action: Wu-Wei As Conceptual Metaphor and Spiritual Ideal in Early China* (Oxford: Oxford University Press, 2003): 21~42.

〔註 55〕Edward Slingerland, "Metaphor and Meaning in Early China," *Dao* 10 (2011): 9~11.

〔註 56〕Kim Chong Chong, "Zhuangzi and the Nature of Metaphor," *Philosophy East and West* 56, no. 3 (2006): 371~373.

〔註 57〕Wim De Reu, "How to Throw a Pot: The Centrality of the Potter's Wheel in the Zhuangzi," *Asian Philosophy* 20, no. 1 (2010): 43~46.

〔註 58〕David Wong, "Early Confucian Philosophy and the Development of Compassion," *Dao* 14 (2015): 185~187.

〔註 59〕可以參考以下兩篇論文為例：Edward Slingerland, "Crafting Bowls, Cultivating Sprouts: Unavoidable Tensions in Early Chinese Confucianism," *Dao* 14 (2015): 211~218. Kwong-loi Shun, "Contextualizing Early Confucian Discourse: Comments on David B. Wong," *Dao* 14 (2015): 203~210.

〔註 60〕Irene Bloom, "Mencian Arguments on Human Nature (Jen-Hsing)," *Philosophy East and West*, Vol. 44, No. 1 (Jan., 1994): 44.

舉例來說，孟子為了證明「人皆有不忍人之心」提出「孺子將入於井」（〈公孫丑上〉）的情況給予聽眾設想自己面臨這種情況的反應。嚴格來說，孟子此段可能沒有完全證明（prove）「人皆有不忍人之心」為普遍事實，而只有舉例說明（illustrate）這個理念。〔註61〕但是這不代表孟子因此缺乏邏輯思考能力，不值得現代哲學家探究，而代表孟子的敘述方式是一般人能理解的。假如孟子用現代邏輯語言來表達他對於「人皆有不忍人之心」的理念，那有哪一位國君聽得不會頭昏腦脹呢？〔註62〕孟子希望國君與學生們可以親身體驗他的言論，〔註63〕好讓他們對於孟子言論印象深刻，並且回家後仍然可以執行孟子的建議。以上文獻回顧中強調有不少人主要看到哲學譬喻研究的缺乏，但是也指出一些例子作為本文的典範。但是要真正了解孟子譬喻對於他思想的重要性必須要認真檢驗譬喻對於思想的重要性，而這也正好是下一節所聚焦的題目。

第二節　譬喻定位

一、譬喻為日常生活的現象

　　無論一個人對於孟子的評價是高是低，仍然有一個不可否認的現象：孟子的譬喻經常出現在日常生活的語言中。「揠苗助長」、「一曝十寒」、「率獸食人」、「綽綽有餘」等四字成語都已經成為了華人的慣用語。雖然台灣曾在考慮減少文言文教育，仍有人認為《孟子》的譬喻與寓言值得作為寫作的教育題材。〔註64〕就如以上文獻回顧中所提及，西方哲學家以前認為中國哲學過度具體，並且缺乏抽象和普遍價值。〔註65〕試問：假如孟子譬喻的哲學價值不高，孟子思想

〔註61〕 R. A. H. King, "Universality and Argument in Mencius IIA6," *Proceedings of the Aristotelian Society*, New Series, Vol. 111 (2011): 281~284.

〔註62〕 更何況，孟子光是使用一般語言，就已經導致梁惠王頭昏腦脹：「吾惛，不能進於是矣」（〈梁惠王上〉）。

〔註63〕 李賢中老師把中國哲學家對於「體驗」的重視歸類為中國哲學「創造性思考」的研究方法：李賢中〈中國哲學研究方法之省思〉，《哲學與文化》395期「中國哲學方法論專題」（2007年4月）：19～21頁。

〔註64〕 陳怡蒨〈《孟子》譬喻與寓言應用於國中寫作教學研究〉（國立臺灣師範大學國文系碩士論文，2011）：49～82頁。

〔註65〕 現今常見的「東西比較哲學」背後可能仍採取類似的基本觀點：中國哲學必須要用西方哲學較「清楚」或「理性」的概念來展開。理論上，比較哲學應該是互相有貢獻。但是，使用西方哲學概念解釋中國哲學命題的次數仍然遠遠超過使用中國哲學概念解釋西方哲學命題的次數。

中最具有普遍效應的為什麼仍然是他的譬喻呢？亦即如果孟子的譬喻理論價值不高，為什麼譬喻仍然是孟子思想傳承最成功的部分呢？或許有人會指出民眾的愚昧、非理論性或未受教育來解釋這個現象。或許有人甚至會採用孟子的論證為證據：「終身由之而不知其道者，眾也」（〈盡心上〉）。然而，假如孟子時代未受教育的民眾確實能夠被孟子的口才欺騙，大多數現代人受過基本教育，並非缺乏基本判斷能力。更何況，孟子的譬喻適用於諸多情況，代表譬喻內容也不單薄，所以不該簡化地用愚民來解釋孟子的說服力。

孟子時代的百姓未受高等教育、一般民眾也許也容易被欺騙。但是就如孔子曾說：「質勝文則野，文勝質則史。文質彬彬，然後君子。」（《論語・雍也》）質樸與文飾都是君子應該具備的，光是受教育不能確保我們的判斷正確。孟子顯然繼承了這種質樸與文飾之間的平衡，因為他同時強調「人之有道也，飽食、煖衣、逸居而無教，則近於禽獸」（〈滕文公上〉）以及「大人者，不失其赤子之心者也。」（〈離婁下〉）。現代強調知識的教育豈不更容易讓人失去以前的「赤子之心」，而遠離人原本該有的質樸嗎？哲學家的工作應該是系統性地解釋人生各種現象，而不是否認現象的明顯效應。譬喻的明顯效應應該作為哲學家的導引星辰，解釋日常生活中最重要的現象，應該盡量避免刻意貶抑這種現象。如果譬喻在日常生活中常出現，也是日常生活中的重要現象之一，我們應該如何定位譬喻呢？譬喻如果不只是可有可無的思想表面，那麼我們應該如何理解它呢？

二、譬喻的要素

雷可夫與詹森的《我們賴以生存的譬喻》試圖指出人類思維模式都屬譬喻性這又明顯又難以意識到的事實。他們指出：

> 譬喻不只是語言問題，不僅僅是語辭問題。反之，我們卻要說，人類的思維過程（thought processes）多半屬譬喻性，這就是我們所謂的「人類概念系統的結構與定義都屬譬喻性」之意涵。〔註66〕

雷可夫與詹森使用一個很簡單的譬喻為例：「爭辯是戰爭」。他們突顯「爭辯」概念在現代西方社會與「戰爭」有緊密的關係。〔註67〕「爭辯」與「戰爭」

〔註66〕雷可夫與詹森（撰）、周世箴（譯）《我們賴以生存的譬喻》（臺北市：聯經，2006）：13 頁。

〔註67〕其實，「爭辯」與「戰爭」在中文裡也應該有類似的關聯性。

不只有使用上的相似性，而是概念本身的重疊性。一般人在思考「爭辯」時，確實會把它視為「戰爭」：一個人能夠「攻擊」、「對抗」或「擊敗」他人的論證。可是，譬喻使用不只是一種為了說服別人而刻意採取的策略。事實正好相反：人類的譬喻使用就是順從自己思想本身的結構。換言之，它不是一個策略，而是自然且合理的思想方式：

> 一般談論攻擊某點時就說「攻擊某點」（attack a position）。談論爭辯的常規方式以我們不易覺知的譬喻作為前提，此譬喻不只存在於我們所用的辭語中——也存在於有關爭辯的概念中。用於爭辯的語言不是詩性的（poetic）、奇異（fanciful）、或修辭性的（rhetorical）；而是直陳性的（literal）。我們如此談論爭辯，也如此構想爭辯——而且以構想事物的方式行事。〔註68〕

當然，每一個文化或許有自己最看重的譬喻，而不同的時代與地方也習慣使用不同的譬喻。一個譬喻的重要性取決於它與日常生活之間的距離，愈接近某一個文化的日常生活，就愈具有生命力，也愈生動。舉例來說，孟子生長在一個農業社會中，因此他所使用的譬喻經常貼近於日常生活所經歷的事務：植物、耕田、水火等等。相對而言，現代資本主義的社會習慣使用其他譬喻，例如「時間是金錢」。譬喻能否說服他人取決於：（1）有無貼近人生，以及（2）有無彼此緊密相連。〔註69〕光是強調文化譬喻的差距性，似乎無法避免以上提及的「主觀主義」立場的結論：譬喻只有相對性價值。然而雷可夫與詹森如何同時強調每一個文化倚賴不同的譬喻而生存，同時強調每一個文化仍然倚賴某一些相近的譬喻而生存呢？他們所提供的答案是人類共同經歷。

每一個人都有身體，而人類經歷周遭環境的方式也受限於我們身體與環境的自然架構。雷可夫與詹森說：

> ……理解活動由我們與環境及周遭的人之互動和持續協調中湧現，湧現方式有下列數種：藉由前述諸章討論過的自然範圍，我們的身體本質以及自然與文化環境使我們的經驗具有結構。周而復始的經驗導致範疇的形成，這些範疇就是擁有自然範圍的經驗格式塔。這

〔註68〕雷可夫與詹森（撰）、周世箴（譯）《我們賴以生存的譬喻》（臺北市：聯經，2006）：12 頁。

〔註69〕這也是雷可夫與詹森的主張：「一個文化中最基本的價值，是與此文化中的多數基本概念之譬喻結構具整體相合性的。」雷可夫與詹森（撰）、周世箴（譯）《我們賴以生存的譬喻》（臺北市：聯經，2006）：43 頁。

樣的格式塔界定我們經驗中的整體相合性，人直接理解經驗，視其
為自身與周遭環境相互作用中直接湧現的格式塔之整體相合的建
構。在運用某一經驗域去建構另一經驗域時，我們是在譬喻性地理
解經驗。〔註70〕

人與環境本身具有某一些特色，而在互動時會湊出各樣的火花。根據雷
可夫與詹森，這些互動不會超出某一些固定的範圍，因為人所經歷的環境不
會誇張到人完全無法理解的程度。但是，人的經歷為什麼不會超越某一種模
式呢？雷可夫與詹森採取反對「客觀主義」的立場，因此也否定事物有內含
的特色或區分。他們想要強調類別一定是透過人類經驗而設立的。從知識論
的角度，這是不可否認的，人確實透過經驗才能學習如何把自己的周遭環境
區分為各種類別。從知識論而言，經驗是先於類別；但是從本體論的角度而
言，那個類別必須要真的存在而是合理的，我們才能夠經歷它。我們不應該
混淆知識論與本體論。從本體論的角度來說，有一些類別是普遍事實，而它
的存在不奠基於人類的經驗。如果把各類別的存在奠基於人類經驗是混淆了
知識論與本體論，混淆了理解事物與事物本身。

舉例來說，動物與植物的區別來自於前者可以經歷痛苦而後者不能。這種
區分雖然是透過經驗而理解，但不是依賴人類的經驗而存在。〔註71〕知識論與
本體論的角度必須要區分開來。這個觀點正符合亞里斯多德與多瑪斯‧阿奎那
的「實在主義」。〔註72〕值得注意的是，這種觀點強調人類隨時有局限性，因此
直到歷史的結束，人類不可能獲得完整的知識。這種觀點能夠避免雷可夫與詹
森所批評的「客觀主義」與「主觀主義」的問題，也同時有比較穩固的本體論
做為基礎。〔註73〕雖然萬物有一些內含普遍的區分，這些區分也有侷限，只適
用於區分人類、動物、植物與其他物質。〔註74〕但是這些內含的區分同時具有

〔註70〕雷可夫與詹森（撰）、周世箴（譯）《我們賴以生存的譬喻》（臺北市：聯經，
　　　　2006）：334 頁。

〔註71〕參考 Ric Machuga, *Life, the Universe, and Everything: An Aristotelian Philosophy
　　　　for a Scientific Age* (Cambridge, U.K.: Lutterworth, 2012): 8.

〔註72〕筆者所提及的「實在主義」（realism）是相對於「經驗主義」（empiricism）與
　　　　「理性主義」（rationalism）。這個區分主要來自於 Machuga，主要是在區分得
　　　　著知識的過程。

〔註73〕亞里斯多德與多瑪斯‧阿奎那應該會認為譬喻的普遍性歸根究底是奠基於神
　　　　所創造的世界本身具有此特色。

〔註74〕Ric Machuga, *Life, the Universe, and Everything: An Aristotelian Philosophy for
　　　　a Scientific Age* (Cambridge, U.K.: Lutterworth, 2012): 98.

普遍性，也不會詳細到無法解釋各種文化使用不同譬喻的事實。

　　最後還需要釐清譬喻的範圍。用譬喻來描述一個現象時，一定會同時突顯某一些特色，同時也隱藏某一些特色。當一個譬喻突顯某一個現象的特色，它就沒有突顯另外一個現象。〔註75〕舉例來說，孟子曾用「五穀」來譬喻「仁」：「五穀者，種之美者也；苟為不熟，不如荑稗。夫仁亦在乎熟之而已矣。」（〈告子上〉）以上的譬喻突顯兩者的共同性質有幾項：成長的可能性、成長圓滿的固定標準、達到標準有豐富收成、與未達到標準卻毫無價值。突顯這些共同之處也會隱藏兩者之間的明顯差異，例如仁德沒有五穀的形狀。從此可見，要了解孟子的譬喻必須要釐清孟子在每一段中所要突顯的共同之處。孟子時常用水來描述某一個重點，但是在不同情況中會採取水不同的特色來突顯不同的重點。舉例來說，孟子引述孔子曾教導學生時，聽到一個孩子朗誦水的優點：「滄浪之水清兮，可以濯我纓；滄浪之水濁兮，可以濯我足。」（〈離婁上〉）孔子接著採取了水的清濁作為教材。孟子當下引述這個故事也同樣要用水的清濁作為題材。但是孟子在他處也使用水描述百姓的行為：「民歸之，由水之就下，沛然誰能禦之？」（〈梁惠王上〉）這段同樣用水為譬喻，但是此段所突顯的特色有兩個：第一，百姓歸向好國君如水向下流，第二，百姓歸向的熱誠如洶湧的水無法阻擋。值得注意的是，此段沒有強調水的清濁，也沒有強調民眾之清濁。可見，在觀察不同譬喻的使用時，必須要注意譬喻在那處的特色和重點。

第三節　概念澄清

　　以下分析與孟子「人性論」、「關係」與「辯論」相關的重要概念。

一、「才」與「情」

　　「才」在《孟子》中，總共在 8 個段落出現 12 次。「才」的基本意義是「人所展現的基本能力」。值得注意的是在孟子筆下，這個概念有兩種主要

〔註75〕「系統性使我們得以借助某一概念去了解另一概念的某一面（如借助打仗的概念來了解爭辯面），卻也因此會隱藏（hide）此概念的其他面向。一個譬喻概念使我們聚焦於某概念的一個面向之時（如：爭辯的打仗這一面），我們會忽視此概念不合於該譬喻的其他面向」。雷可夫與詹森（撰）、周世箴（譯）《我們賴以生存的譬喻》（臺北市：聯經，2006）：21 頁。

用法。首先，「才」指所有的才幹。這些才幹經常是用來服事或幫助別人。
〔註76〕除此用法之外，「才」也可能指一個人的道德能力。在描述豐年與荒
年的青少年之行為，孟子否定不同社會青少年的天生能力或資質有所差別，
並且解釋外在環境會大量影響社會上所看到的道德行為：「富歲，子弟多賴；
凶歲，子弟多暴，非天之降才爾殊也，其所以陷溺其心者然也」（〈告子上〉）。
人也能夠非常墮落，使得在比較人與禽獸時，有時難以想像一個人還具有做
人的能力：「人見其禽獸也，而以為未嘗有才焉者，是豈人之情也哉？」（〈告
子上〉）孟子反而直接強調一個人「為不善」不是天生資質的問題：「若夫為
不善，非才之罪也」（〈告子上〉）。如果德行的錯失不在於天生資質的差別，
那為什麼有的人會「為善」，有的人則會「為不善」呢？孟子的答案是這個
差別取決於一個人有否充分發揮天生資質：「或相倍蓰而無算者，不能盡其
才者也」（〈告子上〉）。這代表孟子認為人的天生資質是具備可以且應該發展
的道德潛能。凡是沒有適當發揮這種潛能的人才會「為不善」，所以才會在
道德上與他人有極大的差距。

　　「才」如果是「人所展現的基本能力」的話，那麼「才」的定義與孟子所
謂的「情」相當接近。「情」在4個段落中只出現4次，有兩個主要細節需要
特別釐清。首先，「情」在孟子的筆下並不是「情感」的意思，而是「實情」。
〔註77〕陳相在自己老師過世後，開始跟隨神農的農家思想。孟子批評陳相一
番之後，陳相試圖指出自己新老師學說之優點：如果市場貨物的價格都是一
樣的，那連孩童都不會在市場受騙。孟子的回應指出物品價格的差別本來就
是事實，「夫物之不齊，物之情也」（〈滕文公上〉），並且指出陳相所支持的平
價制度會消除製造精緻物品的動機。另外，孟子也曾描述過君子對於名聲大
過於實情所感受的羞恥：「故聲聞過情，君子恥之」（〈離婁下〉）。在一個人在
應該感到羞恥卻不感到羞恥，甚至看起來像禽獸時，孟子仍然強調人的實情
並不見得是他所表現出來的行為：「人見其禽獸也，而以為未嘗有才焉者，是
豈人之情也哉？」（〈告子上〉）這是因為人如果順著自然的狀態，就可以行善：

〔註76〕例子如下：「吾何以識其不才而舍之？」（〈梁惠王下〉）；「中也養不中，才也
　　　　養不才，故人樂有賢父兄也。如中也棄不中，才也棄不才，則賢不肖之相去，
　　　　其間不能以寸」（〈離婁下〉）；「尊賢育才，以彰有德」（〈告子下〉）；「得天下
　　　　英才而教育之」（〈盡心上〉）；「其為人也小有才，未聞君子之大道也，則足以
　　　　殺其軀而已矣」（〈盡心下〉）。
〔註77〕傅佩榮《予豈好辯哉》（臺北市：聯經，2013）：163～165頁。

「乃若其情，則可以為善矣，乃所謂善也」（〈告子上〉）。

二、「體」與「身」

　　現代人習慣探討「身體」，但是在孟子的筆下，「身」與「體」兩個概念卻有不同的用法。「體」在《孟子》中的 10 個段落總共出現 16 次，主要指「身體」。人的「體」能夠感受到衣服的輕暖：「輕煖不足於體與？」（〈梁惠王上〉）它也可以感受到飢餓：「餓其體膚」（〈告子下〉）。要探討人整個身體的話，也經常出現「四體」的用法（〈離婁上〉、〈盡心上〉）。

　　「身體」也自然地牽涉道身體的各種「官能」，而這些官能可以分高貴、卑微和瑣碎、重要：「體有貴賤，有小大」（〈告子上〉）。「小體」的具體內容是不會思考的「耳目之官」，而「大體」的具體內容則是會思考的「心」（〈告子上〉）。而這些官能的運作是依靠充滿在身體的「氣」之變動：「夫志，氣之帥也；氣，體之充也」。大體與小體之間的差別不在於一個有「氣」，而另外一個沒有「氣」，而在於統帥氣的「志」所專注的對象。順從小體的人是「小人」而順從大體的則是「大人」：「從其大體為大人，從其小體為小人」（〈告子上〉）。

　　「身」在《孟子》文本 39 個段落中總共出現 53 次。「身」並沒有今天「身體」的意思，而最常用來描述人的主體性，強調某一種行動的對象是這一個主體，而不是另一個主體，可譯為「自我」或「主體」。例子不少，因此以下只舉三例：

> 事孰為大？事親為大；守孰為大？守身為大。不失其身而能事其親者，吾聞之矣；失其身而能事其親者，吾未之聞也。孰不為事？事親，事之本也；孰不為守？守身，守之本也。（〈離婁上〉）

> 拱把之桐梓，人苟欲生之，皆知所以養之者。至於身，而不知所以養之者，豈愛身不若桐梓哉？弗思甚也。（〈告子上〉）

> 萬物皆備於我矣。反身而誠，樂莫大焉。強恕而行，求仁莫近焉。（〈盡心上〉）

每一個段落背後都有一個區分：自我與親人，樹的生命與我的生命，萬物與我。這裡所強調的就是被影響的對象不是別的，而是具備行動力的自我。〔註78〕一個人的主體性如果可以用「身」來代表，這也自然衍生出「終身」

〔註78〕其他例子包括：「身為天子」（〈萬章上〉）；「以身殉道」（〈盡心上〉）；「身不行道」（〈盡心下〉）。

的用詞。〔註79〕總而言之，值得注意的是「身」的意思不該與「體」混淆，因為孟子所使用的「身」不是為了顯示「身體」與「心靈」之間的差異，然而使用「身」的主要目的是描述人的主體性，可理解為自我。

三、「心」

「心」與「性」是孟子人性論最重要的概念，但是需要分開獨立討論這兩個概念。「心」在《孟子》中，總共在 47 個段落出現 123 次，是孟子描述人類最核心的概念之一。要了解「心」的意義與作用的話，可以先分析（一）心所產生的現象，再進一步探討（二）個人的心與（三）與他人互動的心。

（一）心的產物、喜好、運作和內容

孟子在描述奠基於「心」的現象時，他用了三種描述方式：「作於其心」、「生於其心」、「根於心」。首先，孟子認為思想是來自於心：「吾為此懼，閑先聖之道，距楊墨，放淫辭，邪說者不得作。作於其心，害於其事；作於其事，害於其政。」（〈滕文公上〉）這段主要在探討楊朱與墨翟思想之危險。這裡的「作於心」意思主要是「從心展現出來」或「產生」。此用處也出現於《荀子·不苟》：「善之為道者，不誠則不獨，不獨則不形，不形則雖作於心，見於色，出於言，民猶若未從也」。值得注意的是「心」所產生的內容是思想。其次，孟子也認為言詞來自於思想的「心」：「詖辭知其所蔽，淫辭知其所陷，邪辭知其所離，遁辭知其所窮。生於其心，害於其政；發於其政，害於其事。」（〈公孫丑上〉）孟子這段中的焦點是放在「生於其心」的言詞上。最後，孟子也強調仁義禮智「根於心」：「君子所性，仁義禮智根於心」（〈盡心上〉）。可見，思想、言詞與仁義禮智三項都出自於「心」。綜合來說，孟子顯然認為「心」是有意念的，正配合我們平常用語中的「心思」。

這種思考和判斷能力顯然是心的重要功能。孟子在描述心與其他官能之差別時，強調心的思考功能：「心之官則思」（〈告子上〉）。這種判斷能力奠基於基本思考能力，而這種基本思考能力經常用「……心……以為」來闡述。〔註80〕

〔註79〕例子包括：「樂歲終身飽……樂歲終身苦」（〈梁惠王上〉）；「終身不得，終身憂辱」（〈離婁上〉）；「是故君子有終身之憂」（〈離婁下〉）；「終身不養焉」（〈離婁下〉）；「所仰望而終身也」（〈離婁下〉）；「大孝終身慕父母」（〈萬章上〉）；「終身由之而不知其道者」（〈盡心上〉）；「終身訴然」（〈盡心上〉）。

〔註80〕例如：「於予心猶以為速」（〈公孫丑下〉）；「豈無所用其心哉」（〈滕文公上〉）；「其設心以為不若是」（〈離婁下〉）；「一心以為有鴻鵠將至」（〈告子上〉）。

但是人類不單具有像動物一樣透過本能擁有的自然判斷能力，人更具有第二階層的自我反思能力。換言之，人可以從一個第三者的角度反觀自己，意識到自己是一個主體。我們平常把這種能力稱之為「反省」或「反思」能力。孟子顯然認為人心具有這種更高層的反思能力：「權，然後知輕重；度，然後知長短。物皆然，心為甚。」（〈梁惠王上〉）就如同其他事物秤一秤、量一量才知道輕重長短，人心同樣在比較之下才測出自我的存在界限。

　以上的分析已經突顯「心」的基本意識和判斷能力。這種判斷能力在《孟子》中展現於「心」的各種喜好。心的喜好用三種方式表達。首先，「快於心」表達心感到痛快。〔註81〕其次，「心之所同」表達各種人心之間所共同肯定之對象。〔註82〕另外，也有「欲貴者，人之同心也」的說法，意思也是表達人與人之間共同的心願。最後，「悅我心」表達心感到快樂。〔註83〕分析以上的段落，可以得出一個重要的結論：人心有喜好，而孟子所強調的喜好都是人心所共有的。心對於仁義禮智之喜好如果沒有得到滿足便會導致心的四端萎縮：「行有不慊於心，則餒矣。」（〈公孫丑上〉）凡是不知道自己必須要滿足自己內心的要求者，則是缺乏智慧。而缺乏這種智慧的人很容易「操心」，不像那些具有德行、智慧者的通達：「人之有德慧術知者，恒存乎疢疾。獨孤臣孽子，其操心也危，其慮患也深，故達。」（〈盡心上〉）人有時也會遇見挫折，引發「憂心」（〈盡心下〉），而這種「憂心」和其他感情也容易從內心自然地表達在臉上：「中心達於面目」（〈滕文公上〉）。

　可見，孟子認為人的內心與外在有緊密的關係。〔註84〕而孟子明顯認為人心裡惻隱之心、羞惡之心、辭讓執行、是非之心的四端（〈公孫丑上〉、〈告子上〉），必須好好培養，產生外在可見的仁義禮智。這些開端如果得到適當發揮，自然會產生仁義禮智。這四端是心最重要的潛能，也是關注孟子對於「心」的描述最關鍵的特色之一。

〔註81〕「然後快於心與」（〈梁惠王上〉）。
〔註82〕「至於心，獨無所同然乎？心之所同然者何也？謂理也，義也。聖人先得我心之所同然耳。故理義之悅我心，猶芻豢之悅我口」（〈告子上〉）。
〔註83〕「中心悅而誠服也」（〈公孫丑上〉）。
〔註84〕參考〈離婁上〉描述音樂引發身體的自然反應：「仁之實，事親是也；義之實，從兄是也。智之實，知斯二者弗去是也；禮之實，節文斯二者是也；樂之實，樂斯二者，樂則生矣；生則惡可已也，惡可已，則不知足之蹈之、手之舞之。」

（二）堅持實行及失去心的期許

「心」有它的自然喜好，而孟子反覆強調人應該要順著這些喜好發展。孟子認為培養自己的心並不是一件容易的事，充滿各種陷阱：「必有事焉而勿正，心勿忘，勿助長也」（〈公孫丑上〉）。但是一個人應該如何避免忘記修養的陷阱呢？孟子給予各種建議和鼓勵。首先，孟子認為一個人必須要「專心致志」。當一個人清楚自己的自我要求，就必須要時常提醒自己目標何在，並且專注追求這個目標。其中，持之以恆是最難的挑戰，因此使用各種方式描述一個人在長久追求目標：「盡心」（〈盡心上〉）、「竭心」（〈離婁上〉）、「用心」（〈滕文公上〉）、「心至」（〈盡心下〉）、「勞心」（〈滕文公上〉）、「恆心」（〈滕文公上〉）、「存心」（〈盡心上〉）、「養心」（〈盡心下〉）。這麼豐富的描述代表人心如果要持之以恆，必須要克服各種挑戰才能夠適當地發揮心的作用。

同樣的，《孟子》也用各種方式描述失去方向的心。在誘惑之下，人有可能會「動心」（〈公孫丑上〉）。除此之外，心也可以遭受到各種阻礙：「失心」（〈告子上〉）、「放心」（〈告子上〉）、「塞心」（〈盡心下〉）、「害心」（〈盡心上〉）。從這些失去或堵塞的描述，可見孟子明知培養「心」的過程充滿挑戰。他希望讀者努力發揮「心」的各種功用，但是也知道「心」經常面臨各種阻礙。

（三）被影響的心與影響別人的心

然而，不是所有的外在影響都是負面的，孟子也認為外在因素有助於提升一個人的品德。年輕人的行為和心思特別容易被環境影響：「富歲，子弟多賴；凶歲，子弟多暴，非天之降才爾殊也，其所以陷溺其心者然也。」（〈告子上〉）也就是因為環境容易改變，所以要確認心所追求的標準是好的，例如梁惠王追求稱王天下的高標準。〔註85〕假如有人正在追求某一個目標，無論多麼卑微，他至少還有希望發現自己「心不若人」（〈告子上〉）。但是一個人如果每天「盡其心」，那自己內心的作用也可以擴充到別人身上。這種往外擴充的情況被孟子描述為「心加」、「推心」及「充心」。〔註86〕

接著，累計足夠的修養與智慧便能夠幫助別人「格心」（〈離婁上〉）與「正

〔註85〕〈梁惠王上〉：「此心之所以合於王者，何也。」
〔註86〕例如：「言舉斯心加諸彼而已」（〈梁惠王上〉）；「推惡惡之心」（〈公孫丑上〉）；
「人能充無欲害人之心……人能充無穿踰之心」（〈盡心下〉）。

心」（〈滕文公下〉）。孟子認為「惟大人為能格君心之非」，這裡的「格心」意思是「辨明」。[註87] 光是為君主辨明偏差心思就已經夠困難了，因此可見順利「正心」的挑戰何等艱難！也許這說明為何在《孟子》中只有孟子自己追求「端正人心」，而可惜他的努力卻被視為「好辯」！

四、「性」

（一）基本考量

「性」在《孟子》文本中總共 16 段落中出現 37 次。在孟子的時代，眾人顯然已經有探討各種「性」的習慣了：「天下之言性也，則故而已矣」（〈離婁下〉）。從這段可知大眾習慣探討各種事物的本性，而探討的方式是就既成事實，因此「性」可以用來代表一個人的天生資質：「如使口之於味也，其性與人殊，若犬馬之與我不同類也，則天下何者皆從易牙之於味也？」（〈告子上〉）這段用「性」代表「個人本性」，用來與眾人本性對比，說明人都屬於同類。同樣的，一個人被天所安排的困境磨練，可以帶來「所以動心忍性，曾益其所不能。」（〈告子下〉）這裡的「性」可以翻譯為性格，可以用來代表個性。最清楚的例子來自於用牛山的例子描述人性的特色（〈告子上〉）。孟子問聽眾該否從牛山因為外在因素而光禿禿而推論出「光禿禿就是山的本性」：「人見其濯濯也，以為未嘗有材焉，此豈山之性也哉？」（〈告子上〉）這段清楚突顯「性」最核心的考量就是人在自然狀態下的情景，而這種自然狀態在孟子論述下並未具有負面意義。牛山比喻的重點至少有三個：（1）釐清事物真正的自然狀態，[註88]（2）區分自然的狀態與外在因素帶來的改變，和（3）強調這些改變來自於事物本性之外。

「性」除了牽涉到自然狀態的考量之外，也牽涉到「在人掌控中」。孟子在〈盡心下〉區分了「性」與「命」，從上下文可見兩者有所關聯也容易混淆，因此必須要謹慎區分：

「口之於味也，目之於色也，耳之於聲也，鼻之於臭也，四肢之於

〔註87〕詳見傅佩榮《孟子解讀》（新北市：立緒文化，2015）：155 頁。
〔註88〕筆者此處使用「真正」是從人類認知的層面而言，因為在觀察牛山時可能會誤解山的本性為光禿禿的，以為山的自然狀態是「光禿禿」，但是順著孟子觀察牛山的各種演變便可以看出山「真正」的自然狀態。根據孟子，人只有一個所謂的自然狀態，亦即動態向善的趨向，但是此本性有時因為受到外務攪擾，因此看得不清楚，而得出「看似」自然狀態。

> 安佚也，性也，有命焉，君子不謂性也。仁之於父子也，義之於君
>
> 臣也，禮之於賓主也，智之於賢者也，聖人之於天道也，命也，有
>
> 性焉，君子不謂命也。」(〈告子上〉)

這段突顯幾個重點。首先，一個人的口目耳鼻肢有各種喜好，而這些都出自
於本性。這代表人的本性至少有一個層面確實包括口目耳鼻肢的各種欲望。
結合於前面所提出的「自然狀態」，可以說人自然具有這五種小體之欲望。其
二，這些欲望並不是人性最核心的部分，因為能否滿足它們依賴著命運。這
也代表人性另外還有更重要、自己可以決定的部分。其三，仁義禮智對於各
種關係的影響常常要看命運，但是就如前半段的分析突顯，仁義禮智也是人
所共有的，可謂人性。口目耳鼻肢的欲望看似主要是由人的本性主導，但是
滿足這些欲望都要依靠命運。相反的，心所嚮往的仁義禮智實踐在各種關係
裡面似乎是也要靠命運而決定，〔註89〕因為人生最重要的關係大部分都不是
我們自己能選擇的。但是更重要的是人性本身的動力，因為假如缺乏這個基
礎，命運再怎麼把各種人放到人的生命中，也不會實現仁義禮智。

（二）順從與發展人性

以上已經提到孟子探討當時流行的話題：「天下之言性也，則故而已矣」
(〈離婁下〉)。更有趣的是孟子自己加以解釋的內容：「故者以利為本」。孟子
在這裡強調「性」的探討基礎在於順從自然。孟子非常注重順從本性，也出
現於他與告子之間的辯論：

> 告子曰：「性，猶杞柳也；義，猶桮棬也。以人性為仁義，猶以杞柳
>
> 為桮棬。」

> 孟子曰：「子能順杞柳之性而以為桮棬乎？將戕賊杞柳而後以為桮
>
> 棬也？如將戕賊杞柳而以為桮棬，則亦將戕賊人以為仁義與？率天
>
> 下之人而禍仁義者，必子之言夫！」(〈告子上〉)

孟子反對告子的論述，因為告子把義行描述為傷害人的本性才可以實現的潛
能。這種論述會導致很嚴重的結論，所以孟子才把這種看法標為率領天下人
去損害仁德義行的觀點。

〔註89〕筆者在本文中所使用的「命運」是一個廣泛的概念，可能包括正命、隨命與
遭命的各種層面。詳見勞思光《新編中國哲學史（二）》（臺北市：三民書局，
1981）：145 頁。重點在於區分某一件事是否主要在人類的掌控之下，還是主
要在於命運的掌控之下。

　　順從自然狀態的觀點也延伸到了孟子對於修養的看法上。舉例來說，孟子區分了三種層次：「堯舜，性之也；湯武，身之也；五霸，假之也。久假而不歸，惡知其非有也。」（〈盡心上〉）「性」、「身」、「假」是實行仁義的三種方法：順性、修身、假借。在這個次序排列中，順性顯然是最佳選項。修身與順性的差別在於修身是指一開始偏離了順性的正路，但是後來再次返回正途，就如孟子所說的：「堯舜，性者也；湯武，反之也。」（〈盡心下〉）在這兩段中另外值得注意的重點就是它們肯定人該順著本性發展自己。以上的論述已經突顯了人的身體（口目耳鼻肢）有自然的喜好或趨向。同樣的，孟子也肯定人心有類似的喜好。〔註 90〕與以上關於修養的論述結合，人類必須發展這些自然喜好。告子把義行的源頭放在人外而孟子因此反對他的觀點，〔註 91〕但是這不代表孟子認為人心不必發展。這種人性發展的必要性出現於孟子的聖人觀：「形色，天性也；惟聖人，然後可以踐形。」（〈盡心上〉）白話文譯為：人的形體容貌是天生的，只有聖人可以完全實踐這種形體容貌的一切潛能。〔註 92〕以上的論述突顯平凡人必須要先了解自己本性的自然趨向，並且要發展自己本性的喜好。

（三）具體內容

　　既然人應該了解本性才能夠發揮潛能，以下必須整理出孟子認為人性具有的具體內容。以上的論述已經突顯人性包含身體與其喜好。但是這顯然不足以概括人性所蘊含的所有面向，否則孟子沒有必要批評告子「生之謂性」（〈告子上〉）的論述。假如人類本性只包含與生俱來的口目耳鼻肢之欲望，那人就跟其他動物一樣，單靠本能生存，而孟子也就沒有必要反問告子「然則犬之性，猶牛之性；牛之性，猶人之性與？」（〈告子上〉）

　　如果人不單靠本能生存，那人應該靠什麼而生活呢？人還必須具備什麼

〔註 90〕「口之於味也，有同耆焉；耳之於聲也，有同聽焉；目之於色也，有同美焉。至於心，獨無所同然乎？心之所同然者何也？謂理也，義也。」（〈告子上〉）。

〔註 91〕參考〈告子上〉對於告子以下論述的反駁：「告子曰：『食色，性也。仁，內也，非外也；義，外也，非內也。』」

〔註 92〕傅佩榮《孟子解讀》（新北市：立緒文化，2015）：311 頁。由於人最重要的潛能是行善之潛能，而聖人是最能夠實踐這方面的潛能，因此此段所描述的「潛能」僅限於「行善」的潛能，而不包含「行惡」的潛能，否則這就否定了孟子的「性善」之說，並且把聖人化為充分實踐惡行者，徹底違背《孟子》其他所有關乎聖人的描述。

能力才能活出人的樣子呢？孟子反對告子「仁內義外」之觀點，因為他認為仁德與義行都是發自於內心。孟子認為人心的四端（惻隱之心、羞惡之心、辭讓之心、是非之心）會發出要求（〈公孫丑上〉），而滿足這些要求才會產生仁義禮智的結果。這四端給予人的要求顯然不是身體的要求而是心的要求，這也就解釋了為什麼孟子區分了身體與心思為小體與大體（〈告子上〉）。孟子甚至清楚論述人性最核心的成分就是根基於人心的仁義禮智：「君子所性，仁義禮智根於心。」（〈盡心上〉）

這些具體內容也可以解釋孟子為什麼會說「盡其心者，知其性也」（〈盡心上〉）。用口目耳鼻肢的喜好作為對照就很容易理解。嬰兒小時候不清楚自己為什麼會哭，需要依賴父母仔細觀察，幫助他判斷自己何時肚子餓、不舒服。久而久之，孩子自然會開始學習自己吃飯為了滿足自己的食慾。同樣的，一個人如果永遠不去試圖充分實現內心的需求，就在道德上如同嬰兒，不知道自己內心有一些須被滿足的需求。實現了之後，一個人會逐漸地學會內心的喜好。

人性有各種生理喜好，是必要滿足的欲望，但是更重要的欲望則是滿足內心的欲望，也是孟子「性善」的關鍵所在。《孟子》文本中三次提出「性善」或「人性之善」的觀點。〈滕文公上〉提到：「孟子道性善，言必稱堯舜。」〈告子上〉記載孟子用水比喻人性，直接論述「人性之善也，猶水之就下也。」〈告子上〉也記載公都子描述孟子的論述「今曰『性善』，然則彼皆非與？」和孟子的回答，「乃若其情，則可以為善矣，乃所謂善也。」

以上論述有三個關鍵線索。首先，性善的論述與堯舜息息相關。〔註93〕根據以上的論述，我們知道堯舜經常被孟子提及，是為了強調他們修養方法的秘訣：順著本性發展。因此，性善的核心細節一定包括順從本性的自然趨向。其二，孟子直接用水和向下流的關係比喻人性與善之間的關係，這段清楚表示孟子認為人性在自然狀況下趨向於善，就如水在自然狀況下趨向於下。以上兩個線索便能夠幫忙解釋第三點：「乃若其情，則可以為善矣，乃所謂善也。」根據焦循，「若，順也」〔註94〕，本段應該被解讀為「順著人性的真實

〔註93〕〈滕文公上〉雖然記載著「孟子道性善，言必稱堯舜」，孟子很明顯沒有在每一次提到「性善」都一定會提到堯舜為例。公都子曾經詢問孟子「性善」之意義，而孟子的回應完全沒有提及堯舜（〈告子上〉）。因此，「孟子道性善，言必稱堯舜」應該理解為稍微誇張的說法，為了強調堯舜的典範性和重要性。
〔註94〕〔清〕焦循《孟子正義》（北京：中華書局，1957年），443頁。

狀態，就可以做到善，這便是我所謂的性善。」這裡需要特別注意的是人性一定包含善惡的問題，而在孟子眼中，人性在自然狀態下是趨向於善，但是外在因素會導致人性的自然趨向受到不自然的影響。

五、「欲」與「志」

「心」與「性」是人性論最關鍵的概念，但是在進入下一章之前，我們必須要釐清「心」與「性」所喜好的目標到底何在，可以藉由分析與「欲」與「志」相關的篇幅而澄清。

（一）「欲」的定義

「欲」同樣是一個容易被誤解的概念，經常被視為負面的欲望，因此值得釐清。「欲」的用法在《孟子》中的 46 段總共出現 96 次，所以更是值得小心考察它實際的內容。

首先，「欲」不一定內含著負面意義。在不同脈絡中，「欲」可能具有負面或正面的意義。舉例來說，孟子曾說過「無欲其所不欲」（〈盡心上〉）。翻成白話文，這句話在提醒讀者「不要貪求自己不屑於貪求的東西」（〈盡心上〉）。〔註95〕但是如果有「不屑於貪求」這個類別，那顯然也有「屑於貪求」的存在，因此某一種「欲」是好是壞在於那個人該不該追求那個所「欲」之對象。更令人驚訝的是「欲」更常直接用來描述孟子經常稱讚或很明顯值得追求的目標：王政、正人心、生、義。〔註96〕其他正面所欲之例子包括「行禮」（〈離婁下〉）和「見賢人」（〈萬章下〉）。甚至孟子所敬畏的「天」也有所「欲」：「夫天，未欲平治天下也；如欲平治天下，當今之世，舍我其誰也？」（〈公孫丑下〉）這些段落代表孟子不否認人類是有各式各樣的「欲」，而人有不少所「欲」的對象是值得追求的。

孟子少數也有對於「欲」給出負面評價。在探討不孝的具體行為時，孟

〔註95〕傅佩榮《孟子解讀》（新北市：立緒文化，2015）：293 頁。由於人最重要的潛能是行善之潛能，而聖人是最能夠實踐這方面的潛能，因此此段所描述的「潛能」僅限於「行善」的潛能，而不包含「行惡」的潛能，否則這就否定了孟子的「性善」之說，並且把聖人化為充分實踐惡行者，徹底違背《孟子》其他所有關乎聖人的描述。

〔註96〕例如：「王欲行王政」（〈梁惠王下〉）；「我亦欲正人心」（〈滕文公下〉）；「魚，我所欲也；熊掌，亦我所欲也……生，亦我所欲也；義，亦我所欲也……生亦我所欲，所欲有甚於生者……如使人之所欲莫甚於生……是故所欲有甚於生者」（〈告子上〉）。

子曾批評過：「從耳目之欲，以為父母戮，四不孝也」（〈離婁下〉）。讓孟子批評放縱「耳目之欲」不是因為它發出作用就一定有負面效果，〔註97〕而是因為它們在此情況中導致父母蒙受羞辱。同樣的，孟子認為齊宣王「欲短喪」問題不在於「欲」本身是不當的，而是在於這種情感不合乎禮儀。

從以上的脈絡來看，我們才能夠正確了解孟子的教導：「養心莫善於寡欲。其為人也寡欲，雖有不存焉者，寡矣；其為人也多欲，雖有存焉者，寡矣。」（〈盡心下〉）〔註98〕孟子似乎很清楚釐清最好的修養內心方法就是減少欲望。這是因為一個人的欲望如果太多，容易忘記自己更應該「欲」之對象，例如比生命還要重要的「義」。

（二）「志」的意義

「志」在《孟子》的 29 各段落中總共出現 53 次。「志」有兩次用來代表書名或其他資料（〈滕文公上〉、〈滕文公下〉），還有一次是《尚書》的代名詞（〈梁惠王下〉）。除此之外，「志」都與人相關，最常指志向。

「志」主要有三種用法：名詞、動詞、形容詞。〔註99〕名詞出現的次數最多，因此以下分析也從此處切入。「志」最根本的特色就是它是屬於個人的。換言之，每一個人都有自己的「志」。〔註100〕一個人的心志包括各種層面：意願、動機、志向、心思之意，但是共同之處在於「志」反應了一個人內心的期許。這些內在期許可能與外在事實有衝突，因此一件事可以稱為「非我志也」（〈公孫丑下〉）。另外值得注意的是「志」與「心」之間的關係。《孟子》有時把「心」與「志」合併為「心志」，例如「夫志，氣之帥也」（〈公孫丑上〉）。因為心是氣的統帥，所以「心」也是「志」背後的推動者，而「志」嚮往的最

〔註97〕 參考以下〈告子上〉的段落就看得出孟子對於官能的自然喜好是正面的：「至於聲，天下期於師曠，是天下之耳相似也。惟目亦然。至於子都，天下莫不知其姣也。不知子都之姣者，無目者也。故曰：口之於味也，有同耆焉；耳之於聲也，有同聽焉；目之於色也，有同美焉。」

〔註98〕 本段主張「寡欲」但是孟子另外主張「可欲之謂善」，兩者會有衝突嗎？不見得，因為該段落可以理解為「值得喜愛的行為，叫做善」，因為「欲」的主體便主要是「大體」而不是「小體」。相對而言，本段落所推崇的「寡欲」大多數都是「小體」的各樣不必要或多餘的欲望。

〔註99〕 〈告子下〉所提及的「先生之志則大矣」是名詞；它提及的「志於仁而已」是動詞。形容詞的例子出自於〈滕文公下〉：「志士不忘在溝壑」。

〔註100〕 例如：「久於齊，非我志也」（〈公孫丑下〉）；「其志將以求食也」（〈滕文公下〉）；「先生之志則大矣」（〈告子下〉）；「必先苦其心志」（〈告子下〉）；「有伊尹之志，則可；無伊尹之志，則篡也」（〈盡心下〉）。

高對象也絕對不是生理欲望而已。

　　以上的分析已經顯示人心有它喜歡的對象，而只要有喜歡的對象就代表對象可以分價值的高下。因此，個人之「志」可能依據它所追求者的重要性而有上進的可能。孟子對於懦夫的建議是要「立志」，兩次也搭配了伯夷的榜樣作為人格典範，指出懦夫應該更加注意自己的志向的高低，並加以改善。孔子和孟子誇讚狂者的原因就是為了他們擁有高遠的志向：「其志嘐嘐然」（〈盡心下〉）。他們知道人的心志不應該僅放在滿足自己的基本需求上，而要有更高的標準。雖然每一個人都有責任立志追求更高的標準，但孟子認為士人在這方面有特殊的責任。他們必須要「尚志」（〈盡心上〉），提升自己的志向。士人的特殊要求來自於他們高尚的責任：「天降下民，作之君，作之師。惟曰其助上帝，寵之四方。」（〈梁惠王下〉）士人與國君都有幫助天照顧百姓的責任，因此自己的志向要特別高，這也就是孟子為什麼會批評諸侯、糾正「不鄉道，不志於仁」的君主（〈告子下〉）。

　　但是一個人擁有高明的志向不代表一定就能夠實現它，這可見於孟子「得志」與「不得志」的區分。志向是內心所追求的理想，而外在條件不見得能夠配合，所以大丈夫在面臨得志與不得志的情況時，會有與眾不同的表現：「得志與民由之，不得志獨行其道」（〈滕文公下〉）。理想的古人也採取相似的態度：「古之人，得志，澤加於民；不得志，脩身見於世」（〈盡心上〉）。但是這些大丈夫與古之人的行為背後都依循同樣的原則，因此統治者在得志時，會有同樣的作為：「得志行乎中國，若合符節」（〈離婁下〉）。孟子也曾經設想過自己得志與現況之間的落差：「我得志弗為也」（〈盡心下〉），而這個落差正來自於志向與現況的差距。

　　由於要完成高遠的志向頗為困難，因此孟子也強調持守心志的重要性：「持其志，無暴其氣」（〈公孫丑上〉）。此外，心志專一就能夠率領意氣，帶動整個人：「志壹則動氣」（〈公孫丑上〉）。但是孟子也認為意氣可能反過來帶動心志：「氣壹則動志也」（〈公孫丑上〉）。意氣可能帶動心志代表一個人可能受內在或外在的影響而偏離原有的志向。孟子也曾經用了學習下棋的比喻來描述這種情況：

　　　　「今夫弈之為數，小數也；不專心致志，則不得也。弈秋，通國之
　　　　善弈者也。使弈秋誨二人弈，其一人專心致志，惟弈秋之為聽。一
　　　　人雖聽之，一心以為有鴻鵠將至，思援弓繳而射之，雖與之俱學，

　　弗若之矣。」（〈告子上〉）

以上的比喻中，攪擾學習下棋心志的是一隻天鵝。同樣的，有各種因素讓人煩躁，失去原本心志。

　　因此，人類有時必須要有別人的協助才能完成他們的志向。梁惠王曾經如此懇求孟子的輔助：「吾惛，不能進於是矣。願夫子輔吾志，明以教我。我雖不敏，請嘗試之。」（〈梁惠王上〉）梁惠王懇求孟子教育他、幫助他了解高遠的志向，並且進一步去實踐。因為國君有照顧百姓的重大責任，因此特別需要士人的協助來加以理解自己重任該如何執行。另外，一般人也有義務幫助年長的父母親「養志」（〈離婁上〉）。孟子所引述的故事是曾子奉養父親曾晳心意的故事，並且做了以下的結論：「此所謂養口體者也。若曾子，則可謂養志也。事親若曾子者，可也。」這段再度區分「身」與「心」。照顧身體是其他動物也會得到的待遇，但父母是兒女特殊恩人，因此奉養他們的心志是回報親恩的重要責任。在父母年老時，光是把他們餵飽是不夠的，兒女也有義務照顧父母的大體，亦即他們的心。可見，不是只有追求高尚志向者需要他人的輔助才能實現自己的志向；面臨生理衰弱者也需要同樣的輔助。

　　既然追求高尚的志向對於人類那麼重要，那我們可以問：這個志向到底是什麼呢？《孟子》所提供的答案幾乎是一致的，也是「志」為動詞所追求的對象：「仁」。所以孟子勸誡國君要立志行仁，因為假如不立志行仁，那就是為自己引來憂愁恥辱，甚至到死亡：「苟不志於仁，終身憂辱，以陷於死亡。」（〈離婁上〉）以上雖已經簡單分析過國君立志行仁的責任，但是原文值得再次列出來，以彰顯不立志行仁的國君容易落入的下場：「君不鄉道，不志於仁，而求富之，是富桀也。……君不鄉道，不志於仁，而求為之強戰，是輔桀也。」（〈告子上〉）除了國君具有立志行仁的責任之外，可見君子服事國君的核心責任也包括幫助國君立志行仁：「君子之事君也，務引其君以當道，志於仁而已。」（〈告子上〉）君子又該立志於「仁」又該立志追求正道：「君子之志於道也，不成章不達。」（〈盡心上〉）試問：孟子是否提出兩個不相關的目標呢？答案：並沒有。假如把「道」理解為「人類共同的正路」，且把「仁」理解為「人類個人的正路」，〔註101〕那麼孟子此一時勸諫人類追求「道」，彼一時勸諫個人追求「仁」只是孟子採用「因材施教」的原則罷了。

〔註101〕此區分之根據來自於《孟子・盡心下》：「仁也者，人也。合而言之，道也。」個人的人生正路叫做「仁」，而合起來之後（亦即人類共同的正路）叫做「道」。

　　《孟子》有一個段落沒有從心志的適當對象談起，亦即孟子描述后羿教導學生射箭的例子：「羿之教人射，必志於彀；學者亦必志於彀。大匠誨人，必以規矩；學者亦必以規矩。」（〈告子上〉）但是這裡的「志」意思顯然是「要求」，有別於「志」的其他意義。無論如何，這段所描述的要求雖然是對於別人的要求，但是這個要求仍然發自於內心，與以上其他敘述相合。

　　個人志向的自我要求有多麼嚴格呢？參考「志」為形容詞的例子就很清楚了。「志」為形容詞在《孟子》文本中只有出現兩次，而兩次都在描述有志之士對於死亡的態度：「志士不忘在溝壑，勇士不忘喪其元。」（〈滕文公下〉、〈萬章下〉）此段有幾個重點值得注意。首先，孟子再度強調士人與志向之間的緊密關係。士人就是有願意犧牲生命完成志向的人，這也就是為什麼在孟子眼中，只有士人能夠沒有固定的家業而繼續過生活：「無恆產而有恆心者，惟士為能。」（〈梁惠王上〉）有高尚志向的人才不會因為面臨無恆產的危機而失去堅固的心志，也只有經過磨練的人能夠維持不動搖的心思：「故天將降大任於是人也，必先苦其心志，勞其筋骨，餓其體膚，空乏其身，行拂亂其所為，所以動心忍性，曾益其所不能。」（〈告子上〉）以上的分析可以幫助我們了解孟子為何可以主張「舍生取義」（〈告子上〉）。對於孟子而言，仁義是出自於人心，而一個人如果愛好義行的話，並不會因為愛好生命而放棄義行。以上這些細節在第四章對於「心」的探討，會做進一步的解釋。

第四節　小結

　　總而言之，本章討論有三個重點：（1）回顧西方與中國哲學對於譬喻的研究成果、（2）定位譬喻在思想過程中的重要性以及（3）澄清《孟子》中的關鍵概念。文獻回顧突顯了西方哲學從蘇格拉底與柏拉圖就開始質疑譬喻，但是也指出西方學者近年來對於譬喻的興趣。相對而言，中國哲學家的關注似乎是倒過來的，因為最早期的中國哲學家似乎非常擅長使用譬喻，但是近年來與譬喻相關的哲學研究似乎僅限於邏輯推理研究。然而從譬喻切入探討人性、人倫與辯論似乎是一個很適當的方法，因為思想本身就離不開譬喻，而人類概念系統的結構與定義都屬譬喻性。除此之外，以上的剖析也顯示出孟子眼中的人有幾種特色。首先，人生下來就具有某一些基本「材質」或稟賦，而這也就是人的「實情」。人之「才」與「情」都是在描述人的基本稟

賦,在用法上大同小異。試問:人的稟賦有什麼特色呢?人類與生俱來就有兩種「體」,一個稱之為「小體」,一個稱之為「大體」。「小體」指一般所謂的「身體」,包括不會思考的五官功能;「大體」則是可以思考的「心」,有時可以理解為「心思」。「大體」與「小體」兩者都具備著一些自然喜好,時常希望得到滿足。從以上的分析可見,現代的「身體」概念必須要與孟子所使用的「體」與「身」區分開來。「身」主要是指人的主體性,是指明某一個人的慣用語。孟子認為每一個「身」都應該順從「大體」,而不是順從「小體」,因為滿足「大體」的要求才是人類異於禽獸之處。人雖然與其他禽獸一樣有「身體」,但是最重要的差異就在於他們的「才」包括「心」的豐富作用。如果沒有適當保持和培養自己的心,那麼就跟禽獸沒有差別。人類與禽獸之間的差別本來就只有一點點,因此人必須要謹慎地培養與保存自己的心,才可以避免從「近於禽獸」化為「同於禽獸」。「心」最重要的四種要求來自於心之四端(惻隱之心、羞惡之心、辭讓之心、是非之心),而順利地滿足這些要求會形成仁、義、禮、智。心的四端就如種子一般,必須要經由適當的方式發展,避免「揠苗助長」與「不耕耘」的兩種陷阱,才有可能有成果。但是孟子主張「性善」而不是「心善」,因為「性」包括「小體」與「大體」兩者,而滿足「小體」的要求有時可以同時滿足「大體」的要求,因此從整體之「性」看待人類更為恰當。以上「小體」與「大體」之自然和適當之要求有時被稱為「欲」,代表孟子認為有一些自然「欲望」是正當的,不應該馬上賦予「欲」負面意義。除了自然之「欲」之外,還有自己可以選擇與追求之「欲」,而這些歸類為「志」。孟子認為身體與心思可以互相影響,代表好好照顧身體的人也可以藉由身體的培養而提升自己心思的志向。一個人的志向可以導引他所有的選擇,因此孟子提醒讀書人一定要「尚志」,亦即提升自己的志向,以便於確保自己能夠用身教開導一般百姓如何做人處事而不停留在滿足自己「小體」之「欲」,卻忽略以身作則。孟子把自己人性論摘要是「性善」,而更為清楚的摘要為「人性向善」。〔註102〕由於以下章

〔註102〕「人性向善」的主張源自於傅佩榮老師,來自《論語》、《孟子》、《大學》與《中庸》的分析,可以參考傅佩榮《儒家哲學新論》(臺北市:聯經,2010):69～86,181～202頁。有關「人性向善」可否套用在解讀《荀子》文本上,可以參考蕭振聲〈荀子的人性向善論〉(國立臺灣大學哲學研究所碩士論文,2006年):55～102頁。要了解「人性向善」與「人性本善」之別,可以參考以下兩篇論文:傅佩榮、林安梧〈「人性向善論」與「人性善向論」:

節會對於孟子人性論做出進一步的探究，因此在此點到為止。

關於先秦儒家人性論的論辨〉，《哲學雜誌》第 5 期（1993 年 6 月）：78～
82、86～88 頁。熊偉均〈論《孟子》人性論之「本善」與「向善」詮釋〉
（國立臺灣大學哲學研究所碩士論文，2015 年）：29～68 頁。

第三章　四端與譬喻

　　第二章已經回顧了與《孟子》哲學相關的譬喻研究、釐清了譬喻在思想中重要的地位、並且澄清了《孟子》文本中與人性論相關的重要概念。現在，我們可以把焦點縮小，聚焦於《孟子》文本中與譬喻相關的段落。因為篇幅有限，筆者下面三章試圖從三個層面突顯譬喻對於孟子思想的重要性。三章會探討三個議題，把焦點放在孟子對於人性、關係、與辯論的探討。這三個題目可以標示為「四端」、「五倫」與「三辯」。

　　為什麼要選這三個題目呢？首先，孟子思想的關鍵基礎是人性論，也是孟子反覆釐清的對象。孟子對於人性所有的論述都可以追究到「心」之「四端」，而且其他對於人性的譬喻描述都是奠基於這個基本譬喻。《孟子》文本中最經典的譬喻也都在描述人性。其次，孟子人性所嚮往的「善」指「人與人之間適當關係的實現」，因此值得進一步探究此議題。孟子指出人類隨時面臨著一個危險：「人之有道也，飽食、煖衣、逸居而無教，則近於禽獸」（〈滕文公上〉）。聖人為此擔憂而希望透過教育人倫（「五倫」）以便於避免「近於禽獸」的下場：「聖人有憂之，使契為司徒，教以人倫：父子有親，君臣有義，夫婦有別，長幼有序，朋友有信」（〈滕文公上〉）。孟子時常用譬喻澄清這些人倫的抽象標準以及糾正人倫的具體實踐。最後，孟子被別人評為「好辯」，與別人辯駁過程中不是推翻他人的不恰當的譬喻就是用譬喻來批評別人。孟子最強烈批評的對象有三個，則簡稱為「三辯」。

　　接著可問：這三個題目為什麼特別適合從譬喻的角度來展現呢？首先，從譬喻探討孟子的人性論的原因是《孟子》思想的理論基礎是人性論，而孟

子最精華的譬喻都在描述人性。直接從譬喻的方式切入孟子的人性論也有助於我們澄清孟子人性論的一些關鍵細節，因為人性本身是五官察覺不到的，但是可以用譬喻描述來解釋人性的功能與效應。其次，筆者用譬喻討論「關係」是因為關係是孟子哲學中很關鍵的主軸之一，但是我們平常不會認為譬喻與關係有太大的相關性。透過分析這個環節而突顯譬喻確實在「關係」的描述中常常出現，可以幫助我們了解孟子的其他相關主張是有意義的。最後，從譬喻來觀察孟子所反對的論述可以幫助我們更了解孟子為什麼如此地「好辯」，因為孟子意識到其他學派的譬喻描述中所蘊含的言行規範。〔註1〕正是因為孟子的對話者違反了他們應該遵守的相關人倫譬喻規範，所以得到孟子嚴苛的攻擊。

第一節　人性論為《孟子》的理論基礎

試問：一個人為什麼應該善待他人呢？這個問題追究到人性論，也是孟子思想的理論基礎。然而由於孟子關注人性論的篇幅並不多，大部分出現在孟子與告子的辯論中，因此有的學者也認為人性論不應該視為孟子思想主軸。〔註2〕但是有兩個理由應該使人遲疑。首先，中國哲學家長久以來都認為人性論是中國哲學的關鍵主題之一，〔註3〕而對於儒家也特別重要且有意義。〔註4〕漢學家也保持著同樣的態度。〔註5〕其次，衡量思想軸心並不

〔註1〕舉例來說，孟子強烈反對告子的譬喻，因為把人性描述為杞柳蘊含著「傷害本性」去做義行的必然推測。一旦接受了以上的描述，便不得不接受相關的言行規範：假如要做出義行，必須要傷害自己的本性。當然，有的譬喻可能並未具有相關「規範」的成分，但是由於本文中所關注的譬喻主要是具有目的性的描述，因此也蘊含著言行的規範。請參考第五章論述。

〔註2〕Hektor Yan, "Beyond a Theory of Human Nature: Towards an Alternative Interpretation of Mencius' Ethics," *Frontiers of Philosophy in China*, Vol. 9, No. 3 (2014): 401.

〔註3〕這方面具有代表性的著作為徐復觀《中國人性論史‧先秦篇》（臺北：臺灣商務，1988）：161～198頁。

〔註4〕傅佩榮〈儒家人性論如何超越唯心與唯物的兩極詮釋〉，《哲學與文化》第20卷第8期（1993年8月）：746～749頁。此外，可以參考傅教授長年以來對人性論的關注：傅佩榮〈孔子論人性與群我關係〉，《東吳大學學報》第1期（1996年3月）：1～10頁。傅佩榮〈儒家人性論的現代化詮釋〉，《現代化研究》第31卷（2007年7月）：89～97頁。

〔註5〕早期具有代表性對於人性論之反省的漢學著作為 Angus Graham, "The

完全依賴數量的考量。舉例來說，整本《聖經》總共只有九次出現「挽回」兩個字。〔註6〕假如對照於聖經總節數（約 1189 章 31219 節），「挽回」只佔《聖經》的 0.03%。但是「挽回」卻是貫穿整本《聖經》的核心概念，並且是詮釋整本《聖經》的必要概念，因為「挽回」解釋人與神之間的關係如何可以重新被建立。〔註7〕光是按照以上統計結果，「挽回」概念看似僅佔《聖經》0.03%的重要性，實在不合理。同樣的，光用統計的方式來衡量人性論對於《孟子》思想是不足的。

　　能接受人性論出現的次數不該成為衡量人性論重要性的唯一標準，不代表人性論因此應該被視為《孟子》的核心。要論述這個重點的話，也必須回到孟子探討人性論的篇幅，檢驗人性探討對於孟子思想的重要性。孟子對於人性論的論述確實相對於整本書的篇幅不多，但是他一旦面對厲害對手時則會提及人性。〔註8〕舉例來說，孟子與國君對話時會使用國君習慣的話題作為教導方式，〔註9〕但是與告子對話時則有細膩人性論的探討，這種彈性對話方式正是繼承了孔子的「因材施教」！〔註10〕孟子面臨嚴重的理論挑戰時才會突顯他思想奠基於人性論。就如孔子兩次面臨生死危機時才把自己最高宗教信仰對象抬出來，〔註11〕孟子同樣在面臨理論危機時也把他最看重的理論基

Background of the Mencian Theory of Human Nature," *Tsing Hua Journal of Chinese Studies*, no. 6 (1967): 215~271。十年後仍然有漢學家重新反省孟子人性論：Philip Hwang, "What Is Mencius' Theory of Human Nature?" *Philosophy East and West*, Vol. 29, No. 2 (Apr., 1979): 201~209。漢學家十五年後在夏威夷大學甚至為了探討人性論特意召集了各個學者探討此議題。以下兩篇論文為例：Irene Bloom, "Human Nature and Biological Nature in Mencius," *Philosophy East and West*, Vol. 47, No. 1, Human "Nature" in Chinese Philosophy: A Panel of the 1995 Annual Meeting of the Association for Asian Studies (Jan., 1997): 21~32. Kwong-loi Shun, "Mencius on Jen-hsing," *Philosophy East and West*, Vol. 47, No. 1, Human "Nature" in Chinese Philosophy: A Panel of the 1995 Annual Meeting of the Association for Asian Studies (Jan., 1997): 1~20。

〔註6〕「挽回」的英文專有名詞為「propitiation」，主要意思為「安撫憤怒」。
〔註7〕參考巴刻（著），尹妙珍（譯）《認識神》（香港：福音證主協會，2016）：210～230 頁。
〔註8〕筆者所指明的所謂「厲害對手」排除著孟子的學生和與他對談的國君與大臣，包括淳于髡與告子等人。由於告子論述最多，而孟子需要花費最大的篇幅反駁他，可見告子是孟子主要的「厲害對手」。
〔註9〕參考孟子對梁惠王所說的「王好戰，請以戰喻」（〈梁惠王上〉）為例。
〔註10〕參考孔子在《論語》中回答學生「問仁」的各種回答為例。
〔註11〕見「天生德於予，桓魋其如予何？」（《論語・述而》）與「天之將喪斯文也，

礎抬出來。

試問：人性論對於孟子思想的重要性可以從文本其他篇幅中得到驗證嗎？雖然此段無法做出周全的論述，仍然可以舉出兩個例子突顯孟子自認為人性論確實為他思想的基礎。首先，孟子反覆強調百姓的重要性，甚至主張「民為貴」：

> 「民為貴，社稷次之，君為輕。是故得乎丘民而為天子，得乎天子
> 為諸侯，得乎諸侯為大夫。諸侯危社稷，則變置。犧牲既成，粢盛
> 既潔，祭祀以時，然而旱乾水溢，則變置社稷。」（〈盡心下〉）

「民」為什麼如此地重要呢？因為「民」為「身」或「個人」的整體組合，而「天下之本在國，國之本在家，家之本在身。」（〈離婁上〉）此處直接把「個人」視為「家」、「國」與「天下」的基礎，顯示孟子肯定每一個主體的價值，也顯示他所有的政治關注都可以回溯到很有價值的「個人」。「民為貴」之所以成立來自孟子對於「個人」的高評價。

其次，孟子也反覆強調人類「守護」各個事物。守護的對象可能比較具體，例如國君應該守護國家的土地與百姓、[註12] 諸侯應該守護的國君疆土、[註13] 後代應該守護的祖宗土地、[註14] 或百姓一起守望的井田。[註15] 守護的對象也可能比較抽象，例如維護的先王之道、[註16] 孟施舍保持的勇氣、[註17] 或約束百姓的法度。[註18] 這種具體與抽象的「守護」或「維護」都可以回溯到守護「個人」上，亦即守護個人節操：「守孰為大？守身為大。……孰不為守？守身，守之本也。」（〈離婁上〉）守護的根本基礎在於個人，因為他也曾建議君子說：「君子之守，修其身而天下平。」（〈盡心下〉）可見，孟子在不同段落中的「守護」奠基於「個人」。

以上指出「民為貴」與「守」的理論基礎都回歸於「個人」，而根據孟

　　　後死者不得與於斯文也；天之未喪斯文也，匡人其如予何？」（《論語‧子
　　　罕》）。

〔註12〕〈梁惠王下〉：「鑿斯池也，築斯城也，與民守之」。
〔註13〕〈梁惠王下〉：「天子適諸侯曰巡狩，巡狩者巡所守也」。
〔註14〕〈梁惠王下〉：「世守也，非身之所能為也。效死勿去。」
〔註15〕〈滕文公上〉：「鄉田同井……守望相助」。
〔註16〕〈滕文公下〉：「守先王之道」。
〔註17〕〈公孫丑上〉：「孟施舍之守氣」。
〔註18〕〈離婁上〉：「下無法守也」。

子，每「個人」都具有某一些共同之處，而孟子認為人都屬於同一「類」：
「聖人之於民，亦類也」（〈公孫丑上〉）、「聖人與我同類者」（〈告子上〉）。
由於人類屬於同一類，即便每一個人都有自己的特色，但是也必定有某一
些共同特性。這些特性便構成人之所以為人的「人性」，用來強調人與動物
之間的差別之處。〔註19〕可見，孟子的各個理論常常回溯於「個人」的層
面，而這些「個人」的組合之共同性是孟子所描繪的「人性」。所以，要了
解孟子思想基礎的「個人」的尚好策略就是概括性地探討這些個人的共同
特色，亦即人性論。

　　從此可見，孟子的理論基礎是人性論。但是我們該如何了解掌握孟子人
性論特色所在呢？答案是從以上已探究的核心概念談起。孟子人性論最重要
的探究來自於孟子對於「性」與「心」的描述。〔註20〕《孟子》整本書中，
總共只有16段記載37次「性」字，而大多數的篇幅的意思是「人性」。但是
「心」與「人性」之間有什麼關係？根據以上描述可見孟子認為人具備「小
體」與「大體」（〈告子上〉）。「小體」的官能包含「不思」的「耳目之官」，也
就是人的「身體」。而「大體」則指可以思考的「心」。心「大」於「小體」因
為它的功能更為重要。可見，人「性」包含「心思」與「身體」兩個層面，但
是如果在廣泛討論「性」的話，那麼重點則是放在「心」上。為什麼呢？答案
在孟子對於「本性」與「命運」的探討：

> 「口之於味也，目之於色也，耳之於聲也，鼻之於臭也，四肢之於
> 安佚也，性也，有命焉，君子不謂性也。仁之於父子也，義之於君
> 臣也，禮之於賓主也，智之於賢者也，聖人之於天道也，命也，有
> 性焉，君子不謂命也。」（〈盡心下〉）

前半段所提及的口、目、耳、鼻、肢屬於「小體」的功能，而後半段所提及的
仁、義、禮、智根植於心。孟子認為口目耳鼻肢出於性的要求，在「性」的範
圍內，但是滿足這些欲望則要靠命運，因此君子不說這些是本性。相對而言，
仁、義、禮、智相關的人倫關係常常不在我們控制之下，確實有「命運」的成

〔註19〕人與動物之間的差別主要在於人有「大體」或四端所發出的各種作用。此外，
　　　　孟子認為告子的「生之謂性」不夠詳細地點出人類之特質，最後一句質疑也
　　　　突顯孟子希望區分「人性」與「狗性」或「牛性」之間的差別：「然則犬之性，
　　　　猶牛之性；牛之性，猶人之性與？」參考〈告子上〉。
〔註20〕這也就是為什麼孟子人性論有時被稱為「心性論」，如勞思光《新編中國哲學
　　　　史（一）》（臺北市：三民書局，1981）：156頁。

分，但是能夠在這些關係中實踐「仁義禮智」是依賴「本性」，因此君子不會把「仁義禮智」視為「命運」。以上的描述符合孟子對於「大體」與「小體」的描述。此段也強調「性」的關鍵在於「根於心」的「仁義禮智」，亦即順從「大體」的欲望、不是順從「小體」的欲望才是「本性」的關鍵所在。從以上的論述而言，當孟子用譬喻來描述「性」，他所描述的目標主要是「心」、「心之四端」、以及能夠從這四端生長出來的「仁義禮智」。這種「大體」、「小體」的區分也出現在孟子修養建議中：在培養浩然之氣的過程中，如果不讓內心滿意的話，那麼這股氣就會萎縮。〔註21〕

孟子譬喻描述中花費最大篇幅是「根於心」的「仁義禮智」，說明任何與仁義禮智之探討都必須回溯到心。從以下兩章對於孟子人倫與辯論的描述也可見孟子思想如何奠基於他的人性論。仍未被說服者必須解釋孟子為何會用那麼多複雜、環環相扣的譬喻來描述人性的各種特色，以及孟子為何那麼強烈反對告子、楊朱與墨翟的人性思想。如果人性論對於孟子思想只有外圍的理論價值，孟子豈不是是花費了太多的力氣建構各種複雜人性論譬喻，並且為了反對告子的各種人性的描述浪費了很多時間嗎？

總而言之，從理論的角度而言，《孟子》各種譬喻主要在探討人與人之間適當關係的實現，於是譬喻的分析便能夠顯示孟子對於實現人性的重要性，而從人性論的角度回去觀察《孟子》的各種譬喻也能夠把各方面的譬喻串起來。

第二節　找尋《孟子》關鍵人性論之譬喻

既然人性論對於孟子的思想那麼關鍵，接著要找出人性論相關的關鍵描述。從以上的描述可見，「心」與「性」是理解人性論最重要的概念。但是該如何找出有助於掌握《孟子》人性論之譬喻呢？要找出相關段落必須要設計出一些篩選標準。首先，此段落必須要出現「心」或「性」的字。其次，它必須針對「心」或「性」加以解釋，因為單純提及這兩個概念對於我們的理解沒有太大的幫助。其三，有關「心」與「性」的描述不能只局限於消極反對的論述，而是積極提供更豐富的理解。根據這三個原則作為標準，大概有十個段落的譬喻特別重要。為了讓讀者能夠看見筆者的思路，以下列出相關段落：

〔註21〕〈公孫丑上〉：「行有不慊於心，則餒矣」。

【表 3.1】有關人性論（心、性）的譬喻

出處	摘要內容	相關內容
公孫丑上	不慊則餒——不助苗長	「……行有不慊於心，則餒矣。我故曰，告子未嘗知義，以其外之也。必有事焉而勿正，心勿忘，勿助長也。無若宋人然：宋人有閔其苗之不長而揠之者，芒芒然歸。謂其人曰：『今日病矣，予助苗長矣。』其子趨而往視之，苗則槁矣。天下之不助苗長者寡矣。以為無益而舍之者，不耘苗者也；助之長者，揠苗者也。非徒無益，而又害之。」
公孫丑上	猶有四體——人有四端	孟子曰：「人皆有不忍人之心。先王有不忍人之心，斯有不忍人之政矣。以不忍人之心，行不忍人之政，治天下可運之掌上。所以謂人皆有不忍人之心者，今人乍見孺子將入於井，皆有怵惕惻隱之心。非所以內交於孺子之父母也，非所以要譽於鄉黨朋友也，非惡其聲而然也。由是觀之，無惻隱之心，非人也；無羞惡之心，非人也；無辭讓之心，非人也；無是非之心，非人也。惻隱之心，仁之端也；羞惡之心，義之端也；辭讓之心，禮之端也；是非之心，智之端也。人之有是四端也，猶其有四體也。有是四端而自謂不能者，自賊者也；謂其君不能者，賊其君者也。凡有四端於我者，知皆擴而充之矣，若火之始然，泉之始達。苟能充之，足以保四海；苟不充之，不足以事父母。」
告子上	猶水就下——人性之善	告子曰：「性猶湍水也，決諸東方則東流，決諸西方則西流。人性之無分於善不善也，猶水之無分於東西也。」 孟子曰：「水信無分於東西。無分於上下乎？人性之善也，猶水之就下也。人無有不善，水無有不下。今夫水，搏而躍之，可使過顙；激而行之，可使在山。是豈水之性哉？其勢則然也。人之可使為不善，其性亦猶是也。」
告子上	乃若其情——可以為善 求則得之——舍則失之	……孟子曰：「乃若其情，則可以為善矣，乃所謂善也。若夫為不善，非才之罪也。惻隱之心，人皆有之；羞惡之心，人皆有之；恭敬之心，人皆有之；是非之心，人皆有之。惻隱之心，仁也；羞惡之心，義也；恭敬之心，禮也；是非之心，智也。仁義禮智，非由外鑠我也，我固有之也，弗思耳矣。故曰：「求則得之，舍則失之。」或相倍蓰而無算者，不能盡其才者也。《詩》曰：『天生蒸民，有物有則。民之秉夷，好是懿德。』孔子曰：『為此詩者，其知道乎！故有物必有則，民之秉夷也，故好是懿德。』」

告子上	芻豢悅口——理義悅心	孟子曰：「富歲，子弟多賴；凶歲，子弟多暴，非天之降才爾殊也，其所以陷溺其心者然也。今夫麰麥，播種而耰之，其地同，樹之時又同，浡然而生，至於日至之時，皆熟矣。雖有不同，則地有肥磽，雨露之養，人事之不齊也。故凡同類者，舉相似也，何獨至於人而疑之？聖人與我同類者。故龍子曰：『不知足而為屨，我知其不為蕢也。』屨之相似，天下之足同也。口之於味，有同耆也。易牙先得我口之所耆者也。如使口之於味也，其性與人殊，若犬馬之與我不同類也，則天下何耆皆從易牙之於味也？至於味，天下期於易牙，是天下之口相似也。惟耳亦然。至於聲，天下期於師曠，是天下之耳相似也。惟目亦然。至於子都，天下莫不知其姣也。不知子都之姣者，無目者也。故曰：口之於味也，有同耆焉；耳之於聲也，有同聽焉；目之於色也，有同美焉。至於心，獨無所同然乎？心之所同然者何也？謂理也，義也。聖人先得我心之所同然耳。故理義之悅我心，猶芻豢之悅我口。」
告子上	山養則長——性養則長	孟子曰：「牛山之木嘗美矣，以其郊於大國也，斧斤伐之，可以為美乎？是其日夜之所息，雨露之所潤，非無萌蘖之生焉，牛羊又從而牧之，是以若彼濯濯也。人見其濯濯也，以為未嘗有材焉，此豈山之性也哉？雖存乎人者，豈無仁義之心哉？其所以放其良心者，亦猶斧斤之於木也，旦旦而伐之，可以為美乎？其日夜之所息，平旦之氣，其好惡與人相近也者幾希，則其旦晝之所為，有梏亡之矣。梏之反覆，則其夜氣不足以存；夜氣不足以存，則其違禽獸不遠矣。人見其禽獸也，而以為未嘗有才焉者，是豈人之情也哉？故苟得其養，無物不長；苟失其養，無物不消。孔子曰：『操則存，舍則亡；出入無時，莫知其鄉。』惟心之謂與？」
告子上	一曝十寒——未能生者	孟子曰：「無或乎王之不智也，雖有天下易生之物也，一日暴之、十日寒之，未有能生者也。吾見亦罕矣，吾退而寒之者至矣，吾如有萌焉何哉？今夫弈之為數，小數也；不專心致志，則不得也。弈秋，通國之善弈者也。使弈秋誨二人弈，其一人專心致志，惟弈秋之為聽。一人雖聽之，一心以為有鴻鵠將至，思援弓繳而射之，雖與之俱學，弗若之矣。為是其智弗若與？曰非然也。」
告子上	舍魚取掌——舍生取義	孟子曰：「魚，我所欲也；熊掌，亦我所欲也，二者不可得兼，舍魚而取熊掌者也。生，亦我所欲也；義，亦我所欲也，二者不可得兼，舍生而取義者也。生亦我所欲，所欲有甚於生者，故不為苟得也；死亦我所惡，所惡有甚於死者，故患有所不辟也。如使人之所欲莫甚於生，則凡可以得生者，何不用也？使人之所惡莫甚於死者，

		則凡可以辟患者，何不為也？由是則生而有不用也，由是則可以辟患而有不為也。是故所欲有甚於生者，所惡有甚於死者，非獨賢者有是心也，人皆有之，賢者能勿喪耳。一簞食，一豆羹，得之則生，弗得則死。嘑爾而與之，行道之人弗受；蹴爾而與之，乞人不屑也。萬鍾則不辨禮義而受之。萬鍾於我何加焉？為宮室之美、妻妾之奉、所識窮乏者得我與？鄉為身死而不受，今為宮室之美為之；鄉為身死而不受，今為妻妾之奉為之；鄉為身死而不受，今為所識窮乏者得我而為之，是亦不可以已乎？此之謂失其本心。」
告子上	心思則得—— 不思不得	……曰：「耳目之官不思，而蔽於物，物交物，則引之而已矣。心之官則思，思則得之，不思則不得也。此天之所與我者，先立乎其大者，則其小者弗能奪也。此為大人而已矣。」
盡心上	人無心害—— 不憂不及	孟子曰：「飢者甘食，渴者甘飲，是未得飲食之正也，飢渴害之也。豈惟口腹有飢渴之害？人心亦皆有害。人能無以飢渴之害為心害，則不及人不為憂矣。」

而這十個段落中的譬喻可以用其中五個譬喻摘要《孟子》關鍵人性論之譬喻，因為其他的譬喻所強調的重點已被五個譬喻涵蓋。以下五個譬喻可以作為《孟子》人性論的摘要：

1. 猶有四體——人有四端（〈公孫丑上〉）
2. 芻豢悅口——理義悅心（〈告子上〉）
3. 猶水就下——人性之善（〈告子上〉）
4. 山養則長——性養則長（〈告子上〉）
5. 舍魚取掌——舍生取義（〈告子上〉）

以下論述過程中會呈現這五者為何可以作為孟子人性論的摘要和其他譬喻的摘要。

第三節　孟子五個核心人性論譬喻

一、猶有四體——人有四端

第二章已經釐清了孟子筆下的「心」，但是這裡值得再次指出與人性論相關的論述歸根究底都要回溯到這個譬喻：「猶有四體——人有四端」。想要探討孟子對於「心」的譬喻，必須從孟子所提及的「心之四端」著手。首先，我們必須要注意孟子在描述「心」的主要譬喻是植物的譬喻，而仁義禮智是「心」

的四個開端，如四個種子一樣。「開端」本身不見得有「種子」的意涵，但是孟子也明白主張：「君子所性，仁義禮智根於心」（〈盡心上〉），亦即仁義禮智「根植」在君子的心中。〔註22〕或許有人會指出君子本性不能代表所有的人的本性。然而，君子和聖人德行雖然表現得比別人傑出，但是孟子也反覆強調「聖人之於民，亦類也」（〈告子上〉）以及「故凡同類者，舉相似也，何獨至於人而疑之？」（〈公孫丑上〉），都顯示堯舜跟其他人所具備的基本條件是一樣的。換言之每個人都具備成為聖人之條件，而這些條件最主要指「根植」於人心的仁義禮智。這種明顯植物性描述與「四端」描述結合可以得出兩個結論：第一、仁義禮智如同「四根」出自於人心，而人心是這四根所成長之處。第二、仁義禮智必須要被培養才能夠生長。這種延伸明顯符合孟子的意思，因為孟子曾提及「宋人」的例子，並且指出他兩種缺失：「揠苗助長」和「不耘苗」。這個譬喻中的「苗」可對應到孟子其他譬喻中的「根」。合起來看，仁義禮智明顯是心中的「苗」或「根」，或稱作為「開端」，因為他們必須要受到適當的培養才能夠發展。心也可以延伸為生長仁義禮智的土地，因此也需要得到最好的資源和培養。若沒有得到最好的成長環境，就會產生不同的後果：「雖有不同，則地有肥磽，雨露之養，人事之不齊也。」（〈告子上〉）

除此以外，心有「苗」，而這些苗具備生長為仁義禮智的可能性。但是關鍵在於「仁義禮智」必須要得到適當的培養，否則會如未成熟的五穀一樣毫無價值：「五穀者，種之美者也；苟為不熟，不如荑稗。夫仁亦在乎熟之而已矣」（〈告子上〉）。這就是在積極培養仁卻沒有持之以恆的結果。但是更令人擔心的是心能被傷害，使人的自然判斷能力受到扭曲。就如以上「心」的概念分析所提及，人心有自然喜好：一個人生下來之後，心若得到好的培養，便能夠隨時判斷某一件事是否是心所喜好的。這也就是為什麼孟子隨時強調「不忍心」的重要性。〔註23〕但是有時候，人雖然應該不忍心，卻並沒有不忍心。試問：這種情況該如何解釋呢？有兩種可能性。第一個就是自己的心被各種雜物堵塞住了：「山徑之蹊間，介然用之而成路。為間不用，則茅塞之矣。今茅塞子之心矣。」（〈盡心下〉）落入這種情況的人就是孟子所說的「不耘苗者」。另外，一個人的心也有可能受到傷害，因此改變了他自

〔註22〕從以下所指出的其他與心相關的植物譬喻而言，可見這裡的「根」的最佳翻譯為「根植」而未「根基」。

〔註23〕這也對應到孔子所說的「心安」（《論語・陽貨》）。

然的喜好：「飢者甘食，渴者甘飲，是未得飲食之正也，飢渴害之也。豈惟口腹有飢渴之害？人心亦皆有害。人能無以飢渴之害為心害」（〈盡心上〉）。孟子一方面反覆強調內心具有關鍵的導航功能，但同時也觀察到它的功能可以被扭曲。為了讓我們了解這種情況，我們可以想像一個飢渴的人的味覺會變得如何地不自然，連一般人認為難吃的東西都可能視為好吃的！這樣的生理（或道德）味覺之扭曲一方面可說是一種危機，但是另一方面也是孟子提醒國君要把握的機會。孟子明知百姓日常生活中所承受的折磨，知道百姓只要得到國君一點點的恩澤，那就如「飢者易為食，渴者易為飲」地會樂意投靠這個國君，因為那些平常比較挑剔的「飢者」與「渴者」早已放棄自己的高標準了。

　　總之，這個譬喻強調什麼呢？首先，它強調心有四端如同人有四肢。這個譬喻是人有「四」端的重要根基。其次，這個譬喻強調仁義禮智是一個人與生俱來的開端，蘊含著各種未發展的潛能。但是如果一個人生下來就具有四端，那就代表「義」的根源不在外，而是由內而發的。因此，這個譬喻也再度解釋孟子為何反對告子「仁內義外」的論述。以上論述從各方面來描述心之四端，試圖透過概括性的檢討呈現「猶有四體——人有四端」對於《孟子》思想的重要性。仁、義、禮、智也都是《孟子》書中重要的概念，而孟子最常用譬喻澄清的對象明顯包括仁義禮智，但是其他論述都奠基於這個譬喻。

二、芻豢悅口——理義悅心

　　以上小節的描述呈現心之四端，而第二個關鍵譬喻可以進一步澄清孟子的人性論。這個譬喻就是：「芻豢悅口——理義悅心」。特別值得關注的是以下的段落：

> 口之於味，有同耆也。易牙先得我口之所耆者也。如使口之於味也，其性與人殊，若犬馬之與我不同類也，則天下何耆皆從易牙之於味也？至於味，天下期於易牙，是天下之口相似也惟耳亦然。至於聲，天下期於師曠，是天下之耳相似也。惟目亦然。至於子都，天下莫不知其姣也。不知子都之姣者，無目者也。故曰：口之於味也，有同耆焉；耳之於聲也，有同聽焉；目之於色也，有同美焉。至於心，獨無所同然乎？心之所同然者何也？謂理也，義也。聖人先得我心之所同然耳。故理義之悅我心，猶芻豢之悅我口。（〈告子上〉）

　　這個段落的論述提出譬喻的來源與目標。一方面有口、耳、目，另一方面有心。兩者可以對應到孟子自己所提出的「小體」與「大體」。簡而言之，孟子在以上的段落中用比較具體的「小體」來譬喻比較抽象的「大體」。孟子首先提出易牙作為例子：如果天下人的口味有類別之異，那天下人為什麼都希望嘗試易牙的手藝呢？同樣的，天下人的耳朵也都希望聽見師曠的演奏，天下人都認為子都是俊美的。人與人之間可能有一些喜好上的差別，但是人與人之間的差別不像是人與其他動物（例如狗與馬）之間的差別，反而是在「人類的感官（例如味覺、聽覺與視覺）有共同的喜好對象」的前提之下所顯示的差異。

　　既然人的各種「小體」感官都喜好同一個對象，「大體」豈不也是如此嗎？試問：心喜好什麼呢？答案是：道理與義行。〔註24〕就像所有人的味覺、聽覺與視覺有共同的喜好一樣，人的心也是如此。以上的關係可以摘要為：「口味同耆，耳聲同聽，目色同美，心義同悅」，而更簡略的總結則是：「芻豢悅口——理義悅心」。在現在的多元社會中，這種論述或許令人感到疑惑，但是孟子認為凡與人「同類」的都具有類似的喜好，而孟子如此堅持絕不是因為他天真地不知道有許多懶惰兇暴之行為。〔註25〕

　　然而現代國際世界是不是已突顯孟子的論述不合時宜了，因此不是也合理地質疑：難道印度人與日本人的口感是一樣的嗎？此處必須指出這個譬喻所蘊含的另外一個層面，也是容易被忽略的事實：就像心的喜好需要被正確培養，人的味覺也是如此。孩童從小所受到的教育與教養不只包括道德，而且也包括味覺，因為小孩子不會自然地習慣吃某一些食物。廚師之所以稱之為廚師的原因之一是他們已經學會分別獨特「個人喜好」與普遍「食物品質」。同樣的，西方哲學也會用「品味」（taste）來衡量藝術。〔註26〕西方傳統也認為欣賞食物或藝術的「品味」需要得到培養才能夠發揮到極致，而欣賞能力也是順著一些普遍標準而培養出來的。更何況，除非人類對於「美麗」或「好

〔註24〕這裡的「理」該譯為「道理」，因為孟子在他處時常提及「仁義」。兩者是四端中的核心，可見於〈離婁上〉：「仁之實，事親是也；義之實，從兄是也。智之實，知斯二者弗去是也；禮之實，節文斯二者是也」。相對於仁與義，禮與智有輔助性的功能。

〔註25〕「富歲，子弟多賴；凶歲，子弟多暴」（〈告子上〉）。

〔註26〕可參考以下著作為例：伽達瑪（著）、吳文勇（譯）《真理與方法——哲學詮釋學的基本特徵》（臺北市：南方叢書出版社，2010）：84～92 頁。

吃」有大致上的共識，不然我們也不可能與別人有各種常見的衝突，例如對
朋友說：「你真的認為這道菜好吃嗎？我覺得它很難吃！」這種衝突都已經預
設兩者對於「好吃」有共同的標準。由於相對主義在現代社會的影響仍然不
小，這裡值得引述化解該質疑的論述：

> 「哪一些事物為『美』？」並非顯示「美麗」不代表某一個確切又
> 為根本上一致的事物。假如一般人注意形式邏輯教科書中所區分的
> 「暗示」（connote）與「明示」（denote）的話，那可能可以避開思
> 想混亂的一大部分。對於美麗、正義、尊貴等詞語所明示的對象有
> 極端分歧並不證明「美麗」、「正義」、「尊貴」詞語所「暗示」的意
> 義有所歧異。固然，要判斷雄性大嘴鳥的紅色嘴巴在雌性大嘴鳥胸
> 懷裡所引發的情感與人類對於美麗的欣賞之間的關係並不可能，因
> 為人類永遠測不透大嘴鳥的心裡結構；然而，針對人與人之間尊敬
> 美麗或正義之差異，我們便能肯定當我們判斷某一個事物為美麗
> 時，我們雖然不同意哪一些事物為美，但是對於美的基本理解是一
> 樣的。**誠然，只有對於「暗示」採取共識才有可能對於「明示」有
> 所分歧。** 假如一個人認為艾伯特紀念館（Albert Memorial）很美麗，
> 而另一個人認為它並不美麗，除非兩者之間對於「美麗」有共識，
> 否則不會發生衝突。〔註27〕

〔註27〕筆者註譯，原文如下："What particular things are beautiful? does not show that
beauty does not mean something definite which is fundamentally the same for
all. A good deal of confusion of thought might have been avoided in this
connexion if people had attended to the distinction made in text-books of Formal
Logic between that which a term 'connotes' and that which it 'denotes.' The fact
that there is wild difference of view regarding the things which such terms as
beautiful, just, honourable, denote, does not prove that the connotations of the
words 'beautiful', 'just', 'honourable', varies. It is impossible, of course, to say
how far the emotion aroused in the breast of the female toucan by the sight of
the red beak of the male is the same as the admiration of the beautiful in men,
since the psychology of toucans must always be largely inaccessible to us; but
in regard to differences between men respecting the beautiful or the just, we may
believe that we all mean the same thing when we say that something is beautiful,
even when we disagree what things are beautiful. *In fact there could be no
conflict in regard to the denotation except in so far as there is agreement as to
the connotation.* If one man says that the Albert Memorial is beautiful and
another man says that it is not, there is no conflict unless they mean the same
thing by 'beautiful'" Edwyn Bevan, *Symbolism and Belief*, Gifford Lectures,
1933~1934 (London: G. Allen & Unwin, 1938): 144。

「暗示」與「明示」的區分可以解除我們對於孟子的誤解，發現人類確實在味覺、聽覺與視覺上有普遍公認的標準，並且肯定孟子對於「小體」與「大體」之間的連結。〔註28〕

以上的譬喻突顯了幾個重點。首先，《孟子》在譬喻中區分「大體」與「小體」的功能。其次，無論是口、耳、目還是心，這些官能都有自然喜歡的對象。其三，口、耳、目、心都必須得到適當的滋養才能夠往正確的方向發揮出來。一個小孩不會自然喜歡吃蔬菜，但是多吃幾次就逐漸開始欣賞它的美味。〔註29〕同樣的，孩子一出生而不知道自己心渴望道理與義行，而需要父母、老師、朋友等人的幫助才能認識到自己的心對於道理與義行的需求。其四，孟子此譬喻希望突顯一個事實：相對於「小體」的各種喜好，滿足「大體」的喜好才是更重要的。

滿足大體的喜好為什麼會更重要呢？一方面是因為「大體」是人之所以為人、與其他動物有區別的關鍵所在。另外一方面是因為相對於「小體」的滿足，做到「理義」以便於滿足心的喜好完全在一個人的掌控之下。以上已經引述孟子對於人的本性與命運之探討，其中強調「小體」的滿足不主要在我們掌控中，但「大體」的滿足則是我們主要能掌控的。〔註30〕孟子所推崇的顏淵也是靠「一簞食，一瓢飲」（〈離婁下〉）而生活。相對而言，自我可以控制以下面向：把仁顯示在父子關係中、義行顯示在君臣關係中、禮儀顯示在賓主關係中、明智顯示在賢者身上、與天道顯示在聖人身上。人為什麼可以掌控這方面的事物呢？因為「仁義禮智」的來源是自己的心，所以每個人因為一出生就擁有各種人際關係，也因此都有實踐「仁義禮智」的機會。人吃不飽是因為沒有食物，人不能實踐仁義禮智是因為沒有人際關係作為實踐的機會，因此脫離人群會讓自己的「心」無法被「理義」滿足！

〔註28〕如果還是不承認這個事實的話，可以參考各個國家審美觀的相似性。
〔註29〕當然，有一些人再怎麼吃茄子或苦瓜都不會喜歡它們的味道，但是受過訓練的人可以區分「個人喜好」與「普遍原則」。以色列人可能對於茄子比較有好感，因為茄子屬於當地的主食之一，而外國探訪的廚師也可以學會欣賞它的味道，再次顯示對於各種食物的反感並不代表人類口感缺乏普遍性質，而常常僅局限於「個人喜好」。
〔註30〕〈盡心下〉：「口之於味也，目之於色也，耳之於聲也，鼻之於臭也，四肢之於安佚也，性也，有命焉，君子不謂性也。仁之於父子也，義之於君臣也，禮之於賓主也，智之於賢者也，聖人之於天道也，命也，有性焉，君子不謂命也。」

三、猶水就下——人性之善

（一）以水譬喻人性

孟子與告子辯論中也有用水來譬喻人性：

> 告子曰：「性猶湍水也，決諸東方則東流，決諸西方則西流。人性之
> 無分於善不善也，猶水之無分於東西也。」

> 孟子曰：「水信無分於東西。無分於上下乎？人性之善也，猶水之就
> 下也。人無有不善，水無有不下。今夫水，搏而躍之，可使過顙；
> 激而行之，可使在山。是豈水之性哉？其勢則然也。人之可使為不
> 善，其性亦猶是也。」（〈告子上〉）

此段用水流動的方向來譬喻人性。告子首先強調水的流動不會自然區分東方
或西方，但是孟子卻順著告子原本的譬喻而追問：難道水不會區分上下嗎？
答案明顯是：水自然會往下流。於是孟子強調「人性」與「善」之間的關係如
同「水流」與「下」之間的關係：就如水流在沒有阻礙時會自然「向下」，人
性同樣在沒有阻礙時會自然「向善」。但是人的行為很明顯經常不展現這種「向
善」的趨向，反而經常有行惡的結果。回到譬喻的話，孟子把這現象歸類為
「今夫水，搏而躍之，可使過顙；激而行之，可使在山」。這種行為歸根究底
都是有其他阻力防止人性產生它自然應該引發的善行。

此段落最值得注意的就是「水流」與「人性」之間的關係。這也就是告
子與孟子之間最關鍵的差別之處。告子舉了一個似乎支持他觀點的例子：「水
流」並不區分東方與西方，但孟子的反駁之所以成功在於告子譬喻中就蘊涵
著駁斥自己立場的證據：「水流」的確區分上下！而接下來孟子自己就補充了
人性所趨向的目標：善。

（二）以水火描述人類

以上的描述為人性設立了立足點，使得孟子思想有豐富的生命力。以上
的譬喻能夠成為孟子有關人性論的核心譬喻之一，因為它能夠貫穿其他各種
相關的小譬喻。以下便加以說明其他譬喻如何奠基於以上的譬喻，並且以這
個譬喻作為基礎所能延伸的其他的意義。孟子解釋活在壞國君的統治下的百
姓認為自己處於「水火之中」（〈梁惠王下〉），而主要的願望是「避水火也」
（〈梁惠王下〉）。這種共同的痛苦導致百姓盼望一個好的國君，如同久旱時盼
望烏雲與虹霓一樣。久旱時所缺乏的是水，而這種飢渴之譬喻經常被用來描

述百姓的痛苦：「飢者易為食，渴者易為飲」（〈公孫丑上〉）。這種對照突顯百姓在孟子的眼中所承受的痛苦如同長期飢渴一樣地迫切和嚴重。而這種對照也突顯了百姓對於仁政之嚮往是自然的趨向，而不是後天加添的。這也就是孟子為什麼會用不可阻擋的水流比喻百姓歸降好國君：「民歸之，由水之就下，沛然誰能禦之？」（〈梁惠王上〉）

孟子對於個人自主性的描述也配合以上的譬喻：「夫人必自侮，然後人侮之；家必自毀，而後人毀之；國必自伐，而後人伐之」（〈離婁上〉）。孟子首先使用關於水的歌曲作為更具體的描述：「滄浪之水清兮，可以濯我纓；滄浪之水濁兮，可以濯我足。」（〈離婁上〉）接著，他引述孔子的話解釋這首歌的道德應用：「小子聽之！清斯濯纓，濁斯濯足矣，自取之也。」（〈離婁上〉）這段話的關鍵在於孔子最後一段話中的「自取」。根據孔子的解釋，「清濁招來相差待遇」是客觀事實，是水與人無法脫離的實情。但是水與人之間的關鍵差別在於水不能決定自己是否清濁，而人卻可以決定自己要否清濁！人勝過水的優點在於人類之清濁為「自取」，而關鍵選擇在於個人有否去除阻礙自己四端的發展，因此遭遇洗腳的待遇，還是順著人性而發展，因此遭遇洗帽纓的待遇。

（三）仁義禮智為人的住宅與道路

水與火都有自然的趨向，並且有自然發展的方向。如果沒有阻礙，並且得到適當環境的配合，那就會順著自然的路線發展。除此之外，孟子也把仁譬喻為人的安定住宅，把義譬喻為人的正當道路。這個譬喻奠基於以上的描述，並且加以說明順著人性的方向發展所帶來的安全與穩定。「仁」為「人所擁有的安定住宅」之描述好幾次出現在《孟子》中。〔註31〕同樣的，義也多次被比喻為人的正路。〔註32〕這種譬喻讓人能夠在頭腦中重構一個生動的景象：一個人平安地居住在仁德中，出門時也走在正當的道路上。禮儀在這個景象中具有大門的功能：「禮如門」（〈萬章下〉）。能夠生活在這種處境中的人顯得安全。這種景象也完全符合孟子另外描述的反省過程：

> 君子所以異於人者，以其存心也。君子以仁存心，以禮存心。仁者

〔註31〕例如：「夫仁，天之尊爵也，人之安宅也」（〈公孫丑上〉）；「仁，人之安宅也」（〈離婁上〉）；「居惡在？仁是也」（〈盡心上〉）。
〔註32〕例如：「義，人之正路也」（〈離婁上〉）；「義如路」（〈萬章下〉）；「義，人路也」（〈告子上〉）；「路惡在？義是也」（〈盡心上〉）。

愛人，有禮者敬人。愛人者人恆愛之，敬人者人恆敬之。有人於此，
其待我以橫逆，則君子必自反也：我必不仁也，必無禮也，此物奚
宜至哉？其自反而仁矣，自反而有禮矣，其橫逆由是也，君子必自
反也：我必不忠。自反而忠矣，其橫逆由是也，君子曰：「此亦妄人
也已矣。如此則與禽獸奚擇哉？於禽獸又何難焉？」是故君子有終
身之憂，無一朝之患也。（〈離婁下〉）

以上的處境描述君子對於自己的要求。這種要求指涉用仁德與禮儀保存自己
的心思。將這連接到以上住宅與大門之譬喻便能說，保存自己的心思就如同
一個人反省自己是否每天還是住在仁德的安宅中、每天使用大門進出。別人
對於自己不滿的話，可能代表自己已經不知不覺離開了這安定的住處，並且
不再使用大門，導致自己無法找著做人處事的正道。君子的「終身之憂」便
是擔心自己不知不覺地離開了這種安定住宅，拋棄不再使用適當做人處事的
大門，因此追求德行者必須要隨時警惕，謹慎反省自己是否還處在安宅中。
一個人能「無一朝之患」奠基於每天努力地維持自己的美好環境。根據孟子，
住在仁德中豈不是最能確保自己的安全嗎？有什麼比住宅更能夠保護人類最
重要的部分呢？

　　值得注意的是孟子以上的描述絕對不單是他為了想要勝過辯論之敵而提
出的觀點。這種清楚又生動的描述必定是出自於孟子私底下所深信之理念。
在孟子看來，仁德真的就是人的安定住宅！一個人在跟別人互動時，如果真
的把握行仁為原則，那真的可以免於禍患！當齊宣王討伐燕國後，即將遭受
其他諸侯的攻擊，他所以對不起孟子的原因是因為當時沒有聽從孟子提供的
生活之道。孟子多次勸諫國君則反覆提醒不要失去生命：「殆有甚焉。緣木求
魚，雖不得魚，無後災。以若所為，求若所欲，盡心力而為之，後必有災。」
（〈梁惠王上〉）孟子認為梁惠王征服天下的方法只會帶來禍患，但採取仁政
則會安定天下。這種「安居」的概念是真實的，絕對不單是孟子為了希望被
重用而使用的計謀。君子如果每天住在仁德的安定住宅裡，就可以保全自己
的生命。同樣的，如果國君住在仁德的安定住宅裡，就能夠安定天下。原來
孟子堅信的「仁者無敵」，背後的根據來自於這些考量！

　　試問：這個譬喻與水向下流有何關係呢？水有自己的源頭與水道。同樣
的，做人處事的源頭是仁的安宅。順著這個起點出發，自然會通過禮儀的大
門，並且走上義行之道路，懂得持守這個原則也就是明智。這個譬喻的結合

也與孟子其他較抽象的論述吻合：「仁之實，事親是也；義之實，從兄是也。智之實，知斯二者弗去是也；禮之實，節文斯二者是也」。(〈離婁上〉)

這類型的譬喻可以用「猶水就下──人性之善」總結，因為他們都有同樣的來源和自然的趨向，並且需要避免各種阻礙以便於繼續持守著這個方向。這些譬喻所強調的是避免消極阻礙，但是並沒有強調追求積極滋養，下一個譬喻才會做到這件事。

四、山養則長──性養則長

以下的譬喻可以摘要為「山養則長──性養則長」，是牛山的譬喻。牛山的描述其實也是從植物的面向來描述人性。孟子有名的論述如下：

> 孟子曰：「牛山之木嘗美矣，以其郊於大國也，斧斤伐之，可以為美乎？是其日夜之所息，雨露之所潤，非無萌蘗之生焉，牛羊又從而牧之，是以若彼濯濯也。人見其濯濯也，以為未嘗有材焉，此豈山之性也哉？雖存乎人者，豈無仁義之心哉？其所以放其良心者，亦猶斧斤之於木也，旦旦而伐之，可以為美乎？其日夜之所息，平旦之氣，其好惡與人相近也者幾希，則其旦晝之所為，有梏亡之矣。梏之反覆，則其夜氣不足以存；夜氣不足以存，則其違禽獸不遠矣。人見其禽獸也，而以為未嘗有才焉者，是豈人之情也哉？故苟得其養，無物不長；苟失其養，無物不消。孔子曰：『操則存，舍則亡；出入無時，莫知其鄉。』惟心之謂與？」(〈告子上〉)

以上段落用牛山之性來描述人的實情或人性。〔註33〕但是牛山的情況和人的情況之間有何關聯呢？牛山的情況有幾個值得注意的特色。首先，當牛山沒有被阻礙時，它就很茂盛。其次，有外在因素干擾（人用刀斧砍伐，放羊牧牛）、消除它原有的茂盛，牛山就變得光禿禿的。其三，牛山夜間有機會重新長出嫩芽，但是沒有好好培養嫩芽的話，它們就容易再次被壓制。其四，看到光禿禿的山容易使人誤會山一直都是如此地光禿禿。

孟子認為這個情況直接對應到人間。首先，看到一個人沒有嚮往仁德與義行的心思很容易認為這個人一直都是如此。其次，這未必如此，因為一個

〔註33〕「情」在《孟子》的使用是「實情」的意思，參勞思光《新編中國哲學史（一）》（臺北市：三民書局，1981）：160頁。因此，「情」可以與「性」通用，因為「性」也是在描述人的真實性質。詳細論證可以參考傅佩榮《予豈好辯哉》（臺北市：聯經，2013）：163～165頁。

人喪失他的良心有可能是因為良心天天如同樹木被砍伐。其三，每個人晚上都會再次產生清明之氣，接近其他人的好惡，但是白天的作為又再次壓制消滅了心中的嫩芽。其四，這就代表人如果沒有受到外在阻礙和個人壓制消滅的話，應該可以再度呈現出茂盛的善行。

値得注意的是以上的對照再次使用植物的譬喻，而這段譬喻的結論也是用植物譬喻表達：「故苟得其養，無物不長；苟失其養，無物不消。」這代表人性和牛山植物的茂盛，取決於有否得到滋養！失去滋養的方式可能是外加的，例如孟子在其他段落所提出的環境影響。〔註34〕失去滋養也有可能是自找的，例如白天的作為砍伐了夜間生長的心中嫩芽。

試問：心理的嫩芽是指什麼呢？就是心的四端。這四端能夠生長出仁義禮智，因為它們「根於心」。這也突顯了孟子譬喻的連貫性。這種譬喻的系統性能提升孟子論述的說服力，因為一個譬喻假如能夠有系統性的解釋各種現象，有彈性地使用在各種現象之中，那麼它更容易成為我們常用的譬喻。以上的例子就顯示了孟子各方面的植物譬喻與所描述的目標因為很相似，所以兩個譬喻能夠無縫接軌地連在一起。

以上的譬喻也清楚呈現了人性在兩種情況下的成長結果：得到適當滋養會成長，失去適當滋養會消失。人的心需要得到滋養就如牛山的草木需要得到滋養一般，而類似的譬喻在孟子第一次描述心的四端已經出現過了，可以摘要為「擴充四端，火然泉達」。〔註35〕心如果得到適當的滋養與擴充，那麼效應會如剛剛燃燒的柴火，剛剛湧出的泉水一般，可以保住天下。

保存自己內心的狀況和培育自己的本性有多重要呢？假如「存心養性，所以事天」（〈盡心上〉），這代表做到存心養性就是事奉天的正確方法。保存自己內心的狀況是從消極面而談，培育自己的本性是從積極面而談。避免傷害自己的本性以及積極滋養自己本性都是一個人事奉天的具體方法。

孟子認為這種擴充所產生出來的效應有多豐富呢？豐富到用不盡、做不完：「人能充無欲害人之心，而仁不可勝用也；人能充無穿踰之心，而義不可勝用也」（〈盡心上〉）。這種效應可以歸納為「充無害心，仁不勝用；充無踰

〔註34〕參考〈告子上〉：「今夫麰麥，播種而耰之，其地同，樹之時又同，浡然而生，至於日至之時，皆熟矣。雖有不同，則地有肥磽，雨露之養，人事之不齊也。故凡同類者，舉相似也，何獨至於人而疑之？」

〔註35〕「凡有四端於我者，知皆擴而充之矣，若火之始然，泉之始達。苟能充之，足以保四海；苟不充之，不足以事父母。」（〈公孫丑上〉）。

心，義不勝用」。

　　不過，孟子卻擔心人會因為各種表面現象而受騙。活在戰國時代的孟子經常看見且聽見各樣殘暴的言行。他因此認為統一天下的標準並不高：「不嗜殺人者能一之」（〈梁惠王上〉）。天下人如果只見過「嗜殺人者」的話，那當然難以相信孟子所教導的「性善」。「性善」的人為什麼會那麼殘忍呢？為了解決這個問題，孟子再次提供「大體」與「小體」的對照。簡而言之，可以說「口腹有害，人心有害」。〔註36〕一個人的口與腹會因為面臨飢餓與口渴的艱難而降低一個人平常應有的標準。正常的口與腹嚮往著易牙的手藝，但是一旦面臨飢渴，什麼都願意吃；同樣的，人的心如果遭受到飢餓與口渴，那也會因此降低標準，展現令人難以想像的言行。

　　此譬喻有幾個重點值得特別突顯。首先，這種扭曲並不會去除人仍具有的自然趨向。一個人的味覺可以遭受扭曲，使他認為最簡陋的飲食就是美食。同樣的，一個人的心也可以遭受扭曲，使他認為一點點的仁義就是大事。〔註37〕其次，就如一個人必須從飢餓、口渴的狀況調適回來，人心也必須要過了一段時間的適當滋養才能夠恢復健康的狀態。其三，父母親會教導孩子們該如何避免口腹的飢餓與口渴。同樣的，老師也能夠教導學生如何避開心的飢餓與口渴的傷害。這個譬喻能突顯儒家重視教育的核心原因之一：學會如何讓自己的心不受到飢餓、口渴的傷害。

五、舍魚取掌——舍生取義

　　假如人心得到適當的滋養就能夠走上堯舜之道，並且開始與未得滋養者有所區別，那麼這兩者之間的區別何在？人心如果飽足的話，沒有受到飢餓與口渴的傷害，那心就會繼續發出精準的要求。在這種情況下，一個人才可以做出適當的判斷，掌握一個人該有的優先次序。「舍生取義」或作「舍魚取掌——舍生取義」整段敘述如下：

　　　魚，我所欲也；熊掌，亦我所欲也，二者不可得兼，舍魚而取熊掌
　　　者也。生，亦我所欲也；義，亦我所欲也，二者不可得兼，舍生而

〔註36〕「飢者甘食，渴者甘飲，是未得飲食之正也，飢渴害之也。豈惟口腹有飢渴之害？人心亦皆有害。人能無以飢渴之害為心害，則不及人不為憂矣。」（〈盡心上〉）。

〔註37〕這個譬喻也能夠解釋孟子的學生為什麼時常詢問降低嚴格的標準和過度推崇各個人士。

取義者也。生亦我所欲，所欲有甚於生者，故不為苟得也；死亦我所惡，所惡有甚於死者，故患有所不辟也。如使人之所欲莫甚於生，則凡可以得生者，何不用也？使人之所惡莫甚於死者，則凡可以辟患者，何不為也？由是則生而有不用也，由是則可以辟患而有不為也。是故所欲有甚於生者，所惡有甚於死者，非獨賢者有是心也，人皆有之，賢者能勿喪耳。一簞食，一豆羹，得之則生，弗得則死。嘑爾而與之，行道之人弗受；蹴爾而與之，乞人不屑也。萬鍾則不辨禮義而受之。萬鍾於我何加焉？為宮室之美、妻妾之奉、所識窮乏者得我與？鄉為身死而不受，今為宮室之美為之；鄉為身死而不受，今為妻妾之奉為之；鄉為身死而不受，今為所識窮乏者得我而為之，是亦不可以已乎？此之謂失其本心。（〈告子上〉）〔註38〕

　　首先，孟子對照「魚」與「熊掌」：如果兩者之間只能二選一，一個人當然會選擇比較珍貴的選項。接著，孟子提出一個「兩難相全取其輕」的情況，對照「生」與「義」。如果這兩者之間只能二選一，人會選擇「義」。或許有人會質疑說：道義真的比生命還要重要嗎？要了解孟子的回應必須從他所指出的兩個事實開始：「人所想要的超過生存，人所厭惡的超過死亡」是一個公認事實。孟子認為不單是賢者有這種心思，而是所有的人一開始都有這種心思，而賢者之所以稱得上「賢」在於他沒有喪失這種心思罷了：「勿喪耳」。

　　孟子認為每一個人本來具有兩種特色：有超越生存的喜好，有超越死亡的厭惡。以上的描述也已經釐清「大體」與「小體」都有各方面的自然欲望。試問：這段譬喻中的欲望是身體的欲望還是心思的欲望呢？答案是心思。身體的欲望以生存作為底線，因為口目耳鼻肢有各種喜好，而這些喜好預設著生命。假如沒有生命的話，易牙的手藝再怎麼好吃也沒有助於人的身體！食物再怎麼美味，也不會有人願意為食物而犧牲生命。相對而言，一個人的心所喜好的道理與義行確實超越其他個人喜好。雖然食物美味的主要目的是使人可以享受生命的各個層面，〔註39〕但是道理與義行的存在不是為了提升「小體」的享受，而是滿足「大體」的要求。道義與義行是心的規範與追求的標準。在這個對照之下，大體的欲望為重要，而小體的欲望為次要。這也符合

〔註38〕以下對於這譬喻的探討，除非有特別標明，否則也都是引述本段中的各個篇段。

〔註39〕如果一個人願意為食物而犧牲生命，我們會認為他瘋了，或是處於危機。

孟子「大人」的理想：「從其大體為大人，從其小體為小人」。(〈告子上〉)

「大人」有別於「小人」就在於「大人」懂得確保滿足大體的需要，並且順從重要的官能，亦即人心。順從就代表自己意識到心所發出的要求，並且隨時關注著心、不容易失去它：「大人者，不失其赤子之心者也」(〈離婁下〉)。換言之，假如一個人不順從自己「大體」的喜好，那就等於失去了自己的心。然而孟子認為更令人擔心的是失去了心的人，不見得知道自己已經失去了它，而且不懂得要去找尋它：「舍其路而弗由，放其心而不知求，哀哉」(〈告子上〉)！這代表孟子認為人的心可以失去，但是也可以被找回來。

第四節　小結

以上的譬喻能夠總結出孟子心性之關鍵特色。首先，根植於心的仁義禮智如同種子蘊含著生長的潛能，也具有明確的目標。一個種子如果得到適當的滋養，這個種子自然會生長出植物，而不會生出一隻小豬！同樣的，根植於心的仁義禮智的開端如果得到適當的滋養，也會生出具體的仁德、義行、禮儀和智慧。〔註40〕孟子用水譬喻人性也是表達相關的意思：人性向善如同水性向下。只要水沒有受到外在阻礙，它就會自然地向下流；同樣的，人性如果沒有受到外在阻礙，也自然地會向善行。〔註41〕其次，心之四端可以被滋養也需要被滋養。滋養的方式可以分為消極面和積極兩面。消極面的滋養

〔註40〕 試問：假如仁義禮智可能根植於心，請問心根植於什麼呢？亦即心之四端的生長藍圖從何而來呢？答案就是「天」。孟子顯然把天視為萬物的創造者，包括人類，可見於以下段落：「天生蒸民，有物有則」；「富歲，子弟多賴；凶歲，子弟多暴，非天之降才爾殊也，其所以陷溺其心者然也」；「此天之所與我者，先立乎其大者，則其小者弗能奪也」；「有天爵者，有人爵者。仁義忠信，樂善不倦，此天爵也；公卿大夫，此人爵也。古之人修其天爵，而人爵從之。」(〈告子上〉)根據傅佩榮老師，孟子對於「天」的理解有三個層面：主宰天、自然天（造生天、載行天）和實然天（啟示天、審判天）。詳細分析可以參考傅佩榮《儒道天論發微》，臺北市：聯經，2010：6頁。孟子的理論雖然歸根究底是回溯於天，但是就如其他學者指出，孟子的道德要求在操作上確實不必要與天有所關連，就能夠有道德效應。可以參考以下論文對於孟子「方內」之推論模式：Willard Peterson, "The Grounds of Mencius' Argument," *Philosophy East and West*, Vol. 29, No. 3 (Jul., 1979): 318~320。

〔註41〕 當然，水向下流完全是依賴地心吸引力，雖然人性趨向適當關係，但是仍然需要自由選擇去做這件事才會實踐善行。孟子在此段中的重點在於強調水性與人性趨向的共同性。

可以分成避免外在阻力和克服內在阻力。避免外在阻力包括不讓自己夜間所產生在心中的嫩芽被他人砍伐，而克服內在阻力包括克服自己「揠苗助長」的衝動或用白天的惡行砍伐夜間生長在心中的嫩芽的誘惑。積極滋養也可以分為外在培養和內在培養。外在培養在於把自己放入最適合成長的環境中，好讓周遭的環境成為助力而不是阻力。〔註42〕內在培養在於勤奮「耘苗」，例如用穩定的義行培養自己的浩然之氣。其三，心之四端要實際結出果子才有價值，代表一個人必須要持之以恆，終身滋養自己心中的四端才能夠得到適當的結果。這種理念反應在孟子對於培養浩然之氣的描述中，也顯示在自己對於五穀的對照中。〔註43〕其四，心雖然有自然喜好，但是最令人擔憂的就是心的自然喜好可以被扭曲。就如同飢餓、口渴人的味覺會受到扭曲，心的喜好也同樣可以改變自己該有的標準，這也就是為什麼人可以表現出似乎喜歡各種罪惡的情況。最後，人生最大的挑戰之一在於學會判斷各種事物的先後次序。掌握人心對於自己的要求後，就知道滿足心中對於道義與義行的要求比滿足保持生命的要求都還要重要，因此為了「完成價值生命」而願意「結束自然生命」。〔註44〕

　　以上的要點是孟子對於人性的普遍描述，但是以上的譬喻也可以落實在各種具體情況中。每個人在好的環境之下，會有各種自然的喜好，如同水流往下，但是孟子也不是一個盲目的理想主義者。他清楚意識到民眾的痛苦，如同活在「水火」之中，而就如種子無法生長在水火之中，人類也不適於生活在這種環境之下，而這種環境反而容易阻擋平民百姓發展出自己內心的仁義禮智。不過，孟子也不認為平民百姓要完全依賴國君才能找著適當培養仁義禮智的環境。如果把仁德當作安定住宅、義行當作人生正途、禮儀當作進

〔註42〕孟子也曾強調臣下幫助大王走上善途的要點在於創造出適當的環境和找著適當的老師：「子欲子之王之善與？我明告子。有楚大夫於此，欲其子之齊語也，則使齊人傳諸？使楚人傳諸？……一齊人傳之，眾楚人咻之，雖日撻而求其齊也，不可得矣；引而置之莊嶽之間數年，雖日撻而求其楚，亦不可得矣。子謂薛居州，善士也。使之居於王所。在於王所者，長幼卑尊，皆薛居州也，王誰與為不善？在王所者，長幼卑尊，皆非薛居州也，王誰與為善？一薛居州，獨如宋王何？」（〈滕文公下〉）

〔註43〕「五穀者，種之美者也；苟為不熟，不如荑稗。夫仁亦在乎熟之而已矣。」（〈告子上〉）

〔註44〕死亡為「自然生命之結束」與「價值生命之完成」來自於傅佩榮教授在課堂上的區分。

出之門，並且有智慧選擇這些作為人生的環境，這樣的人的住宅雖然處於不佳的環境中，仍然可以達到孔子的目標：「里仁為美」（《論語・里仁》）。人類可能無法脫離國君的統治，但是仍有自主性，可以選擇自己要否每天以仁義禮智作為自己的生活環境。能夠做到這一點的人，也就不會成為自己環境的「人役」。〔註45〕這也就完全扣緊孟子整本書中所強調的自主性，也因此形成一個完整的系統。

〔註45〕這個說法出現於〈離婁上〉：「孔子曰：『里仁為美。擇不處仁，焉得智？』夫仁，天之尊爵也，人之安宅也。莫之禦而不仁，是不智也。不仁、不智、無禮、無義，人役也。……」這段也是在強調人的自主性，不必等到國君改善就能夠把握仁德為自己的爵位。

第四章　五倫與譬喻

第一節　適當關係的實現

一、孟子的「善」為「人與人之間適當關係的實現」

　　傅佩榮老師把孟子的「性善」解釋為「人性向善」，[註1]其中重要貢獻之一就是把「善」清楚界定為「人與人之間適當關係的實現」。[註2]換言之，人在實現各種適當關係的過程中，就是在反覆顯示自己與禽獸之間的差別，因為只有人類用得上根植於心的「仁義禮智」。孟子在對話中多次突顯他人的失敗顯示孟子自己預設著某一些「適當關係」的標準。根據傅佩榮老師的闡述，「適當關係」的三個廣泛判斷標準就是（1）內心感受要真誠、（2）對方期許要溝通與（3）社會規範要遵守。[註3]這種判斷標準適用於各種場合，但是為了更詳細地呈現孟子「五倫」中的各種「期許」與「規範」，本文想要加以澄清孟子原始推廣的「五倫」較詳細的判斷標準。化成問題的話：一個國

〔註1〕本論文不直接探討「人性本善」與「人性向善」之間的差異，但是對於朱熹「人性本善」的批評，可以參考傅佩榮《予豈好辯哉》，臺北市：聯經，2013：128～130。對於傅佩榮教授「人性向善」的批評可以參考蕭振聲〈論人性向善論——一個分析哲學的觀點〉，《中央大學人文學報》（第51期，2017年7月）：105～122頁。對於傅教授對「人性本善」的質疑可參蕭振聲〈傅佩榮對「人性本善」之質疑及消解〉，《興大中文學報》第37期（2015年6月）：306～315頁。

〔註2〕詳細論述可參考傅佩榮〈解析孔子的人性觀點〉，《哲學與文化》（25卷第2期，1998年2月）：114頁。

〔註3〕參考傅佩榮《儒家哲學新論》（臺北市：聯經，2010）：190～193頁。

君如何知道自己違背了某一些原則呢？或者朋友之間的互動應該採取哪一些原則作為友情之規範呢？根據以下分析，孟子「五倫」背後有各種相關的譬喻描述，而讀者可以藉由此譬喻描述規範出各種關係中該遵行的原則。換言之，「五倫」是孟子對於社會上的各種人際關係的摘要，而本文所關注的譬喻正好提供以上三個廣泛判斷標準中的詳細標準，並且針對每一個五倫關係更進一步說明每一個人倫關係中所蘊含的譬喻性標準。譬喻的好處就在於它本身的描述中就蘊含著某一些規範成分，以下進一步展開。

二、結構與成果

　　本章關注孟子對於「關係」背後的譬喻，因此可以先問：有哪一些關係最重要呢？孟子自己提供了「五倫」作為摘要：「父子有親，君臣有義，夫婦有別，長幼有序，朋友有信」（〈滕文公上〉）。根據孟子，聖人擔憂百姓「飽食、煖衣、逸居而無教，則近於禽獸」，因此要教導百姓倫理關係。而教導百姓適當的倫理關係為什麼可以讓百姓避免「近於禽獸」的下場呢？答案是：因為人在跟其他人互動時，才能夠展現出自己「大體」的充分潛能。所有的動物都有「小體」，並且順從「小體」的自然之「欲」，但是人因為有「大體」，因此也有「大體」之「欲」。「大體」是「心」，而心的自然喜好在於實踐「仁義禮智」以便於滿足心中所發出的要求，也是人與其他動物重要差別之處，是人類世界所關注的重點之一。

　　既然這五倫那麼重要，請問五倫有哪一些相關譬喻可以作為五倫的具體立足點呢？以下首先整理出一個摘要（表 4.1），以便於提供讀者一個明確的框架：

【表 4.1】有關五倫的譬喻

核心倫理關係	倫理關係細節	核心譬喻	主要動詞
父子有親	父母對待子女	本源	養育
	子女對待父母	事親，奉養	事奉
君臣有義	國君對待臣下	手足	善用
	臣下對待國君	營造環境	培養
	國君對待百姓	為民父母（助上帝，寵之四方）風	照顧

	臣下對待百姓	牧羊人 居仁由義（士人）	守望 教導
	百姓對待國君	水（雨水、渴望） 草	渴望
	百姓對待臣下	--	--
夫婦有別	丈夫對待妻子	行道	行走
	妻子對待丈夫	以順為正	同行
長幼有序	長者對待幼者	--	做榜樣
	幼者對待長者	為長者折枝（肢） 徐行後長者	事奉 尊敬
朋友有信	朋友對待朋友	迭為賓主	互相款待

　　從以上的摘要可以先看出五倫之間的共同特徵。首先，除了「朋友」之間的關係之外，其他人倫關係都要求前者（父、君、夫、長）主動實踐自己該做的事情，然後才要求後者（子、臣、婦、幼）做出適當的回應。〔註4〕活在現代「民主社會」的讀者可能一開始會聽得很刺耳，因為孟子五分之四的人倫都有上下之別的。我們可能認為孟子不夠關注人類的尊嚴，但是生活中的關係中也看似大約五分之四有順序的先後，甚至可以說，我們大多數的關係都一定區分上下先後，並且依循孟子所提及的「年齡」、「爵位」與「品德」而界定上下先後之關係。也或許孟子不在描述他的理想，而只是在描述人類生活中的事實，畢竟孟子並沒有發明這種順序前後的差異。他的論述反映了萬物的實際情況：「財富、藝術、科學、高尚和高貴的一切，都奠基於貧窮、缺乏與愚昧的基礎。社會主義理論所想像的平等分配仍未出現於任何社會中。」〔註5〕每一個社會都是不平等的，而只有少數友情之間才有真正的「迭為賓主」的友情。

〔註4〕筆者刻意避免「主動」和「被動」的區分，而使用「主動」與「回應」。這個區分試圖強調前者必須「主動」善待後者，才會產生後者適當「回應」的「責任」。前者沒有盡到自己的「責任」，就不該追究要求後者盡到自己的「責任」。他該先盡到自己的本分，再去考慮別人的本分。但是這也不代表後者因此就對於自己內心沒有任何責任！參考儒家對於「孝順」精彩的描述，就知道這些概念必須要區分清楚。

〔註5〕筆者譯，原文如下："Riches, art, science, all that is high and noble, are built on a foundation of poverty, deprivation, and ignorance. The equal distribution envisioned in socialist theory has never been seen anywhere in the world" Herman Bavinck, John Bolt and John Vriend, *Reformed Dogmatics* (Grand Rapids, Mich.: Baker Academic, 2003): 399。

其次，君臣關係的價值有很大一部分取決於君臣有否「照顧百姓」，因此在探討「君臣有義」不得不探討君臣與百姓之間的互動。在討論夫婦關係時並沒有加以探討他們對於子女的關係，因為父母子女關係在「父子有親」已經得到適當的探究。

第二節　五倫背後的譬喻

一、父子有親

（一）父子關係的描述

孟子在衡量父子關係時，背後有三個核心描述：「本」、「近」與「事」。以下將這些譬喻分開一一探討。首先，孟子把「本」與「父子」放在一起談。第一，孟子在批評墨家學者夷子說：「且天之生物也，使之一本，而夷子二本故也。」（〈滕文公上〉）孟子認為天生萬物，使它們只有一個本源，但是夷子卻主張萬物有兩個本源。根據文本脈絡，孟子此段所指的「本」是「自己的父母」。此段之「本」意含著「生長之源頭」。第二，孟子另外主張「孰不為事？事親，事之本也」（〈離婁上〉）。孟子以上的論述先對照「事親」和「守身」，並且做出此判斷：「不失其身而能事其親者，吾聞之矣；失其身而能事其親者，吾未之聞也。」（〈離婁上〉）兩段的共識是「事親」奠基於「守身」。

值得注意的是孟子在別段中也用更具體的方式描述「本」的意思，有助於我們理解以上兩段父子關係為「本」的意思。剛好也有兩段譬喻特別值得注意。第一，徐子注意孔子對於水的肯定，並且請教孟子釐清孔子所肯定水的特色何在。孟子答案是：「原泉混混，不舍晝夜。盈科而後進，放乎四海，有本者如是，是之取爾。苟為無本，七八月之間雨集，溝澮皆盈；其涸也，可立而待也。故聲聞過情，君子恥之。」（〈離婁下〉）此段中的「原」與「本」都針對水的源頭而言。簡而言之，此段中的「本」指水的「本源」。它所延伸出來的意思自然包括「生產」的意思，因為下流之水來自於河流的「本源」或「源頭」，如果對照到以上的「一本」，可以說「父母」為子女之「本」，如同「源頭」為河流之「本」。第二，屋盧子曾請教孟子如何回答一個任國人所提出的質疑。孟子便回答說：「不揣其本而齊其末，方寸之木可使高於岑樓。」（〈告子下〉）這段對照「方寸之木」與「岑樓」的高低，並且追問衡量兩者的高低必須先確認它們建立在同一個基礎上。可見，此段之「本」有「基礎」的

意思和建築的含義。如果對照到以上的「事親，事之本也」，可以說「事親」為事奉之「本」，如同「基礎」為「岑樓」之「本」。就如沒有基礎就不會有高樓，沒有好好「事親」就不會事奉別人。雖然孟子在論述父子關係為「本」時，並未直接提出水之「本源」以及高樓之「基礎」，但是孟子的「本」應該意含著這些譬喻所突顯的意思。〔註6〕

其次，孟子在描述父子關係也屢次強調「近」的重要性。首先，孟子解釋匡章為何不算為不孝時，把匡章的情況說明為「為得罪於父，不得近」（〈離婁下〉），由於匡章得罪了父親，所以無法親近他。由此可見，父子關係的重要條件是「親近」，而這段的「近」應該有「感情」的親近之意。另外，孟子也曾把百姓對於國君的合理抱怨描述為「父子不相見，兄弟妻子離散」（〈梁惠王下〉），雖然這段並沒有直接提及「近」的概念，然而此段仍然顯示培養父子的親密關係必須具備「時空」的「接近」才能實現。這種「接近」是家庭生活的自然狀態，因為人出生之後有三年不離開父母之懷。〔註7〕試問：父子關係若未具備「感情」之「親近」及「時空」之「接近」，那會發生什麼事？答案是：沒有「近」於其他人類，特別是自己的父母，就容易「近於禽獸」，因為「人之有道也，飽食、煖衣、逸居而無教，則近於禽獸」（〈滕文公上〉），而人生中第一對人倫老師正好是父母，並且能夠持續作為人生中的重要道德動機與提醒。〔註8〕缺乏父母的人倫教育與榜樣容易使得一個人「近於禽獸」。總而言之，父子關係背後有一種多面向的「近」為背景。這個「近」一方面強調父子本身具備的「感情之親近」及「時空之接近」，一方面強調這個關係必須要維持這兩個面向，也能幫忙解釋孔子為何教導「父母在，不遠遊。遊必有方。」（《論語·里仁》）孔子

〔註6〕 我們必須要記得 Barfield 的警告：古人有時並沒有在概念上做出那麼細膩的區分，這常常是後人所提供的細膩區分。同樣的，過度地區分「本」所蘊含的「基礎」、「水源」、與其他相關意義就是落入 Barfield 所批評的「概念化」（Logomorphism）之陷阱（參 Owen Barfield, *Poetic Diction: A Study in Meaning*. 4th ed. (Oxford, England: Barfield Press, 2010): 83），亦即把現代概念區分納入我們對於古代文獻的詮釋。

〔註7〕 《論語·陽貨》：「子生三年，然後免於父母之懷」。孔子與宰我的對話之精彩在於孔子思想貫穿著生理、心理與道理三個環節，可以參考傅佩榮《論語解讀》（新北市：立緒文化，2014）：455～457 頁。《孟子·滕文公上》也支持三年之喪的原則。

〔註8〕 這剛好對照到孟子「君子有三樂……父母俱存，兄弟無故，一樂也」《盡心上》的觀點。父母還在的話，使得我們比較容易設想「假如該位長者為我父母，我會如何對待他呢？」，因此有更強的道德動力，自然是君子之樂。

與孟子都知道死亡導致「父子離」，因此認為如果可以繼續得到父母的道德教育，何必刻意讓自己走上「遠於父母」、「近於禽獸」之路呢？

假如子女的本源是父母，而且子女能夠與父母「親近」，並且培養適當的關係，請問子女該如何回應父母的養育呢？答案在以上論述中已經出現過：「孰不為事？事親，事之本也」（〈離婁上〉）現代人可能比較容易想像從「事奉」老闆反推到「事奉」父母，但是孟子卻認為「事奉」父母才是所有其他事奉的根本，並且是其他篇章的預設。〔註9〕相對於家外敬重長上的責任，孟子認為事奉父母是家內的理想、〔註10〕是國君政策希望能夠推廣的行為、〔註11〕並且是仁德的實質，〔註12〕使得無法透過侍奉使父母歡心的舜都感到羞愧無法做人。〔註13〕試問：事奉父母或「事親」包含哪一些面向呢？答案是：在父母還活著的時候要「養生者」（〈離婁下〉）或「順於父母」（〈萬章上〉）。但是人該如何奉養父母、順從父母的心意以便於好好「事奉」他們呢？「奉養」的具體方式包括「養口體」與「養志」（〈離婁上〉）兩個層面，也代表子女的責任不只是餵飽父母「小體」上的需求，也必須要順從他們「大體」上的心意，所以「事親」的具體方式就是「養口體」與「養志」。試問：這代表子女在每一件事上都必須要順服父母嗎？孟子顯然知道世界上有很不合理的父母，因為他多次探究瞽瞍的事蹟，但是更值得注意的是瞽瞍的兒子舜如何避免「不孝」的罪名。〔註14〕舜透過自己明知的孝順，〔註15〕使得自己父親高興，甚至感化了天下，因此得到「大孝」的稱

〔註9〕 例如：「苟不充之，不足以事父母」（〈公孫丑上〉）；「為人臣者懷利以事其君，為人子者懷利以事其父，為人弟者懷利以事其兄。是君臣、父子、兄弟終去仁義，懷利以相接，然而不亡者，未之有也……」（〈告子下〉）。

〔註10〕「入以事其父兄，出以事其長上」（〈梁惠王上〉）。

〔註11〕「是故明君制民之產，必使仰足以事父母」（〈梁惠王上〉）。

〔註12〕「仁之實，事親是也」（〈離婁上〉）。

〔註13〕「不得乎親，不可以為人；不順乎親，不可以為子」（〈離婁上〉）。

〔註14〕〈萬章上〉：「父母使舜完廩，捐階，瞽瞍焚廩。使浚井，出，從而揜之。」假如舜拒絕父母所託付給他的責任，可能會得到「不孝」的罪名，但是順從父母的吩咐卻會讓父母得到「殺人犯」的罪名。舜在這樣的兩難之間找到「孝順」的出路，使得父親高興以及自己避免成為殺人犯，並且透過自己的榜樣使得天下人都受到感化，實在令人很敬佩，也才是「孝順」真正的精神。

〔註15〕〈萬章上〉：「告則不得娶。男女居室，人之大倫也。如告，則廢人之大倫，以懟父母，是以不告也。」為了避免「不順」的罪名和「以懟父母」的結局，舜決定不稟告父母，可能也是因為他知道不這麼做不得不落入「不孝有三，無後為大」（〈離婁上〉）的窘境。

讚。〔註16〕在父母過世之後，也必須要好好為他們「送死」（〈離婁下〉），以便於在一次性的喪禮上適當表現出自己「事奉」的心態。孟子認為「事奉」是順從父母親的心意一直到死，〔註17〕是規範子女對待父母的核心譬喻。

更精準地來說，「本」為父子關係的基本譬喻，但是這個譬喻所牽涉的基本條件就是「近」，而且子女實踐這種「接近」與「親近」的具體方式則是「事」父母。

（二）「父子有親」為五倫之「本」

以上的譬喻突顯了父母是子女之本，而也同樣是其他關係之「本源」與「基礎」。但是孟子這方面真的一致嗎？為了突顯孟子果真把父子關係視為其他人倫的「本源」與「基礎」，以下段落會透過文本分析證明孟子確實認為父子關係優先於其他四倫。

首先，父子關係是君臣關係之「本」。最清楚的證據在於舜的假設選擇。桃應曾提出一個設想情況給孟子：假設舜的父親瞽瞍殺了人，舜會怎麼辦？舜會因為愛護自己父親而阻止法官皋陶審判嗎？孟子的回答是：「舜視棄天下，猶棄敝蹝也。竊負而逃，遵海濱而處，終身訢然，樂而忘天下。」（〈盡心上〉）舜在此假設情況中不否認法律懲罰父親的正當性。但是假如天子與兒子兩個身份中只能保留其中一個，舜將會毫無猶豫地把天下如同舊鞋丟掉，跟父親逃亡，開開心心地享受剩下的生命。除了這個清楚的例子之外，孟子也認為英明的君主的特徵之一就是能夠事奉父母：「是故明君制民之產，必使仰足以事父母，俯足以畜妻子，樂歲終身飽，凶年免於死亡。」（〈梁惠王上〉）這個例子雖然未直接證明父子與君臣關係何為重，卻能突顯一個相似的結論：父母子女之間的關係可用來衡量君民之間的關係，但是君民之間的關係不能用來衡量父母子女之間的關係，因此百姓對於父母的責任比對國君的責任更根本。〔註18〕

其次，父子關係是夫婦關係之「本」。這方面的證據有三。第一，孟子論述的五不孝包括「好貨財，私妻子，不顧父母之養」（〈離婁下〉）。偏愛妻小到不管父母的生活是孟子不允許的事。引述「源頭」的譬喻或許更清楚：一個人不能因為過度欣賞從泉源流下來的水，而忘記水的來源。第二，根據

〔註16〕〈離婁上〉：「事親……而天下化……天下之為父子者定，此之謂大孝」。

〔註17〕孔子似乎認為統治階級的孝心應該延伸到父母死後至少三年的時間：「三年無改於父之道，可謂孝矣。」（《論語・里仁》）

〔註18〕這完全符合〈離婁上〉的論述：「天下之本在國，國之本在家，家之本在身。」

孟子，舜不稟告父母就娶妻，是為了不要因為父母阻擋娶妻而使舜怨恨父母（〈萬章上〉）。這段突顯夫婦關係的正常禮儀可以因為父母關係的考量而被改變。這個重點也可見於第三段：「娶妻非為養也，而有時乎為養」（〈萬章下〉）。〔註 19〕孟子絕對認為夫婦關係非常重要，但是也允許為了奉養父母的緣故而建立夫婦關係。這再次顯示夫婦關係在特殊情況下可以被父子關係規範。相對而言，孟子從未主張夫婦關係可以規範父子關係。

其三，父子關係是長幼關係之「本」。孟子的基本原則可以描述為年輕人該「為長者折枝」（〈梁惠王上〉）。〔註 20〕孟子經常把家裡事奉父兄合併於家外事奉長者：「入以事其父兄，出以事其長上」（〈梁惠王上〉）但是事奉長者再怎麼重要，其重要性都不會超過兄長，更不用說超過父母了！〔註 21〕更何況，如果父母與長者都是以「事」對待，那孟子也已經清楚主張「事親，事之本也」了，直接指出事奉父母是事奉長者的基礎。

其四，父子關係是朋友關係之「本」。孟子認為得到朋友的信任是以事奉父母為前提：「居下位而不獲於上，民不可得而治也。獲於上有道：不信於友，弗獲於上矣；信於友有道：事親弗悅，弗信於友矣；悅親有道：反身不誠，不悅於親矣；誠身有道：不明乎善，不誠其身矣。」（〈離婁上〉）如果一個人連最接近與親近自己的父母都沒有好好照顧與事奉，怎麼談得起對於朋友的誠信嗎？

總而言之，父子關係顯然是其他五倫之「本」，也就是其他五倫的「源頭」與「基礎」，因此在有衝突的情況下，一個人如果其他倫理關係都拋棄了，絕對不能放棄自己對於父母的責任。〔註 22〕

二、君臣有義

雖然父子關係為五倫之基礎，但是孟子並沒有花費最大的篇幅探討此人

〔註 19〕這裡所奉養的對象應該是父母親。

〔註 20〕這裡的意思應該是「為長者折肢」，也就是為長輩服務，詳見傅佩榮《予豈好辯哉》（臺北市：聯經，2013）：161～162 頁。此段描述源於孟子為梁惠王區分「不能」與「不為」的行為，並且把不「為長者折枝」歸類為「不為」的行為。原本的意思似乎是舉例勸誡梁惠王不要推卸責任，但是孟子預設「為長者折枝」為「可為」的行為，並且在他處強調「事其長上」的責任，所以把「為長者折枝」作為事奉長者的摘要十分恰當。

〔註 21〕參見孟子在〈告子上〉對於孟季子的回應。

〔註 22〕但是這也不代表子女隨時都應該順從父母，因為父母也有過錯。可以參考〈告子下〉對於「親之過大」與「親之過小」的描述。

倫關係。原因可能有幾個，包括：孟子是國家顧問，因此工作內容最主要在於端正與政治相關的人倫關係或君臣關係的錯失，以免引發更嚴重的後果，因此必須要特別關注這些關係。無論如何，值得注意的是即使孟子理論上把父子關係視為根本，但是他推廣最豐富的方向則是與君臣關係相關的論述。

（一）君臣關係的重要性

孟子多次與各個國君對話，希望透過啟發他們能讓百姓能夠喘過氣來。當時社會還是把大多數權力放在國君手中，因此孟子也知道要改變百姓的生活必須要從國君開始。孟子對於國君反覆的勸諫都環繞著一個主軸：「君臣有義」（〈滕文公上〉）。君臣之間的互動原則就是要有道義。從性質來看待，君臣之間的關係主要以恭敬為原則：「君臣主敬」（〈公孫丑下〉）。試問：「道義」與「恭敬」到底是什麼意思？該如何判斷？

孟子並沒有花費太大的篇幅解釋國君對於大臣的責任。可以區分國君對待大臣以及大臣對待國君的兩段描述為例。首先，孟子曾對齊宣王講解國君從大臣所經歷的待遇是直接相對於國君對待大臣的待遇：「君之視臣如手足，則臣視君如腹心；君之視臣如犬馬，則臣視君如國人；君之視臣如土芥，則臣視君如寇讎……此之謂寇讎。寇讎何服之有？」（〈離婁下〉）值得注意的是國君與大臣的關係都是用身體密切性的譬喻來描述。這代表國君應該把大臣視為身體部位，手足與心腹之間可能有輕重之分，但是兩者之間必須要分工合作，有共同的目標與採取一致的手段才能夠達到此目標！國君適當對待大臣的關係可以描述為「手足」，一個人如何對待自己的手足會直接影響自己身體健康，國君也顯然必須要懂得如何使用自己的「手足」達到某一個目標。

那麼，大臣該如何適當對待國君呢？孟子顯然認為大臣的輔助性功能也應該有積極成效。舉例來說，孟子曾向戴不勝明確指出讓大王走上善途的方法：「子欲子之王之善與？我明告子……」（〈滕文公下〉）孟子緊接著用學習齊國話為譬喻，描述學習齊國話必須要配合適當的環境、榜樣以及同伴才能成功。同樣的，國君必須要有好的輔助者才有機會做好自己的責任。從此可見，大臣的積極責任有兩個：（1）學習具體能力以便於幫助自己長進，好讓自己成為更有用的「手足」，[註23] 以及（2）為國君找到更好的「環境」、「老

〔註23〕這個事實可以對應到《論語·為政》所探討的「君子不器」。在達到「君子不器」的境界之前，必須要先是好的「器」，就如孔子稱讚子貢雖然仍然是「器」，但是已經修養到「瑚璉」的程度了（《論語·公冶長》）。

師」與「同伴」，讓他更能夠幫助國君走在他的善途上，照顧百姓。但是兩者之間最關鍵的可以說是為國君「營造環境」，亦即營造出一個自然會讓國君走上人生正途的環境。此理念會在第五章進一步說明。

（二）君臣照顧百姓

要回答「國君應該如何看待百姓？」之前，我們必須要先釐清國君的目的。在孟子眼中，國君與老師的責任只有一個，就是幫助上帝照顧天下百姓：「天降下民，作之君，作之師。惟曰其助上帝，寵之四方。」（〈梁惠王下〉）可見，國君的「手足」之臣屬被描述為完成理想的「手段」便很合理！他們的責任就是幫助國君實踐他們從上天而來的責任，這也進一步釐清五倫之「君臣有義」背後的關鍵前提是照顧百姓。

但是國君與大臣的責任也不一樣。現在就可以回答「國君應該如何看待百姓？」答案是：國君應該作為百姓的父母。這個譬喻在《孟子》裡面有充分的證據。孟子甚至把「國君為百姓之父母」視為不必論證的前提，再進一步批評「率獸食人」之政策：「為民父母，行政不免於率獸而食人」（〈梁惠王上〉）。這段把國君視為「為民父母」，並且更進一步諷刺梁惠王「率獸食人」的行為已經徹底違背了「為民父母」的責任。試問：「為民父母」有什麼具體成效呢？「為民父母」也包含重視且實踐天下百姓的意見。國君在判斷屬下是否傑出、是否不該使用某人、以及可否殺人，都必須要打聽天下百姓的意見，因為「如此，然後可以為民父母。」（〈梁惠王下〉）就如父母在重大的抉擇上必須參考兒女的意見與喜好，國君也應該在影響天下百姓的重大抉擇上取得天下的共識之後才出手。古代儒家也有對於統治者類似的期許：「儒者之道，古之人『若保赤子』」（〈滕文公上〉）。國君若真能如此辛苦地為百姓做牛做馬，那麼孟子所堅持的「天下無敵」的原則自然變得比較合理了：「以天下之所順，攻親戚之所畔；故君子有不戰，戰必勝矣」。孟子強調如果國君真的把百姓視為自己家的人，並且表現在言行政策上，百姓自然會很勤奮地為他付出。這種「家人」和「非家人」的百姓之回應顯示在他們對於周文王以及梁惠王之間的差別回應。周文王把百姓看為自己家的人而「與民同之」，因此百姓喜愛國家裡的園林。由此可見，孟子的「與人樂樂」及「與眾樂樂」（〈梁惠王上〉）是設立在「為民父母」的前提上。

除了「為民父母」的譬喻以外，孟子也提供了第二個基本譬喻：「百姓為草，國君為風」。孟子引述孔子的話，勸諫梁惠王要帶頭，而百姓自然會跟從：

「君子之德，風也；小人之德，草也。草尚之風必偃。」(〈滕文公上〉)〔註24〕
這個譬喻所強調的是國君有主動的責任與能力以及百姓會模仿國君的習慣。
這個譬喻其實也與「國君為百姓父母」環環相扣。兒女平常順著父母的意思
而行，就像草會順著風的方向倒下。在這個點上（國君的主動、百姓的回應），
兩個譬喻是一致的。當然，「國君為百姓父母」的譬喻也能夠更進一步解釋百
姓為什麼會照著「風」的方向「倒」，說明這之所以會發生是因為國君在實踐
自己該做的事。孟子在引述「君風民草」的譬喻時，前提是這個國君的表現
是適當的。〔註25〕雖然這兩種譬喻所突顯與隱藏的細節並不一樣，但是核心
意義卻是一致的。

那麼大臣該如何對待百姓呢？國君與大臣都有照顧百姓的責任，但是國
君已經佔去了「為民父母」的身份了。有什麼譬喻可以同時符合國君「手足」
之用途，卻同樣也如「為民父母」有照顧百姓的功能呢？孟子在這點上也提
供了一個答案：國君之下的統治階級〔註26〕是百姓的「牧羊人」。孟子曾到了
平陸，批評當地的大夫孔距心沒有好好照顧百姓。他在批評中所舉的例子是
牧羊人該如何對待自己替別人放牧的羊群：「今有受人之牛羊而為之牧之者，
則必為之求牧與芻矣。求牧與芻而不得，則反諸其人乎？抑亦立而視其死
與？」(〈公孫丑下〉)這個譬喻聚焦於兩點。首先，大夫是替國君照顧百姓的，
由於這群「羊」不屬於自己的財產，因此不能隨意看待！如果答應了別人要
照顧好羊群，那就必須要負起責任！其次，不能符合原本答應照顧羊群的條
件，就應該卸任，而不是持續讓羊群受困。

「臣下」大致上也可以包括「士人」，因為士人常常也屬於臣下之一。然
而，由於孟子自己屬於士人，並且也對於士人有特別高的期許，因此特別突
顯士人對於百姓的責任也為適當。士人該如何對待百姓呢？答案是「居仁由
義」(〈盡心上〉)。由於第五章會更深入討論這個問題，在此點到為止。

〔註24〕此段引述《論語‧顏淵》。
〔註25〕如果回到孟子使用這個譬喻的脈絡的話，可見孟子在勸諫梁惠王不要讓自己
　　　　的臣下誤導他，而是要自己以禮守喪，做全國的適當典範。在這種情況下才
　　　　可以適當地使用「君風民草」的譬喻。
〔註26〕這裡要特別擴充「大臣」的意思為「國君之下的統治階級」，因為孟子不單認
　　　　為大臣有照顧百姓的責任，而是所有做官的人都有照顧百姓的責任。其次，
　　　　孟子以下的建議雖然是給大夫，但是顯然不限於大夫適用，而是所有官員都
　　　　適用。

（三）百姓的回應

以上的描述可以看出國君的目的是「照顧百姓」，而實踐的原則就是「為民父母」。國君的「手足」之官員應該作為百姓的「牧羊人」。但是「羊群」的描述是否對於百姓過度貶低呢？答案是：並不會。「羊群」這種譬喻一方面可能著重於羊群的笨拙，但他更可能強調的是羊群本身未具防備性，在野外容易經歷各種困境。〔註27〕要驗證孟子「羊群」的譬喻是採取百姓的哪一面向，可以轉向為孟子描述百姓對待國君的譬喻。由於《孟子》已經較少描述孟子與官員之間的對話，因此也很少描述百姓與官員的互動。另外，孟子當時也活在「德政」的末期，看見國君的影響力逐漸擴充，因此他與國君對話時，自然地會把焦點放在百姓對於國君的回應為要強調國君的影響力。百姓跟國君的適當關係本身就很複雜，而每個人都可能會用不同的方式跟國君有適當的關係。於是，孟子也沒有使用任何單一譬喻來概括性地衡量百姓對於國君的適當關係。這值得注意，因為這代表孟子對於國君的勸諫一律都是比較嚴苛的，顯示他認為統治階級的責任最大！孟子把百姓比喻為羊的目的主要是在勸諫統治階級要以熱愛羊群的牧羊人的態度來照顧百姓，而絕對不是在強調百姓應該如同「羊群」盲目跟從暴君！然而，孟子雖然沒有使用一個固定的譬喻來描述人類，但是他對於百姓的描述仍然是描述同樣的現象：長期痛苦所產生的擺脫之渴望。

首先，孟子屢次把百姓描述為逃亡生不如死、「水火之中」（〈滕文公下〉）的處境，也就是說他們的生活環境痛苦到他們如同生活在不適於人類或種子生長的水與火之中！面臨這種困境的百姓的主要目的就是「避水火也」（〈梁惠王下〉）。這也就是孟子為什麼勸諫梁惠王千萬不能讓逃亡的百姓經歷「水益深」、「火益熱」（〈梁惠王下〉）的情況，否則他們一定指望其他國君來拯救他們。其次，孟子屢次把百姓描述為「渴望」一個較適合的生活環境。這方面的描述更為豐富：

> 七八月之間旱，則苗槁矣。天油然作雲，沛然下雨，則苗浡然興之
> 矣。其如是，孰能禦之？（〈梁惠王上〉）

〔註27〕這也剛好符合孟子多次批評國君讓禽獸攻擊百姓，並且佔去他們應有的土地。另外值得注意的是基督教傳統中也有「牧羊者」和「羊群」的精彩描述。可以參考 Kenneth Bailey, *The Good Shepherd: A Thousand-Year Journey from Psalm 23 to the New Testament* (Downers Grove: InterVarsity Press, 2014): 31~65。

　　民望之，若大旱之望雲霓也（〈梁惠王下〉）

　　去邠，踰梁山，邑于岐山之下居焉（〈梁惠王下〉）

　　飢者易為食，渴者易為飲（〈公孫丑上〉）

　　民之望之，若大旱之望雨也……如時雨降。民大悅（〈滕文公下〉）

以上的段落用「苗槁」渴望雨水、活在「大旱」中之民渴望「雲霓」和「時雨」、以及飢渴的迫切性描述百姓的痛苦。百姓與國君的具體關係雖然很多元，難以概括性地解釋，但是令人感慨的是百姓從國君得到的普遍待遇就是痛苦，因此百姓對於國君的期待竟然低到孟子認為一個「不嗜殺人者」（〈梁惠王上〉）就能統一天下！當時的國君進來征討某一國家時，只要說一句「無畏！寧爾也，非敵百姓也」，那麼百姓就「若崩厥角稽首」（〈盡心下〉）！百姓叩頭額角的聲音如果真的像山陵崩塌一樣，那可見當時百姓生活有何等地痛苦！〔註28〕百姓所以多次樂意迎接討伐者也是因為希望脫離水深火熱之痛苦。〔註29〕

（四）國君和臣下與百姓的適當關係

　　「君臣有義」包含什麼圖像呢？把各種關係分開分析，便能夠摘要出以下 4.2 的表格：

【表 4.2】有關君臣百姓關係的譬喻

	目的	原則	核心譬喻	主要動詞
國君對臣下	助上帝，寵之四方	君臣有義 君臣主敬	手足	善用
臣下對國君			心腹	輔助
國君對百姓		--	父母、風	照顧
臣下對百姓		--	牧羊人	守望
百姓對國君	--	--	水（雨、渴）草	渴望
百姓對臣下		--	--	--

〔註28〕這裡的描述當然有一點誇張，但是誇張的描述必須要奠基於某一種事實才有說服力。

〔註29〕此描述可以參考「簞食壺漿，以迎王師」、「民以為將拯己於水火之中也，簞食壺漿，以迎王師」（〈梁惠王下〉）以及「其君子實玄黃于匪以迎其君子，其小人簞食壺漿以迎其小人，救民於水火之中，取其殘而已矣」（〈滕文公下〉）。

　　由於君臣之間的道義奠基於「愛護百姓」的前提，於是失去了這個前提也就失去「君臣」存在的必要，因此君臣之間的「道義」與「恭敬」背後更根本的共同目標及判斷標準就是照顧百姓。就如現代的老闆與員工之間的關係，假如想要順利達到一個共同目標，就必須要學習一起合作，而順利合作的最好方法就是要有「道義」以及互相「恭敬」。恭敬應該是雙方之間互動的模式，因為君臣都必須對上帝負責任，因此這代表國君沒有絕對的權威，反而是雙方都被「助上帝，寵之四方」局限，完全談不上絕對權威，所以他們的言行也不能脫離這個描述他們責任的核心譬喻。

三、夫婦有別

（一）「夫婦有別」的意思

　　在現代的平等社會必須要先釐清「夫婦有別」的意思。首先，「夫婦」有廣泛和詳細的意思。廣泛而言，「夫婦」有「匹夫匹婦」的意思，指著一般男女百姓和他們的互動。詳細而言，「夫婦」是「夫妻」的意思。孟子曾說「男女居室，人之大倫也」（〈萬章上〉），意思是男女成為夫妻是一個重大人倫關係，因此也知道當時社會基本上難以想像不結婚的男女。〔註30〕因此，對孟子而言，「匹夫匹婦」經常與「夫妻」有重疊意思。兩者之間的關係與「君子」具有「德行君子」與「國君之子」雙重意義相似，必須看脈絡判斷具體意思，但總不能完全拆開。

　　至於「別」，除了這段之外，只有在《孟子》出現另外一次（〈滕文公上〉）。孟子解釋施行井田制度的方法要從劃分田界開始。〔註31〕接著，孟子再次強調劃分田界如果做得好，那麼分配井田和制定官祿的工作就容易施行。〔註32〕劃分田界、分配井田和制定官祿是誰的工作呢？答案就是滕國的「君子」或「官吏」。〔註33〕孟子在描述政治的工作之後便區分兩種人：統治階層的「君子」以

〔註30〕孟子鼓勵齊宣王發展自己好色之心，達到「內無怨女，外無曠夫」（〈梁惠王下〉）似乎預設著結婚是常態，顯示這是當時社會的習慣。兒女的嫁娶也是父母從兒女出生就開始計劃的事情：「丈夫生而願為之有室，女子生而願為之有家」（〈滕文公下〉）。

〔註31〕〈滕文公上〉：「夫仁政，必自經界始。」

〔註32〕〈滕文公上〉：「經界既正，分田制祿可坐而定也。」

〔註33〕〈滕文公上〉：「夫滕壤地褊小，將為君子焉，將為野人焉。無君子莫治野人，無野人莫養君子。」

及被統治階層的「農夫」。〔註34〕孟子因為已經解釋「君子」的作用了，所以轉移焦點為「野人」的各種責任，孟子解釋農夫的責任在於「公事畢，然後敢治私事，所以別野人也。」（〈滕文公上〉）這樣看來，這裡的「別」是「區別」的意思，因為孟子認為施行井田制度的具體方法就是分工合作：滕國官吏負責劃分田界、分配井田和制定官祿，滕國農夫負責耕種公田和私田。值得注意是這種區別絕對是互相依賴的，沒有虐待或欺負農夫的空間，所以官吏的責任雖然是「治」，但是他們必須記得他們是被農夫所「養」的人。換言之，官吏依賴農夫，而農夫依賴官吏，並沒有區分價值優劣，所以這種「區別」只是一個合理的分工合作之方法，並不該成為欺負「野人」的藉口。

（二）「夫婦有別」的規範原則與落實行為

我們可以用這則描述作為「夫婦有別」的範本，推測出孟子認為夫婦同樣也需要分工合作、互相依賴，所以在當時的農業社會中，夫婦依循不同的原則實踐自己的責任。丈夫所依循的原則很清楚：「行道」。〔註35〕雖然「行道」能夠被理解為「實踐正道」，原始儒家傳統並未把「正道」與「道路」的概念以「抽象」與「具體」作為明顯的區分，〔註36〕因此這裡的「行道」應該引起「行走在正道上」的意象。能夠實踐正道的話就自然會「使人以道」、使「妻妾不羞」，〔註37〕也就是說可以讓一家人不感到羞恥，並且一起走在正道上。丈夫走上正道才有資格使喚別人一同走上正道，而妻妾與實踐正道的丈夫生活，自然也不會感覺羞恥。孟子雖然很少直接提出丈夫對於妻子的責任，但是他認為丈夫有義務主動實踐正道，有了這原則作為前提才能夠合理地解釋妻子所依循的原則：「以順為正」。這個原則來自於孟子對照「大丈夫」與「女子」的描述，值得引述：

> 是焉得為大丈夫乎？子未學禮乎？丈夫之冠也，父命之；女子之嫁也，母命之，往送之門，戒之曰：「往之女家，必敬必戒，無違夫子！」以順為正者，妾婦之道也。（〈滕文公下〉）

〔註34〕從脈絡來看，這裡的「野人」顯然是指耕田的農夫。
〔註35〕〈盡心下〉：「身不行道，不行於妻子；使人以道，不能行於妻子。」
〔註36〕關於「道」的描述，可以參考 Herbert Fingarette, *Confucius: The Secular As Sacred*, Religious Traditions of the World (Long Grove, Illinois: Waveland Press, 1998): 18~36。
〔註37〕〈離婁下〉：「由君子觀之，則人之所以求富貴利達者，其妻妾不羞也，而不相泣者，幾希矣。」

除了直接把妾婦的正途描述為「順從」之外，孟子也把這個原則更具體地描述為「必敬必戒，無違夫子」。在另外的段落中，孟子指出俸祿所帶來的好處包含三個可能性：「宮室之美、妻妾之奉、所識窮乏者得我」（〈告子上〉）。在此，孟子把「妻妾之奉」當作理想，如同「宮室之美」與「所識窮乏者得我」可以作為人所追求的好處，顯示妻妾事奉丈夫似乎是當時被公認的家庭理想。丈夫「行道」且「使人以道」，而妻子順從、恭敬、謹慎、事奉及不違背丈夫的話，那妻子自然而然在「行道」。以上的景象基本上是要求丈夫先走上正道，並且使喚妻小與他一起走在正道上。妻子看到丈夫走在正道上、兒女看到父親走在正道上，才會願意聽從使喚，一起走上這個正道。

試問：夫婦如何實踐這些原則呢？丈夫的行動範圍可以歸類為「家外」的「耕種」，〔註38〕也就是丈夫具體養活妻小的方法。〔註39〕男人也有編制草鞋的記載（〈滕文公下〉），可能因為草鞋與「家外」的耕田有關係。妻子的行動範圍可以歸類為「家內」，主要環繞著使用各種布匹：「匹婦蠶之」（〈盡心上〉）、「女有餘布」（〈滕文公下〉）、「妻辟纑」（〈滕文公下〉）。

四、長幼有序

「長幼有序」該如何理解呢？「長幼」有什麼記載呢？「序」與「長幼」有什麼關係呢？除了出現在這段之外，「長幼」在《孟子》只有出現於另外一段（〈滕文公下〉），在該段落中兩次提及「長幼卑尊」，意思是指普遍的長幼者，因此這裡的「長幼」是「年齡大小」，而「卑尊」是「地位高低」。同樣的，「長幼有序」的「長幼」也主要對應「年紀長者」與「年紀幼者」。

孟子認為「天下有達尊三：爵一，齒一，德一。」（〈公孫丑下〉）爵位、年齡與品德是在不同情況下應該被依循的標準。首先，年齡是鄉里中的主要考量，於是孟子認為正確的教育能夠引發「入以事其父兄，出以事其長上」之行為。這裡的「長上」包括「長者」及「有爵者」，而兩者都應該被敬重。這種敬重也有具體服務的意思，就如「為長者折枝（肢）」，而且這個服務是奠基於「長者」比「幼者」尊貴。但是這個尊貴性來自何處呢？「長者」的尊貴顯然不來自於爵位，因為孟子有時也不見得把有爵者看在

〔註38〕「由男子耕種」（〈盡心上〉）。

〔註39〕孟子認為英明的君主應該帶來以下的結果：「今也制民之產，仰不足以事父母，俯不足以畜妻子，樂歲終身苦，凶年不免於死亡。」（〈梁惠王上〉）這顯示「畜妻子」是理想社會的標記之一。

眼裡，〔註40〕然而「長者」的尊貴也不來自於年齡，因為孟子所嚮往的孔
子也認為「長者」不見得值得敬畏：「四十、五十而無聞焉，斯亦不足畏也
已」（《論語‧子罕》）。〔註41〕唯一剩下的可能性就是以「品德」為長者該被
尊敬的理據，而爵位與年齡的尊貴奠基於人品德的高低，剛好就是以下「朋
友有信」的論述中會突顯的事實。值得注意的是年長者比年輕者尊貴和值
得效法的主要原因來自於他們品德的高尚。

　　參考「序」也可以延伸這點。除了「長幼有序」的論述之外，「序」在《孟
子》總共出現五次，而每一段都與教育和學校有關。最重要的論述如下：「設
為庠序學校以教之：庠者，養也；校者，教也；序者，射也。夏曰校，殷曰
序，周曰庠，學則三代共之，皆所以明人倫也。」（〈滕文公上〉）夏商周三代
對於教育機構有不同的命名方式，然而三代都把國家設立的學校稱之為「學」，
而這些機構有一個共同目的：教人明白倫理關係。因此，孟子兩次強調要認
真辦理學校教育：「謹庠序之教」。可見，「序」在《孟子》的用法以「教育人
倫」為基礎。

　　以上論述突顯兩個重點。第一，長者值得尊敬奠基於他們品德的高尚。
第二，培養出這種品德的方法就是透過教育。長者的品德高過幼者是來自於
他們受過教育，並且已經實踐教育內容很久了。而教育內容是什麼呢？就是
人倫。品德的具體實踐正是人倫關係的適當實現，因此「長幼有序」可以翻
譯為「長幼有尊卑次序」，而且這個尊卑次序的根基是「品德」或「教育」所
引發的適當人倫關係。另外，「長幼有序」代表長者有教育幼者的責任，而幼
者有尊敬長者且向他們學習的責任。學習的內容也是大家可以透過言行為榜
樣的「人倫」，因此所有的長者都應該在人倫上作為幼者的老師，並且成為幼
者的學習對象。

　　試問：「長者有序」有什麼比較具體的譬喻或圖像呢？有兩個：「為長者
折枝（肢）」（〈梁惠王上〉）與「徐行後長者」（〈告子下〉）。「為長者折枝」
意思是「為年長人勞動四肢」，因為要為長者服務必須要彎折四肢，才能夠
完成各種工作。從此角度而言，「彎折四肢」便是代表為長者服務最廣泛的
圖像，並且代表幼者的勤奮與真誠。幼者之所以願意為長者服務來自於長者

〔註40〕〈盡心下〉：「在彼者，皆我所不為也；在我者，皆古之制也，吾何畏彼哉？」
〔註41〕孔子有多麼重視長者的德行呢？他曾經批評原壤「長而無述焉，老而不死，
　　　　是為賊」，並且「以杖扣其脛」（《論語‧憲問》）。

自己透過磨練所得到的品德，因此在品德上排序在幼者前面，成為幼者所模仿的對象。這種遵守排序的態度更直接反映在「徐行後長者」的譬喻裡。在孟子的時代，很多人都希望走上堯舜之道，但是畫地自限，不去做而已。〔註42〕但是要走上堯舜之道並不困難：「堯舜之道，孝弟而已矣」（〈告子下〉）。執行孝悌的具體方式就是慢慢跟在長輩後面走；該避免的行為則是快步搶在長輩前面走。換言之，走在堯舜之道上的開始就是慢慢跟在長輩後面走而已！值得注意是孟子在此段再次使用豐富的「道路」與「行走」的譬喻，生動地描述高遠的堯舜之道其實就在眼前。但是孟子為什麼認為「徐行後長者」就是走上堯舜之道的方法呢？答案就是以上分析的結論：由於長者經歷過長期的品德磨練，因此我們與他們的具體互動應該反映出我們對於他們品德高尚的敬畏。孟子認為人是一個整體，並且可以用我們的身體反映出心靈上的感受。

五、朋友有信

「朋友有信」該如何理解呢？這個問題可以分成兩個問題來回答：「朋友」該如何理解？「信」該如何理解？要了解孟子對於「朋友」的理解，最重要的資料在於孟子回答萬章問友的論述：

> 不挾長，不挾貴，不挾兄弟而友。友也者，友其德也，不可以有挾也。孟獻子，百乘之家也，有友五人焉：樂正裘、牧仲，其三人，則予忘之矣。獻子之與此五人者友也，無獻子之家者也。此五人者，亦有獻子之家，則不與之友矣。非惟百乘之家為然也。雖小國之君亦有之。費惠公曰：「吾於子思，則師之矣；吾於顏般，則友之矣；王順、長息則事我者也。」非惟小國之君為然也，雖大國之君亦有之。晉平公之於亥唐也，入云則入，坐云則坐，食云則食。雖疏食菜羹，未嘗不飽，蓋不敢不飽也。然終於此而已矣。弗與共天位也，弗與治天職也，弗與食天祿也，士之尊賢者也，非王公之尊賢也。舜尚見帝，帝館甥于貳室，亦饗舜，迭為賓主，是天子而友匹夫也。用下敬上，謂之貴貴；用上敬下，謂之尊賢。貴貴、尊賢，其義一也。（〈萬章下〉）

以上的論述有幾個特色值得注意。首先，交朋友不倚仗年紀大、地位高或弟

〔註42〕〈告子下〉：「夫人豈以不勝為患哉？弗為耳」。

兄的成就。其次，交朋友唯獨結交他的品德，所以品德是唯一的考量。其三，「貴貴、尊賢，其義一也」指出尊重貴人以及尊敬賢人也都奠基於「友其德」的基本原則。缺乏了這種基礎，那堯舜的交情就應該純粹依循地位高低的原則來操作才對。但是堯卻如此地看重舜，並不在意他當時的地位，而是看重他當時展現的品德。舜與堯的互動也顯然不單是依循地位的高低，否則堯豈不會憑著「亦有獻子之家，則不與之友矣」的原則拒絕與舜為友嗎？但是堯舜輪流擔任賓客與主人，顯示他們互動奠基於雙方品德之交情。孟子指出天下公認為尊貴的判準有：爵位、年齡與品德。〔註43〕但是三者當中最關鍵的是品德，因為根據以上的分析，只有品德能夠突破爵位和年齡的限制，使得個人藉由「友其德」的原則成為朋友。

　　試問：朋友為何要「有信」呢？「信」在《孟子》裡有各種面相。首先，「信」有「聽信」的意思，如「信斯言也」（〈萬章上〉）。其次，一段話能夠被聽信，是因為它符合真實情況，因此，「信」也有「（符合）真實」的意思，如萬章詢問孟子「信乎？」（〈萬章上〉）其三，「信」也有「信任」的意思，如「不信於友」（〈離婁上〉）。其四，一個人的可信度來自於他是否「真誠」，因此「信」也有「真誠」的意思，如孟子評價樂正子為一個好善與真誠的人：「善人也，信人也」（〈盡心下〉）。根據以上的分析，孟子強調朋友必須「有信」，便可以理解為「朋友有誠信」，亦即朋友說話要與外在事實一致，並且行為舉止也要與內心感受一致。

　　但是「朋友有信」有什麼具體的譬喻作為描述呢？朋友如果真的「誠信」的話，那麼自然地會與朋友「責善」，因為「善」的具體內容就是人與人適當關係的實踐，而「責」有「鼓勵」、「勸誡」、「要求」的意思。〔註44〕由於朋友希望在品德上成長，因此互相「責善」，要求與鼓勵對方繼續實踐適當的關係，所以才會說「責善，朋友之道也」（〈離婁下〉）。但是這些描述都還是比較廣泛，牽涉到其他人倫關係。朋友與朋友之間有沒有更具體的描述可以幫助我們理解朋友之間該有的相處模式呢？答案已經在以上論述中出現過：「迭為賓主」。然而，堯舜輪流擔任賓主對於孟子而言並不是一個譬喻性的描述，而只是一個故事的重述罷了，為什麼會被視為譬喻呢？這則故事對於孟子而言

〔註43〕〈公孫丑下〉：「天下有達尊三：爵一，齒一，德一」。
〔註44〕例如「責難於君謂之恭」、「父子之間不責善。責善則離，離則不祥莫大焉」、「人之易其言也，無責耳矣」（〈離婁上〉）。

確實是重述一個歷史故事，但是由於「譬喻」為「舉他物而以明之也」（《墨子・小取》），而堯舜交流對於當時讀者僅為歷史事實，但是「迭為賓主」對於現代讀者仍然會引發譬喻效果。〔註45〕假如一個人詢問：朋友應該怎麼互動呢？答案為譬喻：「迭為賓主」！輪流擔任賓主、輪流彼此招待、兩者都有付出也有收穫，這則故事所蘊含的描述也再次驗證譬喻作為跨越時空橋樑之能力。假如堯舜是以「爵位」或「年齡」作為互動的根基，那麼他們在每一個互動上都會是堯在擔任主人，擁有各種付出，而舜也就永遠只是下屬或賓客，只適合接受與回應。總之，朋友在五倫當中的特色就在於這個關係中沒有一個固定的「主動」與「回應」關係，反而輪流主動付出和被動接受。如此一來，「迭為賓主」豈不是側重了友情的關鍵所在嗎？

第三節　小結

　　以上的論述可以摘要出幾個重點。首先，「父子有親」是所有人倫的源頭與基礎，並且強調父母是子女的源頭，因此子女應該學習侍奉父母。這種侍奉是奠基於父母的年齡所磨練出的品德，但是更重要的原因是父母是子女的本源。其次，「君臣有義」的前提是兩者都要為百姓服務。國君把臣下視為手足的話，臣下自然會把國君視為心腹，而且兩者就可以順利地達到「照顧百姓」的理想。國君也應該「為民父母」，把百姓的需要託付給如同「牧羊人」的臣下，好讓百姓能夠脫離水深火熱之境，並且成為他們所渴望的統治者。當百姓辛苦到看見一個好的統治者便願意如同擋不住的泉水一般沖向統治者時，順著正道治理的國君便會成為引導百姓的「草上之風」。其三，由於「夫婦有別」的前提是丈夫必須要「行道」，於是走在正路上的丈夫自然會有妻小作為行走的同伴。在此前提之下，要求妻子「以順為正」便成為合理的要求，因為這個要求始終目的是讓妻子也能夠走上正道。其四，「長幼有序」突顯「品德」主要來自對於「人倫」的了解與實踐，而長者能夠教導幼者的具體方式主要在於他們如何跟別人實踐適當關係。為了回應長者品德之高尚，幼者可以「為長者折枝」與「徐行後長者」，用身體反映內心的敬佩與謙卑。最後，

〔註45〕「孩童的經驗可以透過自覺成年男子的記憶獲得詩性（譬喻性）價值」。原文為："the child's experiences can acquire poetic value *as remembered* by the conscious, full-grown man." Owen Barfield, *Poetic Diction: A Study in Meaning*, 4th ed. (Oxford, England: Barfield Press, 2010): 100。

「朋友有信」是五倫中最難得到的，因為人類的繁衍不奠基於這種關係（如同夫婦關係），而且它完全憑藉著品德。朋友關係不是奠基於爵位或年齡，反而必須要以「迭為賓主」的譬喻作為導航雙方之間的互動，以便於實踐「責善」的要求。

第五章　三辯與譬喻

第一節　譬喻的描述與規範性質

　　譬喻是「舉他物而以明之也」(《墨子‧小取》)、「以其所知諭其所不知而使人知之」(《說苑‧善說》)、「用清楚的事物描述模糊的事物」，而這個模糊性可能來自於抽象、時間或空間上的疏離或對事物的不熟悉。除此之外，譬喻也有兩種功能：描述與規範。只要接受了某一種譬喻作為合理的描述，描述就蘊含著規範。舉例來說，假如人性向善如同水向下流，那就代表人應該順著本性而行。有的人可能會提及休謨「是—應該」問題(「is-ought problem」)的結論作為反駁：「是」的描述不能推出「應該」的規範。但就如阿拉斯代爾‧麥金泰爾 (Alasdair MacIntyre)指出，假如某一個描述具有目的性 (telos)，那「是」的描述當然可以推出「應該」的規範。〔註1〕換言之，休謨論述的前提是「描述性的語句不包含描述目的的語句」，但是如果描述性的語句包含描述目的的語句 (舉例來說：人類的目的就是行善)，那這種「描述」就也蘊含著「規範」。

　　描述和規範之間的關係能解釋孟子為何那麼在意譬喻的適當性，使孟子甚至用「率天下之人而禍仁義者，必子之言夫！」批評告子把人性譬喻為杞柳、義行譬喻為杯盤。孟子知道接受這種譬喻的聽眾所推出的結論是：傷害本性才可以做出義行。但是這種描述所蘊含的規範沒有長期的有效性，因為

〔註1〕Alasdair MacIntyre, *After Virtue: A Study in Moral Theory*, 3rd ed. (Notre Dame, Ind.: University of Notre Dame Press, 2007): 55.

有誰能夠持之以恆地抵抗自己的本性呢？這豈不如叫鳥不要叫，叫魚不要游嗎？因此，譬喻有「描述」和「規範」的功能，而這也就是孟子為何如此重視譬喻。了解譬喻的門檻比了解抽象概念的門檻低，因此能夠更清楚「描述」與「規範」人的言行。難怪孟子那麼注重譬喻，並且迫切地藉由譬喻推廣自己的理念。除此之外，譬喻的能力在於它能夠使得一個對話者自己聯想，不必要一步一步地引導對話者抵達某一個結論，因為可以依靠對話者已經認識的譬喻來源範疇而導引出新的觀點。譬喻的功能就如穩定建築裡的樓梯，能夠幫助一個人看見各個樓層之間的關係何在。

然而，探討孟子辯論中所使用的譬喻又有何價值？孟子曾經被批評為「好辯」，而被公認為先秦諸子中的高明思辨家之一，〔註2〕然而孟子到底為什麼如此地好辯呢？孟子自己所提供的答案為「我亦欲正人心，息邪說，距詖行，放淫辭，以承三聖者；豈好辯哉？予不得已也。」（〈滕文公下〉）這或許可以廣義地解釋孟子爭辯的動機和目的，但是並無法完全解釋孟子為什麼會如此嚴厲地斥責楊朱、墨翟和告子的言論。要更詳細地澄清孟子為何對某一些言行特別反感，就必須要更詳細地考察孟子所批評的對象之特色所在。但是在做這方面的考察之前，我們必須要先對於孟子廣泛辯論的特色做一個基本介紹。

第二節　孟子譬喻的辯論方法

一、消極防衛

首先，必須定義「辯論」。本章所探討的「辯論」是採取一個廣泛的意思：兩者探討意見不合之時。「辯論」可以分成「消極防衛」以及「積極攻擊」，亦即「辯護自己的論述」以及「質疑他人的論述」。本段先探討孟子在消極防衛時所使用的譬喻。在這種情況下，孟子平常所採取的策略是用譬喻做簡單的對照：就如甲，同樣乙。這種對照比較直接，也比較容易了解。

舉例來說，公孫丑曾問孟子：「道則高矣，美矣，宜若登天然，似不可及也。何不使彼為可幾及而日孳孳也？」（〈盡心上〉）公孫丑擔心孟子提出的人生正道太高尚、美好，如同登天一樣困難，使得學生難以實踐。為何不考慮

〔註2〕在先秦時代可能只有墨子與莊子的口才可以與孟子同日而語。

稍微降低標準，使得學生每天努力就能達到呢？孟子以兩個具體的譬喻作為回應：「大匠不為拙工改廢繩墨，羿不為拙射變其彀率。君子引而不發，躍如也。中道而立，能者從之。」簡而言之，高明的木匠與高明的箭手（后羿）不會因為學生的笨拙而改變自己高明的標準，因為問題不在於標準太高尚，而在於學生目前的限制，因此改變的當然不應該是標準的高低，而是學生的努力或所選擇的職業！

　　孟子的譬喻為什麼那麼有效回答這個質疑呢？學生知道木匠與弓箭手的職業有一些公認的標準，而孟子在此把自己所教的德行視為另外一種修練的領域。根據孟子，培養出理想人格的過程與培養其他領域的能力都有固定的標準，因此老師不應該為了學生現有的限制而更改現有的標準。孟子從公孫丑感到困惑的情況切換到公孫丑不可否認的例子，這種切換突顯了兩個情況的相似性，而且這相似性一旦建立之後，就代表同樣的原則也應該使用在德行修養上。

二、積極攻擊

　　這種簡單的對照清楚指出兩種情況的共同性。這種共同性如果經得起檢驗，那就代表較模糊的情況可以被較清楚的情況照耀。但是孟子在辯論時也有更精彩的表現，顯示於孟子「積極攻擊」的論述中。大多數讀者認為〈告子篇〉特別精彩，認為孟子在此篇中明顯展現了自己的辯論能力，並且能夠熟練使用譬喻。試問：〈告子篇〉所展現的「積極攻擊」為何比其他譬喻之使用更精彩呢？

（一）指出別人譬喻所內含的問題

　　答案就是因為孟子在〈告子篇〉對於譬喻的使用更上一層樓。孟子確實可以提出生動的譬喻為論證，但是問題是其他的哲學家也可以提出精彩的譬喻，這不是孟子獨一無二的權利。告子與孟子辯論的精華之一就是兩者都善用譬喻。假如孟子與告子都會使用譬喻，那麼孟子如何勝過告子呢？孟子採用了各式各樣的方法，在本論文中探討四種不同的方法。首先，他能夠指出別人譬喻所內含的問題。舉例來說，〔註3〕告子把人性譬喻為杞柳，義行為杯盤，而一個人用人性製作出義行，如同把杞柳製作成杯盤。這個對照相當直接，從表面來看，似乎難以反駁，但是如果接受了這種譬喻，那麼孟子也必

〔註3〕這段論述都來自於〈告子上〉。另外，值得參考以下文獻對於本段的細膩分析：Edward Slingerland, "Metaphor and Meaning in Early China," *Dao* 10 (2011): 17~24。

須要承認告子所堅持的「仁內義外」觀點，且放棄自己「仁義禮智根於心」的觀點。孟子也必須質疑告子譬喻的適當性，問說：「你能順著杞柳的本性做成杯盤呢？還是要傷害它的本性去做成杯盤？如果要傷害杞柳的本性去做成杯盤，那麼也要傷害人性去做到仁德義行嗎？」〔註4〕孟子用兩個問題來顯示告子擁有的兩個選項都蘊含著嚴重的問題。第一個選項是：你能順著杞柳的本性做成杯盤嗎？答案很明顯是「不能」，因為杞柳能夠做成杯盤絕對不是它本身蘊含的潛能，而完全是依靠人類的外在設計。第二個選項則是：要傷害杞柳的本性去做成杯盤。如果不是順著本性就是逆著（傷害）杞柳的本性才能做成杯盤。選擇這條路線才能夠避免「杯盤是順著杞柳的本性製造出來」不合乎事實的後果，但是這樣的回答卻需要面臨孟子的追問：「如果要傷害杞柳的本性去做成杯盤，那麼也要傷害人性去做到仁德義行嗎？」如果接受第二個選項的假設，就代表人類都必須要違背人性才能實踐義行。回到告子的譬喻而言，這就如同要求杞柳要自然地成為杯盤，但是杞柳一定是依賴人類的介入才能夠成為杯盤，但是這也代表杞柳的本性必須要被傷害才能夠做成杯盤。回到人的討論，這代表人類必須要完全依賴外在能力才能行義行，而行義的能力則完全在人之外，並且不能成為長期行善的可靠動機。總而言之，孟子反覆質疑告子所使用的譬喻的適當性。〔註5〕

（二）轉變他人譬喻成為自己的譬喻

除此之外，孟子也擅長收服告子的譬喻，把它們轉變為支持自己的譬喻。告子經常先提出自己的譬喻，而孟子的厲害在於接受告子所提及的譬喻，並且轉換原本譬喻的焦點到譬喻內涵的不同面向，完全顛倒譬喻原本的重點，把原本反駁孟子觀點的譬喻變為支持他觀點的論述。這就像一個國君如果能夠使以前對抗他的國家投靠並且服事他的話，那我們會認為這種勝利大過於純粹用勢力打敗他人；同樣的，孟子與告子辯論時，能夠把告子的論述轉過來成為自己的論述，使聽眾更加敬佩！孟子與告子用「水」的譬喻來辯論就是很好的例子。告子首先提出一個合理的譬喻：「性猶湍水也，決諸東方則東

〔註4〕〈告子上〉：「子能順杞柳之性而以為桮棬乎？將戕賊杞柳而後以為桮棬也？如將戕賊杞柳而以為桮棬，則亦將戕賊人以為仁義與？」以上白話文來自於傅佩榮《孟子解讀》（新北市：立緒文化，2015）：230～231頁。

〔註5〕另外可以參考孟子兩次指出告子在論述中使用「白色之共同性」的限制（〈告子上〉）。

流，決諸西方則西流。人性之無分於善不善也，猶水之無分於東西也。」（〈告子上〉）〔註6〕孟子認同告子所指出的現象：水確實沒有向東或向西流的趨向，但是這不代表水沒有流動的趨向：「無分於上下乎？」告子不得不承認水確實有向下流的趨向，而孟子便把焦點轉回到人類身上：「人性之善也，猶水之就下也。人無有不善，水無有不下。」換言之：人性之於善，就像水向下流，人性沒有不善的，水也沒有不向下流的。

在以上對於譬喻的分析中，筆者指出譬喻本身就是以不同的現象描述另外一個現象，因此任何對照並非全面，而且有的細節會在譬喻中被隱藏。試問：告子能否在此段落中使用這個事實為自己辯護，說：「孟子的意思超乎我原本譬喻的範圍」？由於孟子所延伸的論述剛好奠基於告子一開始所採取的重點（水流的趨向）因此答案是「不能」。告子用「水」作為譬喻的原因就是因為他希望突顯水之於東方與西方沒有流動的趨向，但是孟子完全接受告子的譬喻之重點，卻指出水流確實有趨向，只是這個趨向來自於告子所忽略的上下的區別，使得告子難以反駁。

（三）用譬喻指出他人的謬誤

孟子也有第三種方法：用譬喻來彰顯理論的謬誤，例如告子認為「生之謂性」（〈告子上〉），〔註7〕亦即「生來具有的，叫做本性」。這種論述似乎只是在定義「性」，孟子為什麼會對此不滿呢？要得出這個問題的答案必須解析孟子接下來所使用的譬喻：「生之謂性也，猶白之謂白與？」孟子在此設立了一個對照：生來具有的叫做本性，就像白的東西都叫做白嗎？順著這個對照也可以推出下一個結論：白羽毛的白，就像白雪的白；白雪的白，就像白玉的白。目前看來，告子的論述沒有任何問題，因為就如一切具有白色特色的東西都可以稱之為「白」，一切物質生來具有的同樣可以稱為之本性。但是孟子接著提出一些具體本性的例子：狗的本性就像牛的本性，牛的本性就像人的本性嗎？孟子這段話就指出告子「生之謂性」的問題所在。孟子首先假設接受告子提出的對照，並且試圖進一步澄清「本性」與「白色」的關係：「各種白色東西」因為「具有同樣的特色」，所以都有同樣「白色」的特色；同樣的，「各種具有本性的東西」因為「具有同樣的特色」，所以都有同樣的「本

〔註6〕以下的分析也都來自於〈告子上〉。
〔註7〕以下論述也都來自於〈告子上〉。

性」。問題是，這種論述等於在說，「狗性、牛性與人性的內容是一樣的」，因為就如白色東西所具有的特色是同樣一種「白色」，狗、牛與人生來具有的是同樣一種「本性」。問題是，這完全不符合現實經驗。從廣泛的角度而言，本性確實是與生俱有的，但是如果用「白色」來譬喻「本性」，結果是消除人與動物本性之間的差別。動物單靠本能能夠完全符合動物的本性，但是人卻不一樣，如孟子所說的「人之有道也，飽食、煖衣、逸居而無教，則近於禽獸」（〈滕文公上〉）。在此辯論中，孟子提出一個譬喻為對照，便突顯這種看法的限制，顯示光是肯定「生之謂性」不夠詳細，因為要掌握人真正的本性必須要理清「人之所以異於禽獸者幾希」（〈離婁下〉）之何在。

（四）指出他人譬喻選錯重點

孟子第四個方法是指出別人譬喻所挑選的重點之錯誤。告子認為食欲與性欲是人的本性，並且主張「仁內義外」。〔註8〕孟子認為仁德與義行都是由內而發的，因此想知道告子為什麼把義行歸類為外因引起的。告子首先指出尊敬長者的念頭來自於注意到他人比自己年長，假如缺乏這個外因的話，絕對不會出現這個念頭，並且加以解釋，「就如一樣東西是白的，我就認為它白，這是由於它的白顯露在外，所以說是外因引起的」。「注意白色」和「尊敬長者」都是外因引起的念頭，而孟子肯定白色在馬與人身上確實是一樣的。但是孟子指出對老馬與對長者的尊敬恐怕不太一樣以及義行的來源是尊敬長者的人而不是長者本身。告子試圖反駁地指出自己會愛弟弟，卻不愛秦國人的弟弟，差別在於對方的外在身份，而且同樣的人仍會尊敬楚國人和自己的長者，因為愛好弟弟雖然不是普遍的要求，但是敬重長者是一個普遍要求。告子認為以上的區分都是來自於他人的身份，因此我們的義行確實被外在因素引起。孟子的回應先把焦點從長者切換到燒肉：燒肉的來源可能有別，但是愛吃燒肉是來自於我，而不是外因造成的；同樣的，看到長者才會表示尊敬，因為尊敬的心態是由內而發的，而不是外因造成的。在這個辯論中，孟子肯定告子所指出的現象，「外因確實會規範一個人的言行」，但是孟子強調這些言行的動力仍然來自於內在。尊敬長者與愛護弟弟雖然都與他人的身份相關，但是尊敬和愛護他人的動力仍然是由內而發的。〔註9〕

〔註8〕〈告子上〉：「食色，性也。仁，內也，非外也；義，外也，非內也」。
〔註9〕公都子在〈告子上〉的下面一個段落中也使用同樣的策略反駁孟季子的「仁內義外」之論述。

第三節　孟子譬喻的批判作用

除了這些方法論的考量以外，我們也必須要注意孟子選擇辯論的議題。這種分析可以突顯孟子在意的議題。為什麼呢？因為一個人所反對的主張一般是他最在乎的，常常是因為這些論述是對於人最有傷害的思想。既然找尋孟子最強烈反對的論述可以幫助我們進一步掌握他的思想，應該如何判斷找著孟子最強烈反對的論述呢？孟子批評的對象多到被別人批評為「好辯」，因為他不害怕指出別人的缺失，甚至願意直接指出他人的罪過。〔註10〕但是根據筆者的分析，孟子批評最嚴苛的三個對象為：（1）濫用自己權力的國君、（2）逢迎國君過錯的臣下、與（3）誤導百姓言行的士人。

試問：該如何從《孟子》文本中判斷出孟子所批評最「嚴苛」的對象呢？《孟子》文本中記載著孟子的各種批評，常常使用「過」與「罪」描述孟子的不滿。但是不是每一個過錯或罪過都具有同等的嚴重性，例如后羿忽略「取友必端」的原則，便被孟子評價為「有罪」，但是此罪「薄乎云爾」，亦即雖然有過錯，但是並不大而已（〈離婁下〉）。相對而言，有的過錯或罪過反而特別嚴重，可以加上「大」為形容詞，形成「大罪」或「大過」之罪名。在該段落中孟子直接判斷某一種言行為重大罪過。孟子這種明確的評價能作為初步的篩選標準。此外，孟子有時並未直接評價某一種言行為嚴重的過錯，但是藉由譬喻的生動，顯示他對於該言行感到深深不滿，例如以下即將探討的「率獸食人」。這種描述的嚴重性在於描述對象該遵行的譬喻與實際遵行的譬喻之間的落差，而藉由徹底的落差可以看出孟子對於該言行的批判。以上分析過程為本文所採取的判斷標準。

孟子曾用大臣殺君主、兒子殺父親描述為社會紛亂與正道不明、荒謬學說與暴虐行為顯現的具體例子。〔註11〕但是這種批評不落入該分析的範圍內，因為（1）就如以上五倫分析表示，孟子認為「君」與「父」有主動照顧屬下的責任，而由於「上行下效」，「臣」與「子」的言行常常反應著「君」與「父」的負面榜樣。〔註12〕（2）「弒君」與「弒父」的描述較少，並且常常提及為

〔註10〕例如：「位卑而言高，罪也；立乎人之本朝，而道不行，恥也。」（〈萬章下〉）；「五霸者，三王之罪人也；今之諸侯，五霸之罪人也；今之大夫，今之諸侯之罪人也。」（〈告子下〉）

〔註11〕〈滕文公下〉：「世衰道微，邪說暴行有作，臣弒其君者有之，子弒其父者有之。」

〔註12〕〈離婁下〉：「暴其民甚，則身弒國亡；不甚，則身危國削。」孟子似乎對於子女殺害父親與母親並未提出直接的描述，反而似乎強化殺害父親與兄長的

背景補充，而不是孟子直接批評的焦點。(3) 有關「弒君」與「弒父」缺乏清楚的譬喻性質，因此不是筆者在此所關注的。孟子顯然認為殺害父兄是嚴重的罪名，〔註 13〕但是仍然認為該行動的根源常常來自於他處，且不如其他國君、臣下、士人的過錯嚴重。

一、濫用自己權力的國君

以上分析已經顯示國君對於百姓正面影響的可能性，指出國君應該「為民父母」，並且把有德行的國君視為「草上之風」。但是孟子也清楚知道國君的罪惡可以多麼地嚴重，以下舉出三個例子，第一和第二個個例子違背「為民父母」的譬喻，而第三個例子違背「草上之風」的譬喻。

（一）「率獸食人」

首先，孟子曾斥責梁惠王「率獸食人」之行為：

> 梁惠王曰：「寡人願安承教。」
>
> 孟子對曰：「殺人以梃與刃，有以異乎？」
>
> 曰：「無以異也。」
>
> 「以刃與政，有以異乎？」
>
> 曰：「無以異也。」
>
> 曰：「庖有肥肉，廄有肥馬，民有飢色，野有餓莩，此率獸而食人也。
> 獸相食，且人惡之。為民父母，行政不免於率獸而食人。惡在其為
> 民父母也？仲尼曰：「始作俑者，其無後乎！」為其象人而用之也。
> 如之何其使斯民飢而死也。」（〈梁惠王上〉）

在《孟子》整本記載中，只有這一次記載一個國君說自己樂意接受孟子的指教；根據孟子緊接著的敏銳批評，也可以理解為何其他國君並沒有請孟子直接指教他們。孟子的指教從問問題開始：「殺人以梃與刃，有以異乎？」梁惠王知道用木棍打死人與用刀殺人的結果都是死亡，因此回答：「無以異也。」孟子接著追問：「以刃與政，有以異乎？」由於孟子的問題還是停留在

罪名：「吾今而後知殺人親之重也：殺人之父，人亦殺其父；殺人之兄，人亦
殺其兄。然則非自殺之也，一閒耳。」（〈盡心下〉）但是這種殺害之行為仍未
落入孟子最強烈批評的行為，因為孟子始終把更大的責任歸給「上行下效」
中的「上」者。

〔註 13〕以上對於「殺人之父」與「殺人之兄」的描述預設著「殺其父」與「殺其兄」
更為嚴重。

遙遠的可能性，梁惠王也無憂無慮地回答說用刀殺人與用苛政害死人「無以異也」。梁惠王既然已經肯定了用苛政害死人的與親自下手的結果都一樣是死亡，孟子才指出梁惠王是那位用苛政害死人的罪人，並且強調從結果而言，在有豐富糧食的情況下卻還是消極地讓百姓餓死，這與積極地「率獸食人」沒什麼差別可言。原因在於國君應該是百姓的父母，但是有哪一個父母會率領野獸來吞吃自己的子女呢？孟子要指出梁惠王隱藏各種豐富的糧食，並且害自己的百姓（兒女）餓死在野外，就像一個父母積極率領野獸來吞吃自己的孩子那麼嚴重！「率獸食人」的嚴重性來自於這種行為徹底地違背了「為民父母」的譬喻，因為真正「為民父母」的國君怎麼可能同時「率獸食人」呢？

（二）「率土食人」

其次，假如「率獸食人」是國君忽略照顧自己國土內的百姓，那麼「率土食人」是國君忽略照顧天下人的責任：

> 孟子曰：「求也為季氏宰，無能改於其德，而賦粟倍他日。孔子曰：
> 「求非我徒也，小子鳴鼓而攻之可也。」由此觀之，君不行仁政而
> 富之，皆棄於孔子者也。況於為之強戰？爭地以戰，殺人盈野；爭
> 城以戰，殺人盈城。此所謂率土地而食人肉，罪不容於死。故善戰
> 者服上刑，連諸侯者次之，辟草萊、任土地者次之。」（〈離婁上〉）

孔子認為冉求當時擔任季氏家臣應該要幫助君主實行仁政，但是冉求不但沒有做到這件事，反而幫季氏聚斂一倍的財富，而孔子也為此事而把冉求開除在自己學派之外。相對而言，孟子看見國君為爭奪一塊土地而戰，使得遍野充滿了屍體，也證明「率土食人」的批評十分準確。就如「率獸食人」徹底違背「為民父母」的譬喻，「率土食人」也同樣的忽略了人人本身具有的價值。更令人遺憾的是當時國君連自己「所愛子弟」也不放過，使得他們自己確實所愛的子弟也為了爭奪土地而喪命：「梁惠王以土地之故，糜爛其民而戰之，大敗，將復之，恐不能勝，故驅其所愛子弟以殉之，是之謂以其所不愛及其所愛也。」（〈盡心上〉）

試問：孟子批評國君「率土食人」豈不是太天真了嗎？假如一個國君真的要統一天下，使得各國國民歸降他，不是不得不征討其他國家嗎？孟子的答案指出國君只有兩個選擇：（1）違背「為民父母」而「率土食人」或（2）行仁政以便於「為民父母」。試問：這種「仁政」有哪一些特色呢？孟子的答

案如下：

> 尊賢使能，俊傑在位，則天下之士皆悅而願立於其朝矣。市廛而不
> 征，法而不廛，則天下之商皆悅而願藏於其市矣。關譏而不征，則
> 天下之旅皆悅而願出於其路矣。耕者助而不稅，則天下之農皆悅而
> 願耕於其野矣。廛無夫里之布，則天下之民皆悅而願為之氓矣。信
> 能行此五者，則鄰國之民仰之若父母矣。（〈公孫丑上〉）

孟子認為假如國君真的能夠做到「尊賢使能，俊傑在位」、「市廛而不
征，法而不廛」、「關譏而不征」、「耕者助而不稅」、與「廛無夫里之布」這五方面，
那麼天下人確實會仰望這位國君如同父母一般。但是這種行「仁政」的國君
仍然會被其他「率土食人」的國君攻打，而假如他被殺掉的話，那「仁政」豈
不是也會消失嗎？孟子的回答仍然奠基於「為民父母」的譬喻：「率其子弟，
攻其父母，自生民以來，未有能濟者也。如此，則無敵於天下。」（〈公孫丑
上〉）在當時的小國家中，國君真的可以與百姓有如父母的互動，而這種待遇
所引發的感情不能被小看。而孟子在此所提出的觀點豈不是在歷史上不斷地
被驗證嗎？國家領導假如不「為民父母」，那麼久而久之豈不是都走上「率土
食人」的途徑嗎？

（三）「君過則順，又從為辭」

其三，孟子曾批評當時國君並沒有實踐「草上之風」所內含的責任，反
而有各種過錯，並且為自己找藉口，可以簡稱為「君過則順，又從為辭」：

> 燕人畔。王曰：「吾甚慚於孟子。」
>
> 陳賈曰：「王無患焉。王自以為與周公，孰仁且智？」
>
> 王曰：「惡！是何言也？」
>
> 曰：「周公使管叔監殷，管叔以殷畔。知而使之，是不仁也；不知而
> 使之，是不智也。仁智，周公未之盡也，而況於王乎？賈請見而解
> 之。」
>
> 見孟子，問曰：「周公何人也？」
>
> 曰：「古聖人也。」
>
> 曰：「使管叔監殷，管叔以殷畔也，有諸？」
>
> 曰：「然。」
>
> 曰：「周公知其將畔而使之與？」
>
> 曰：「不知也。」

「然則聖人且有過與？」

曰：「周公，弟也；管叔，兄也。周公之過，不亦宜乎？且古之君子，過則改之；今之君子，過則順之。古之君子，其過也，如日月之食，民皆見之；及其更也，民皆仰之。今之君子，豈徒順之，又從為之辭。」（〈公孫丑下〉）

由於齊宣王當時沒有聽從孟子的勸諫，因此齊宣王在面臨燕國人對於齊國佔領的反抗時，對孟子感到慚愧。[註14] 陳賈希望為齊宣王的行為辯解，因此詢問孟子關於周公的「過錯」，然而沒有想到孟子既然會指出有的過錯是應該的：「周公之過，不亦宜乎？」[註15] 在解釋完周公該有的過錯，孟子感嘆地指出齊宣王與陳賈當下的過失：「且古之君子，過則改之；今之君子，過則順之。古之君子，其過也，如日月之食，民皆見之；及其更也，民皆仰之。今之君子，豈徒順之，又從為之辭。」（〈公孫丑下〉）孟子顯然知道國君會有過錯，而解決方案是「過則改之」。但是現代的國君卻展現出「君過則順，又從為辭」的表現，不但有過錯而順著做下去，而且還試圖找一些理由來為自己辯解。這種榜樣徹底違背了「草上之風」的理想，等於是為自己沒有好好「照顧百姓」而提出藉口，難怪孟子給出如此嚴苛的評語！

二、逢迎國君過錯的臣下

（一）「逢君之惡其罪大」

就如陳賈的行為顯示，國君的臣下常常逢迎國君的過錯，而這種現象看似平凡的行為，卻兩次被孟子直接斥責，例子以下一一探討。根據第四章的論述，臣下應該為國君營造適當的成長環境，當作國君的「手足」來照顧百姓，如同牧羊人為羊群的主人看顧羊群。以下被批評的逢迎之言行等於是牧羊人對羊的主人說：「你何必在意羊群的健康呢？你好好享受羊可以給你的羊奶、羊毛與其他利益就好了！」

首先，孟子非常重視服事國君者的責任，因為理想的國君能夠改變整個國家的趨向，所以臣下如果有進言的能力，那就應該使用，假如進諫沒有被

〔註14〕關於孟子有關討伐燕國的勸諫，可以參考〈梁惠王下〉與〈公孫丑下〉。
〔註15〕假如周公一開始就不信任管叔，這代表周公沒有理由地懷疑管叔，甚至傷害彼此之間的感情，反而成為周公的過錯！舜也曾經接受象的謊言，因為這個反應符合情理：「故君子可欺以其方，難罔以非其道。彼以愛兄之道來，故誠信而喜之，奚偽焉？」（〈萬章上〉）

採納，那就應該辭官離職。〔註16〕因此，孟子厭惡不盡責任的臣下，更厭惡讓國君堅持過錯的人：「長君之惡其罪小，逢君之惡其罪大。」助長國君的過錯確實有罪，但是逢迎國君過錯的嚴重性在於它會導致國君不但盲目地犯錯，並且扭曲道義的標準，使國君下次犯錯時，以為自己其實無誤！沒有為國君罪惡辯護的話，國君至少還有可能被自己的內心責備，被自己良心約束，但是一旦為了國君過錯辯護之後，國君也會失去這種自然的約束力。這種是非顛倒是孟子難以忍受的。值得注意的是《孟子》只有少數出現「長」為動詞的例子。大多的「長」都是形容詞，描述「年齡」或「時間」之「長」，如「長者」或「長久」。《孟子》只有另外一段出現「長」作為動詞：「故苟得其養，無物不長」（〈告子上〉）。此段之「長」的主體是各種得到適當滋養之「物」。此段脈絡中提及牛山的「木」、「萌蘗」、「仁義之心」、「良心」和「平旦之氣」的生長與砍伐。從此可見，這種「長」背後很可能有「植物生長」的圖像。回到「長君之惡」的話，孟子本段中的「長」是動詞，有「植物生長」的意思。但是「君之罪」是大夫「長」的目標，因此應該把此段理解為「助長」。這種圖像當然在孟子也出現過，〔註17〕但是令人遺憾的是應該助長的「仁義之心」、「良心」和「平旦之氣」不容易結出高尚的品德，但是助長國君之惡卻如此容易培養！

「長君之惡」與「逢君之惡」另外之所以嚴重是因為牽涉到誤導國君。國君的選擇直接影響到天下所有人，而且令人遺憾的是這種是非顛倒為常態：「今之所謂良臣，古之所謂民賊也」（〈告子下〉）。〔註18〕這些臣下只試圖讓國君富足、設法為國君拼命打仗，卻忽略了「征討」應該是「正當討伐」（〈盡心下〉）。孟子認為假如國君專心執政、服事百姓，那麼百姓自然會有好的回應。然而，農家（〈滕文公上〉）與子產（〈離婁下〉）兩者的言行都讓國君分心、無法完成自己該行之事，因此受到孟子嚴重地批評。

（二）「善為陣，善為戰，大罪也」

其次，作為國君的手足，臣下可以行出各種可怕的政策，而孟子批評的政策之一就是與戰爭相關的布陣：「有人曰：『我善為陳，我善為戰。』大罪

〔註16〕〈公孫丑下〉記載孟子指示蚳鼃如此行。

〔註17〕詳見「揠苗助長」相關的敘述（〈公孫丑上〉）。

〔註18〕對照〈離婁上〉：「不以舜之所以事堯事君，不敬其君者也；不以堯之所以治民，賊其民者也。」

也。國君好仁，天下無敵焉。」(〈盡心下〉)孟子多次提出他所深信的「仁者無敵」之觀點，經常使國君頭昏腦脹，因為他們看不出為何「仁政」能贏得天下。〔註19〕試問：戰爭為何如此地無效呢？孟子的答案是採取戰爭的路線等於需要用天下九分之一的面積勝過其他九分之八的面積，而這是試圖以小駁大，不會成功。這種路途等於率領以前已經「近於禽獸」與「異於禽獸者幾希」的人類，差派他們到其他國家成為互相殘殺的野獸，根本就是國與國之間的「率獸食人」政策。孟子因為看重其他國人的人命，〔註20〕因此希望各個國君避免戰爭，並且多花時間改革政治、施行仁德，使天下官員、農夫、商人、旅客、與痛恨自己國君的百姓來投靠。〔註21〕

以上對於「率土食人」的探討中已經指出孟子政治哲學中似乎只有「率土食人」與「為民父母」兩條路。現在值得指出孟子在批評「率土食人」的國君之後，加以列出支持這個目標的刑罰：「故善戰者服上刑，連諸侯者次之，辟草萊、任土地者次之。」(〈離婁上〉)就如以上對於布陣與戰爭的批評，孟子在這段中最嚴重的刑罰是給予那些善於打仗的人，因為這已經徹底遠離「助上帝，寵之四方」的理想。

三、誤導百姓言行的士人

最後，孟子也在兩段中強烈批評誤導百姓言行的士人。第一段是對於楊墨學派的批評，而第二段是對於告子論述的批評，以下加以說明。

(一)「無父無君，是禽獸也」

孟子對於楊墨兩學派提出嚴厲的批評。根據孟子的敘述，他時常辯論，因為天下正處在亂世中：

> 「聖王不作，諸侯放恣，處士橫議，楊朱、墨翟之言盈天下。天下之言，不歸楊，則歸墨。楊氏為我，是無君也；墨氏兼愛，是無父也。無父無君，是禽獸也。……楊墨之道不息，孔子之道不著，是

〔註19〕〈梁惠王上〉：「吾惛，不能進於是矣。願夫子輔吾志，明以教我。我雖不敏，請嘗試之。」

〔註20〕孟子不只在意自己國土內的人民，而且常常在意其他國家的百姓。可以參考孟子在〈梁惠王上〉與〈公孫丑〉所記載他對於燕國人民的關懷。

〔註21〕參考〈梁惠王上〉的論述：「今王發政施仁，使天下仕者皆欲立於王之朝，耕者皆欲耕於王之野，商賈皆欲藏於王之市，行旅皆欲出於王之塗，天下之欲疾其君者皆欲赴愬於王。其若是，孰能禦之？」

邪說誣民，充塞仁義也。仁義充塞，則率獸食人，人將相食。」（〈滕文公下〉）

此段中有幾個重要的譬喻值得注意。首先，「盈」有各種意思，包括五穀充滿國庫、〔註22〕屍體充滿遍野和城都〔註23〕以及水充滿坑洞或窪地，〔註24〕大致上可以理解為「充滿（某一個）空間」。充滿的空間以及空間本身經常有不同的具體內容，但是所有例子都有此意。現代人可能習慣這種用法了，但是值得注意的是這種描述仍然是譬喻。同樣的，孟子在此段落把楊墨之教導描述為傳遍了天下的學說，如同以上的「充滿空間」之譬喻。另外，孟子也把「天下的說法」或大眾的觀點擬人化，把此觀點描述為可以歸向某一個目標，而這段中所「歸向的目標」就是楊墨的言論。《孟子》所有的「歸」背後都有「回到該去之處」的意象，這也就是「歸」為什麼常用來描述「歸鄉」或「回家」。〔註25〕天下之言「不歸楊，則歸墨」代表天下的說法不是歸向楊朱就是歸向墨翟，兩者似乎為兩個基地，而天下的各種說法歸向它們如回家一樣。但是孟子仍然有希望，因為一個人如果能夠歸向楊墨，那也能夠看見自己的缺失並且歸回儒家。〔註26〕

孟子擔心楊墨思想「不息」並且「充塞仁義」，而孔子思想「不著」。《孟子》中使用「息」有幾個意思。首先，就如「勞者弗息」（〈梁惠王下〉）表示，「息」有「休息」之意思。其次，「息」也有「安息」的意思，如「民無所安息」（〈滕文公下〉）。其三，「息」也有「生長」的意思，如「其日夜之所息」（〈告子上〉）。此段哪一個意思最適合呢？值得注意的是「息」與「熄」通用，如「一怒而諸侯懼，安居而天下熄」（〈滕文公下〉）。而「熄」明顯也具有「熄滅」的意思。〔註27〕「著」在《孟子》只有在另外一段出現：「行之而不著焉，習矣而不察焉，終身由之而不知其道者，眾也。」（〈盡心上〉）後半段的「習慣」而不「察覺」代表前半段應該理解為如此「行動」而不「明白」。但是值得注意的是這裡的「明

〔註22〕〈滕文公上〉：「凶年，糞其田而不足，則必取盈焉」。

〔註23〕〈離婁上〉：「殺人盈野......殺人盈城」。

〔註24〕見〈離婁下〉的「盈科而後進......溝澮皆盈」以及〈盡心上〉的「流水之為物也，不盈科不行」。

〔註25〕例如：「芒芒然歸」；「孟子致為臣而歸」（〈公孫丑上〉）；「然後歸」（〈滕文公上〉）。

〔註26〕〈盡心下〉：「逃墨必歸於楊，逃楊必歸於儒」。

〔註27〕如〈告子上〉：「不熄，則謂之水不勝火，此又與於不仁之甚者也。」

白」應該蘊含著光與暗的區分。〔註28〕若回到「楊墨之道不息，孔子之道不著」，這裡的區分可能是根據光與暗的譬喻做區分，甚至可以說：楊墨之思想不「熄滅」，孔子的思想不「發揚」，〔註29〕導致「是邪說誣民，充塞仁義也」。

本段的「充塞」應該有「充滿」、「堵塞」之意象。「充」也經常用來描述「充滿空間」，如「氣，體之充也」（〈公孫丑上〉）以及「我能為君辟土地，充府庫」（〈告子下〉）。「塞」也有類似「塞滿空間」的意思，如「其為氣也……塞于天地之間」（〈公孫丑上〉）以及「為閒不用，則茅塞之矣」（〈盡心下〉）。此段中所突顯的景象是這些荒謬的學說欺騙百姓以及阻塞仁德與義行，如同雜草堵塞住一條山路。如果孟子前面所提及的「不息」與「不著」有光與暗的區分，那麼孟子的譬喻就更精彩了：楊墨思想的光明幫助雜草成長便堵塞住仁德與義行之正路，而儒家才是真正能夠照耀正道的光明。假如孟子有這個意思，那麼他這段中的批評比我們想像中的還要精彩。

但是孟子為什麼那麼擔心楊墨思想呢？答案如下：由於士人的目的是「助上帝，寵之四方」，而且士人的特殊責任是教育百姓。教育具體內容是人倫，但是楊墨學派在孟子眼中卻推崇「無父無君」的教誨，因此也是徹底違背他們當時應該擔當的責任。除此之外，根據第四章的論述，父子關係與君臣關係確實具有特別的重要性，因為父子關係是其他人倫關係之根基。由於君臣關係是牽涉到天下百姓的生活，因此孟子也應該認同景子所提及的觀點：「內則父子，外則君臣，人之大倫」（〈公孫丑下〉）。如果解除了一般人這兩種倫理關係的關懷，導致人「近於禽獸」，這豈不是教育的失敗嗎？

（二）「率天下人而禍仁義者」

其次，孟子也強烈反對告子「性猶杞柳，義猶桮棬」的論述，因為這代表義行純粹來自於外在因素，而不是由內而發的行為。告子把人性譬喻為杞柳，把義行譬喻為杯盤，他認為就像以杞柳做成杯盤，人同樣以人性做到仁德義行。孟子的精彩反駁如下：「子能順杞柳之性而以為桮棬乎？將戕賊杞柳而後以為桮棬也？如將戕賊杞柳而以為桮棬，則亦將戕賊人以為仁義與？率天下之人而禍仁義者，必子之言夫！」（〈告子上〉）孟子認為仁義禮智「根於心」，並且是心之四端的自然成果，因此「禍仁義者」絕對是孟子厭惡的對象，

〔註28〕古代概念充滿多種意義是筆者已經多次指出的觀點，詳見第二章30～33頁。
〔註29〕值得注意的是這裡的「發揚」也蘊含著「陽光」的「陽」之意義，因此甚至可以說這裡有「熄滅」與「發陽」的對照。

由於以上段落已經探討過此段落，因此本段僅點到為止。

四、批評嚴重性來自於違反譬喻

這三種人會得到如此嚴厲的斥責有三個原因：（1）以上失敗的國君、臣下與士人徹底違背《尚書》提出的「照顧百姓」之理想；（2）國君、臣下與士人假如在崗位上失敗，不但會破壞與他們直接相關的人倫關係，反而會加以破壞其他人的人倫關係；（3）國君應該「為民父母」、臣下應該「營造環境」、而士人應該「居仁由義」，但是以上的罪行徹底違背了譬喻之理想。

（一）違背《尚書》理念

孟子深信《尚書》所提出的理念：「天降下民，作之君，作之師。惟曰其助上帝，寵之四方。」（〈梁惠王下〉）換言之，天降生萬民，為萬民立了君主也立了師傅，要他們協助上帝要愛護百姓。由此可見，孟子批評以上三種人的第一個原因是《尚書》賦予國君（與輔助的臣下）以及士人照顧百姓的特殊責任，而他們卻忽略了這個重大責任。孟子提及此理想為了說明齊宣王之「好勇」（〈梁惠王下〉）並非統治者的致命傷，只需要培養自己已有的性質即可。這也不是唯一的例子，因為孟子也曾經鼓勵齊宣王適當培養自己之「好貨」與「好色」（〈梁惠王下〉），因為這些喜好是自然之「欲」，而「欲」的好壞在於一個人有否適當地滿足這些欲望。國君假如真的把「好貨、好色、好勇」發揮到極致，亦即推廣到天下，使得天下百姓也都可以得到益處，這豈不就達到了《尚書》的理想嗎？換言之，孟子採取的理想並非不可能的任務，而是國君具體實踐「己所不欲，勿施於人」（《論語·顏淵》）和「苟能充之，足以保四海」（〈公孫丑上〉）而已。與別人分享自己的快樂豈不是孩童時代就該學習的基本品德嗎？那麼如此要求國家的領導人並非苛求。〔註30〕

（二）破壞人倫關係

其次，這三種人值得特別批評因為國君、臣下與士人都有極大的影響力，因此他們的過錯不但會損害與個人相關的人倫關係，而且也能夠損害其他人

〔註30〕根據孟子的描述，我們可以說孟子把「與百姓同之」視為當國君的基本條件，例如「王如好貨，與百姓同之，於王何有？」（〈梁惠王下〉）與「王如好色，與百姓同之，於王何有？」（〈梁惠王下〉）。假如國君實踐這一些理想，百姓自然地會對這樣的國君有熱烈的反應：「今王亦一怒而安天下之民，民惟恐王之不好勇也。」（〈梁惠王下〉）。

的人倫關係，而一般民眾沒有這種影響力。舉例來說，孟子顯然不認為天下丈夫都很理想，也曾經舉了齊國丈夫與妻妾的互動為例，說明只有少數的丈夫能夠在追求升官發財的過程中能夠讓妻妾不感到羞恥（〈離婁下〉）。〔註31〕孟子同時代的丈夫們或許只有少數達到「夫婦有別」的理想，但是這種人倫失敗不會因此而破壞其他人倫關係。相對而言，國君的過失不但會破壞「君臣有義」的人倫，而可能引發「父子不相見，兄弟妻子離散」的現象（〈梁惠王下〉），因此而破壞「父子有親」、「夫婦有別」、「長幼有序」關係。「朋友有信」的人倫關係雖然沒有在文獻中直接連上關係，但是假如朋友關係也如父子關係一樣奠基於時空的「相近」，任何使得「父子離」（〈盡心下〉）的政策也難以避免「朋友離」的結果。孟子知道他假如可以改化國君，那麼其他五倫至少不會受到外在的損傷。國君的核心責任之一是執行適當的執政，以便於讓百姓所有身體或「小體」的需要得到滿足，並且避免讓家庭拆散。

　　但是孟子知道一個人不可能治理好國家，所以每一個國君也都必須要依賴著各種臣下作為輔助。孟子甚至把國君比喻為生長在臣下冬暖影響之下的生物或向臣下學習下棋的學生，〔註32〕顯示臣下是國君完成天命的必要輔助力量。這也完全符合孟子給予戴不勝讓大王走上善途的建議：營造出適當的環境，大王就會表現出適當的言行。〔註33〕此段落顯示孟子認為臣下要負責為國君營造出適當的生長環境，以便於使國君走上正途。缺乏了適當的滋養與教導，這些國君們未能適當地「助上帝，寵四方」，因此臣下不盡責任也會導致其他人倫的破壞。

　　假如臣下要負責教育與引導國君，並且為國君營造出適當的學習環境，士人同樣地要負責教育與引導百姓，並且為百姓營造出適當的學習環境。士人的理想表現被孟子描述為「入則孝，出則悌，守先王之道，以待後之學者」

〔註31〕孟子的結論為：「由君子觀之，則人之所以求富貴利達者，其妻妾不羞也，而不相泣者，幾希矣。」

〔註32〕〈告子上〉：「無或乎王之不智也，雖有天下易生之物也，一日暴之、十日寒之，未有能生者也。吾見亦罕矣，吾退而寒之者至矣，吾如有萌焉何哉？今夫弈之為數，小數也；不專心致志，則不得也。弈秋，通國之善弈者也。使弈秋誨二人弈，其一人專心致志，惟弈秋之為聽。一人雖聽之，一心以為有鴻鵠將至，思援弓繳而射之，雖與之俱學，弗若之矣。為是其智弗若與？曰非然也。」

〔註33〕孟子用學習講齊國話與薛居州的陪伴作為例子，證明環境對於言行的重要性。詳見〈滕文公下〉。

（〈滕文公下〉）。可見，士人的責任包括「身教」（入則孝，出則悌）與「言教」（守先王之道），並且應該藉由兩者引發廣泛的教育效應（以待後之學者）。假如以上的國君責任主要在於執行適當的政策以便於照顧百姓的「小體」，士人的責任更為重要，必須要負責培養百姓的「大體」。光是照顧「小體」不夠，因為「人之有道也，飽食、煖衣、逸居而無教，則近於禽獸。」（〈滕文公上〉）假如國君繼承了「聖人」照顧百小體的責任，士人繼承了聖人用「教以人倫」而照顧大體的責任。

（三）違背譬喻所指之規範

最後，這三種人特別值得批評原因在於他們違背應該規範他們言行的譬喻，亦即假如國君、臣下或士人違反了應該規範他們言行的譬喻，便應該得到孟子的批評。換言之，以下譬喻可以形成孟子批評的判斷標準，以下一一探討。

首先，國君應該順從「為民父母」的譬喻，用父母的眼光看待百姓，而且應該如同父母用一切的資源照顧百姓如同照顧自己的兒女一般。但是「率獸食人」的國君徹底違背這個責任，反而加害於自己的國民。其他的國君為了爭奪土地而作戰，被孟子批評為「率土食人」，並且指出此「罪不容於死」。但是當百姓面臨危機，而聽見如同孟子的忠誠屬下勸誡，國君們卻繼續犯錯，並且為自己找藉口，使得孟子不得不批評他們為「君過則順，又從為辭」。孟子嚴苛的評價奠基於國君應該「為民父母」，代表一個人的責任越大，他的過失也越大。

其次，臣下有兩種責任，一個是對於國君必須要營造出適當的治理環境，一個是對於百姓應該照顧如同牧羊人照顧他人的羊群。前者在以上段落中已經得到適當的探討，這裡只需要再次指出四個相關的譬喻該規範臣下對於國君的責任，重點不在於直接教導國君，而在於營造適當的環境：臣下應該確保國君有適合生長的溫暖、臣下應該確保國君有適合學習下棋的環境、臣下應該確保國君有適合學習語言的處境、臣下應該確保國君有適合行善的同伴。由於臣下最主要的責任是對於國君的責任，因此以上所分析的兩個例子也剛好都是臣下在為國君營造適當的環境上的失敗：「逢君之惡其罪大」與「善為陳，善為戰，大罪也」。這徹底違背臣下在面臨國君應該持守的譬喻，「營造環境」，亦即帶國君走上善途，使得他想要為不善也無法完成。孟子反覆強調臣下對於國君最核心的輔助工作就在於為國君營造出最適當的環境，以便於讓國君能夠完成自己「照顧百姓」的責任。孟子反覆對於臣下的嚴重斥責在

於他們不但沒有達到這個理想，反而會徹底違背這個理想，亦即臣下不但沒有做到「營造環境」，而是營造出一個「好戰」的氛圍，使得國君們不斷以人命換取土地與權力。

其三，士人的責任主要在於用「言教」與「身教」教導百姓如何做人處事，實現各種適當的人際關係。人之「大倫」包含「內則父子，外則君臣」（〈公孫丑下〉）與「男女居室」（〈萬章上〉），而士人的主要責任就是繼承聖人原本具有的教育責任。士人是唯一能夠「無恆產而有恆心者」（〈梁惠王上〉），因為他們「尚志」，不會局限於眼前的基本需要，反之遵行著「居仁由義」（〈盡心上〉）的譬喻為準。但士人應該有「尚志」，所以才容易被別人批評：「士憎茲多口」（〈盡心下〉）。而士人必須要具備高明的智慧，所以被孟子加以勸誡要懂得何時該開口說話、何時該制止言語：「士未可以言而言，是以言餂之也；可以言而不言，是以不言餂之也，是皆穿踰之類也。」（〈盡心下〉）「居仁由義」的士人在言行上都是百姓的榜樣，也相對於國君比較接近百姓，因此必須要在所有的事情上都保持著謹慎的態度。假如士人違背了「居仁由義」的譬喻，那麼百姓所模仿的對象會引導他們住進什麼樣的家裡、走上什麼樣的道路呢？就是因為孟子認為告子的教導會誤導百姓走上錯誤的道路，所以孟子才會批評說「率天下之人而禍仁義者，必子之言夫！」（〈告子上〉）這與「居仁由義」的譬喻環環相扣。至於孟子對於楊墨的批評，原因是「處士橫議」，亦即士人亂發議論，被孟子加以批評為「楊氏為我，是無君也；墨氏兼愛，是無父也。無父無君，是禽獸也。」（〈滕文公下〉）但是這又與「居仁由義」有何相干呢？答案是因為孟子認為「親親，仁也；敬長，義也」，而兩者屬於「良知」的一部分。〔註34〕換言之，「仁之實，事親是也；義之實，從兄是也」（〈離婁上〉），亦即「仁」最原始的表現在於事奉父母，而「義」最原始的表現在於順從兄長。試問：「義」顯然與「順從兄長」相關，但是為什麼在他處卻與「君臣」扯上關係，甚至成為君臣關係的核心價值（例如「君臣有義」）？答案是因為「義」應該從家裡「順從兄長」推廣到家外的「君臣」之「大倫」，成為「順從國君」。〔註35〕但是「義」的根本性質假如是擴充「人皆有所不為」，

〔註34〕〈盡心上〉：「人之所不學而能者，其良能也；所不慮而知者，其良知也。孩提之童，無不知愛其親者；及其長也，無不知敬其兄也。親親，仁也；敬長，義也。無他，達之天下也。」

〔註35〕「義」的擴充性質可見於下：「人皆有所不為，達之於其所為，義也」。（〈盡心下〉）

那麼「君臣有義」便也是雙向的：兩者應該以道義為準則，而沒有絕對、盲目的順從。〔註36〕這也就是景子為什麼會主張「內則父子，外則君臣，人之大倫也」，而孟子似乎接受該前提。〔註37〕回到楊墨的問題而言，孟子認為接受楊墨學派的教導會導致一個人忽略家內與家外的「大倫」，而這些大倫的實現剛好是成年人顯示心中「仁義」之端最普遍的方式。孟子如此擔憂是因為他認為楊墨不但自己沒有藉由言行顯示與推廣自己心中的「仁義」，持守這「居仁由義」的理想，而更嚴重的是他們也誤導了其他百姓，使得他們也離棄了「居仁由義」的人生理想。

第四節　小結

以上章節探究孟子的三個辯論對象，而筆者首先指出譬喻的兩種功能包括「描述」與「規範」，解釋孟子為何那麼注意別人的譬喻與教誨。筆者也釐清了現代人可能會對於譬喻性描述的誤解。其次，筆者從孟子的各種辯論中總結出孟子的兩種辯論模式：「消極防衛」與「積極攻擊」。「消極防衛」比較簡單，只在乎證明自己是無罪的，然而「積極攻擊」包括「指出別人譬喻所內含的問題」、「轉變他人譬喻成為自己的譬喻」、「用譬喻指出他人的謬誤」、與「指出他人譬喻選錯重點」四種策略。

以上分析顯示孟子的表達能力確實很精確，順著不同的情況而調整自己的表達方式。他懂得如何維護自己的觀點，也懂得如何一針見血地戳破謬論的幻想。特別值得注意的是孟子所採取最精彩的辯論方法就是譬喻的精彩使用。他可以用新的譬喻來突顯別人的盲點，或接受別人的譬喻而指出該譬喻推到極致的謬誤，也甚至能夠經由轉換別人所採取的譬喻，使得別人的譬喻性理論反而支持自己的論點。沒有受過現代西方邏輯訓練，卻仍然在二千多年前可以有如此高尚的答辯能力實在令人敬佩。

做完這些鋪陳之後，本文便指出孟子最強烈反駁的對象包括（1）濫用自己權力的國君、（2）逢迎國君過錯的臣下與（3）誤導百姓言行的士人。孟子

〔註36〕可見孟子另外對於「義」的描述，「大人者，言不必信，行不必果，惟義所在」（〈離婁下〉），亦即德行完備的人，說話不一定都兌現，做事不一定有結果，但是全部以道義為依歸。

〔註37〕注意在此段落中，孟子並未否認景子依據此前提對於孟子的批評，而是接受這個前提，並且顯示為何孟子本人才徹底地實踐了這個理想。

把濫用自己權力的國君描述為「率獸食人」、「率土食人」、與「君過則順，又過為辭」，逢迎國君過錯的臣下被描述為「逢君之惡其罪大」與「善為陣，善為戰，大罪也」，誤導百姓言行的士人被描述為「無父無君，是禽獸也」與「率天下人而禍仁義者」。

　　從以上的觀點可見孟子的幾個特色。首先，可見孟子如此厭惡顛倒價值。「率獸食人」與「率土食人」之行為都來自於顛倒的價值判斷，把國君的個人滿足或國家土地視為重於人命。孟子知道這種思想為徹底謬誤，因為假如沒有國民，那怎麼可能有國君呢？更何況，增加自己國民也是戰國時期國君所追求的目的之一。〔註38〕一方面希望增加國民，另一方面卻為了滿足私欲或爭取土地而犧牲國民顯示了國君們並非了解自己言行的後遺症。其次，孟子也顯然反對戰爭，認為積極追求戰爭或在戰爭上追求成就的人都應該受到最嚴重的懲罰，因為統治階級已經忘記自己的寶物之一就是百姓。〔註39〕

　　孟子會如此強烈地批評以上三種人的原因也有三個：（1）違背《尚書》理念、（2）破壞人倫關係與（3）違背譬喻所指之規範。孟子採取《尚書》的觀點，為了鼓勵齊宣王不要為自己「好勇」而誤認為自己無法成為一個好國君，而是效法古代國君的「好勇」，使得百姓看到國君不好勇才感到厭惡。照顧百姓並不困難，因為這個理想只是每一個人擴充心裡與生具有的四端而已。由於國君、臣下或士人對於國家運作有重大的責任，因此在他們沒有適當地擴充他們心中之四端的時候，孟子自然地會嚴厲地責備他們。但是這種責備也是希望他們可以效法以前國君的榜樣，知道自己過錯之後，就改正。〔註40〕孟子的責罵歸根究底都是保持著統治階級改善的希望。最後，孟子譬喻分析像是他認為國君應該「為民父母」、臣下應該為國君「營造環境」、而士人應該「居仁由義」。「為民父母」的理想似乎只是孟子的預設之一，可能是當時公認的標準，因為孟子在批評梁惠王「率獸食人」時，把「為民父母」當作梁惠王已接受的前提。臣下的重要責任之一就是確保國君周遭的環境是最有助

〔註38〕〈梁惠王上〉：「察鄰國之政，無如寡人之用心者。鄰國之民不加少，寡人之民不加多，何也？」

〔註39〕「諸侯之寶三：土地，人民，政事」（〈盡心下〉）。老子也對於戰爭有精彩的描述：「殺人之眾，以悲哀泣之，戰勝以喪禮處之。」（《老子31》）參考傅佩榮《老子解讀》（新北市：立緒文化，2015）：103～105頁。

〔註40〕「且古之君子，過則改之……古之君子，其過也，如日月之食，民皆見之；及其更也，民皆仰之。」（〈公孫丑下〉）

於國君照顧百姓，也是使用各種生動的譬喻來強調國君確實很容易被外在環境影響。至於士人，他們必須要用言語教導百姓人倫關係，並且自己作為百姓實踐人倫的榜樣。假如士人沒有好好教育百姓的話，保存並且發展把他們分別於禽獸的「心」，或甚至誤導百姓，使得百姓認為破壞人倫關係為正面理想（例如楊墨學派），那麼這也就是率領百姓走上不正確的路途，已經脫離「由義」的正途了。

　　從此章節可見，孟子的批評不但並非不合理，反而有充分的根據和系統性。孟子批評的對象主要是破壞人倫關係者，而由於這是人類之所以為人類的關鍵之處，顯示孟子的批評是為了教導人該如何留在「保持與擴充」人性之正途上。

第六章　結　論

第一節　回顧

一、初步回顧

　　某一個事實愈接近日常生活，那件事實就愈難反思，就如眼睛可以看見整個世界，但是無法把視覺轉移到眼球本身；同樣的，譬喻因為貫穿人類的語言與思維，反而無法用純粹「非譬喻性」的語言來描述這個現象。其實，這也就是很多西方學者長久以來所採取的研究路徑之一，希望把「譬喻性」語言轉化為「邏輯性」語言，因為這看似比較「客觀」和貼近「事實」。然而 Barfield 的論述顯示語言的發展都是先從幾乎純粹「創造性」（poetic）的語言開始，並且經歷自我覺醒之後，開始顯示「分析性」（prosaic）的語言與自我反省能力。這種語言反省能力確實能夠帶出更多詳細的區分，但是這些區分也同時把世界各個領域切分開來，使得以前自然具有的「共同性」（unity）逐漸成為「獨立」的領域。每一代的詩人、作家與哲學家希望同時保存「分析原則」帶來的自覺性和反省能力，同時藉由「譬喻」恢復以前具有的萬物之「共同性」，使得被分開的領域能夠再次恢復以前具有的生命力。由此看來，譬喻並不只是一個修辭工具，更不是一個應該被淘汰的古董，而是避免思想僵化、恢復思維生命力的關鍵路線。譬喻能夠用一個人已經清楚的事實來幫忙釐清未能了解的事實，並且逐漸看見萬物各個面向的關聯性，對於長幼者同樣具有濃厚的價值。我們不得不依賴譬喻來思考與學習，就像通常在一場演講中令人印

象最深刻的就是講者所使用的譬喻。假如台下觀眾其他演講細節都不記得，他們至少可以回溯到講者所使用的譬喻，並且在進一步思考這個譬喻的過程中得出更深刻的體會與教誨。由於譬喻所帶來的改變必須要自己去親身體會，筆者在第一章試圖指出譬喻的各種面向，好讓未曾經歷過譬喻的魅力的讀者有一個清楚的框架來重新檢驗譬喻，並且發現生命中也確實充滿著精彩的譬喻效應。

二、思想與譬喻回顧

第二章主要藉由文獻回顧、譬喻定位、以及澄清概念，作為第三至五章的「預防針」，因為假如讀者在進入第三章之前仍然認為「譬喻只是修辭手段」，那麼就會容易錯過孟子譬喻真正的重要性。從文獻回顧可見，西方與中國哲學傳統中都有看重和貶抑譬喻的哲學家，而幸好近年來的西方哲學家、漢學家、與中國哲學家都依據自己的方式探究譬喻與哲學的相關議題。中國哲學界近年來對於譬喻的研究主要來自於墨子譬喻推論以及莊子譬喻描述，然而孟子的譬喻仍未得到大多數中國哲學家的注意，因此筆者本文試圖彌補此處之缺乏。〔註1〕孟子譬喻的研究價值來自於譬喻對於人類思維的重要性。雷可夫與詹森在的《我們賴以生存的譬喻》是現代西方反駁貶抑譬喻的重要文獻之一，轉化西方學界對於譬喻的負面評價，而森舸瀾的漢學研究中也引述各種認知科學研究成果來呈現譬喻確實貫穿著整個思維過程。在進入孟子的具體譬喻分析之前，筆者也澄清了孟子的關鍵人性論之概念，包括「才」與「情」、「體」與「身」、「心」與「性」、以及「欲」與「志」，以便於為後面的分析做適當的鋪陳。

三、「四端」與譬喻回顧

孟子被擅長辯論的告子質疑時，抬出他最穩固的人性論作戰，顯示人性論為自己的理論基礎，因此第三章也照樣從此處切入。孟子常常使用精彩的譬喻描述人性論也是一件很合理的選擇，因為五官無法直接觸摸人性論的本質，反而只能用各種譬喻描述人性論的功效。孟子使用了各式各樣的譬喻來描述人性論的各個面向，但是假如把焦點放在與「心」、「性」相關的譬喻，可

〔註1〕 請見陳大齊，《大眾理則學》（台北市：中華書局，1978）：463～465 頁；陳大齊《孟子的名理思想及其辯說實況》（臺北市：臺灣商務印書館，1980）：74～84，117～122 頁。

見孟子人性論可以用以下五個譬喻作為摘要：（1）猶有四體——人有四端、（2）芻豢悅口——理義悅心、（3）猶水就下——人性之善、（4）山養則長——性養則長、（5）舍魚取掌——舍生取義。這些譬喻可稱為關鍵是因為他們明顯地用譬喻描述人性，也指出孟子人性論的重要因素，其他的譬喻基本上都可以回溯到這五個核心譬喻。「猶有四體——人有四端」突顯人性是奠基於心的四端，因為所有與仁義禮智相關的論述都回溯到這個譬喻。「芻豢悅口——理義悅心」顯示「小體」與「大體」的區分，並且透露「大體」如同「小體」也有自然喜好，而且順從「大體」的自然喜好反而是「大人」之途徑。「猶水就下——人性之善」顯示人「性」主要是參考「心」的喜好，而人性有自然趨向如同水性有自然趨向，突顯人的外在行為可以藉由外在力量而違背自然、內在的趨向。「山養則長——性養則長」顯示人性的脆弱，得到適當的滋養才能夠生長，而失去了滋養便會萎縮，因此也突顯教育的重要性。與失去本心或赤子之心的相關譬喻也都與這個譬喻有關。最後，「舍魚取掌——舍生取義」強調一個人的「心」有所喜愛的超過生存的事物以及有所厭惡的超過死亡的事物，而且一個人甚至願意為自己本性的要求而犧牲生命。

四、「五倫」與譬喻回顧

　　孟子在與各個對話者討論時，一定會提到各種「適當關係」——這也正好是孟子所謂的「善」——以及他對於某個人是否要為自己的人倫責任負責。這些「適當關係」被孟子摘要為「五倫」，也就是「父子有親」、「君臣有義」、「夫婦有別」、「長幼有序」、與「朋友有信」。筆者發現這些人倫關係都有各種譬喻作為各種論述背後的立足點，但是除了朋友人倫之外，其他人倫關係都要求前者主動善待後者，而後者的回應是奠基於前者的言行。另外值得指出的事實就是前二倫「父子有親」與「君臣有義」的相對重要性來自於「父子有親」為其他人倫關係之「本」，以及君臣關係廣泛的影響力。當然，夫婦關係也被孟子視為「大倫」，但是君臣的失敗過度嚴重，也必須佔據孟子大多數的時間。「父子有親」背後的譬喻是「本」、「近」、與「事」。父母是孩子的「本源」就如水源是河流的本源，父子關係同時也是其他關係的基礎，如同建築奠於地基。父子關係也要求父母與子女在時空上要「接近」，以便於培養出感情上的「親近」，因為缺乏父子關係和其他人倫關係者，就開始脫離人類的正常範圍，並且「近於禽獸」。子女適當的回應就是事奉父母，回報他們所展現

的愛，因為這種事奉也是離開家後事奉國君的典範。

「君臣有義」背後也有一個不可或缺的理念，亦即孟子引述《尚書》的「天降下民，作之君，作之師。惟曰其助上帝，寵之四方。」國君與臣下之所以存在就是為了照顧百姓，因此這個人倫牽涉到「國君」、「臣下」、與「百姓」之間的適當關係，而這個人倫可以被總結為「君臣有義」或「君臣主敬」。國君該要把大臣視為手足，必須要主動善用臣下，而臣下如果得到好的待遇，也自然會把國君視為心腹，輔助國君完成天命。國君是百姓的父母、頭上的風，主要的責任就是照顧天所寵愛的民眾，而大臣對於百姓是牧羊人，主要責任是照顧國君所託付給他的百姓。由於臣下的主要目的是輔助國君，因此孟子並沒有提供譬喻描述百姓對於臣下的回應，而且百姓對於國君的回應基於兩者間的多元關係，因此難以指出一個譬喻來規範百姓該有的言行。但是孟子仍然常常用與水相關的譬喻來描述百姓對於國君的回應：被忽略的百姓如同乾旱時渴望雨水的人，而得到國君的滋潤時，便如擋不下的泉水湧向他。除此之外，假如國君行善，百姓自然如「草尚之風必偃」（〈滕文公上〉）。

「夫婦有別」認為丈夫應該「行道」，亦即走在人生正道上，因此在描述妻妾應該「以順為正」，意思就是順從丈夫「行道」的選擇，這裡的圖像是丈夫不但有自己走在正道上的責任，也必須要在自己走上正道之後，進一步「使人以道」、使「妻妾不羞」。因此所有人（包括丈夫、妻妾、子女）都有「行道」的責任，但是丈夫的責任進一步包括不讓家人感到羞愧，並且以身教的榜樣使喚家人一起走上正道。

孟子認為人所敬畏的對象是根據爵位、年齡、與品德三者來決定的，但是其實爵位與年齡的尊貴說穿了就是奠基於那個人的品德，因此「長幼有序」的「長者」必須要追求高尚的品德，而反覆做到才值得被別人尊敬。相對而言，「幼者」對於「長者」的責任可以描述為「為長者折枝（肢）」與「徐行後長者」。社會上的優先次序是奠基於品德，而品德是來自於長期的實踐，長期的實踐是來自於優良的教育，而優良的教育內容就是適當的關係（五倫），因此「長幼有序」提倡藉由身體表現出品德的價值判斷。

「朋友有信」背後的譬喻就是「迭為賓主」，用堯舜輪流當主人與賓客的例子描述朋友之間該有的互相寬待。假如堯舜是依照爵位或年齡作為兩者關係的基礎，那麼舜根本輪不到做「主」、堯不可能做「賓」，而堯也不可能收到舜的任何寬待。這種互相輪流的性質就是朋友之所以特殊的地方。

五、「三辯」與譬喻回顧

　　孟子的譬喻也常常出現於他精彩的辯論中，因此第五章所探究的題目便稱之為「三辯與譬喻」。本文所探究的「三辯」並非一般所謂孟子之「三辨」，即是人禽之辨、王霸之辨與義利之辨，因為本文重點不在於孟子的各種細微「分辨」，而在於孟子主要批評的三個對象。孟子嚴厲地批評別人的譬喻，因為他知道譬喻蘊含著「描述」與「規範」的兩種功能，因此在辯論中必須突顯他人譬喻「描述」的問題所在。孟子在辯論中所使用的譬喻可以歸類為「消極防衛」與「積極攻擊」，而「積極攻擊」可以進一步被分類為「指出別人譬喻所內含的問題」、「轉變他人譬喻成為自己的譬喻」、「用譬喻指出他人的謬誤」、與「指出他人譬喻選錯重點」。孟子批評的對象主要有三個：（1）濫用自己權力的國君、（2）逢迎國君過錯的臣下、與（3）誤導百姓言行的士人。濫用自己權力的國君被批評為「率獸食人」、「率土地而食人肉」、與「君過則順，又過為辭」，逢迎國君過錯的臣下被批評為「逢君之惡其罪大」與「善為陣，善為戰，大罪也」，而誤導百姓言行的士人被批評為「無父無君，是禽獸也」與「率天下人而禍仁義者」。

　　這三種人被孟子批評的原因有三個：（1）違背《尚書》理念、（2）破壞人倫關係與（3）違背譬喻所指之規範。《尚書》的理念「天降下民，作之君，作之師。惟曰其助上帝，寵之四方。」並非一個不可能達到的理想，反而只是國君把自己心之四端擴充到極致，使得天下人都可以如同國君滿足「好貨、好色、好勇」的自然與正面之欲望。實踐人倫關係是人顯示自己之所以為人的關鍵證據與機會，因此透過自己人倫上的失敗而剝奪其他人實踐人倫關係的機會便是重大的罪名。這方面的失敗也剛好違背了這些人應該遵守的譬喻：國君應該「為民父母」、臣下應該為國君「營造環境」、而士人應該以「居仁由義」的原則與百姓互動。指出孟子批評背後之譬喻有助於解析孟子「好辯」之言論其實具有系統性，並非隨性，而是有合理性與一致性的。

六、綜論

　　以上討論也終於回應了論文試圖處理的問題：孟子為何如此地「好辯」呢？一般分析局限於孟子自己的言論，解釋孟子認為自己如此批評是「不得已」，因為「我亦欲正人心，息邪說，距詖行，放淫辭，以承三聖者」（〈滕文公下〉）。但是端正人心、消滅邪說、批駁偏頗的行為與排斥荒誕的言論可以

說是大多數的哲學家的目的，所以只有透過仔細分析《孟子》文本才可以得出孟子批評他人所採取的具體判斷標準。而這個判斷標準就是第五章所提及的各種譬喻。舉例來說，一個國君該怎麼做人處事呢？答案就是「為民父母」。這個便形成孟子批評的重要根據；孟子所有嚴重的批評都能夠回溯到國君沒有實踐這個理想，而甚至孟子對於所有國君的批評都可以回溯到國君沒有達到這個理想。本文所採取的思路一開始似乎難以看見譬喻分析如何解釋孟子為何如此地好辯和其批評的基本判斷標準，但是可見孟子對於國君失敗的批評奠基於他對於國君的期許。這個期許可以以「為民父母」作為摘要。同樣的，孟子的各種批評大致上都可以回溯於各個人倫關係背後所預設的譬喻。由於孟子大多數的批評與辯論都與現實生活中的人倫關係緊緊相連，似乎沒有對於脫離於人生的題目做出太多反省，〔註 2〕因此以上對於孟子為何如此地「好辯」的分析也非常全面，有助於了解所有與人倫關係相關的批評，而這幾乎佔了所有與批評相關的篇幅。這也驗證了本文所採用的主要方法論（譬喻分析）其實非常恰當，可以突顯孟子思想中未曾展現之層面。

第二節　研究局限與未盡事宜

本文的局限多到假如筆者誠實地把它們一一列出來，恐怕必須另外寫一篇論文。由於列出一些核心的局限可以幫助讀者與筆者思考本文該有的定位，因此以下提出三個主要局限以及未來研究方向。首先，本文的範圍是《孟子》文本，並沒有廣泛地探討其他儒家文本，但是這也代表筆者在未來可以用類似的視角來分析其他中國哲學的經典，得出新的結果。其次，本文局限於《孟子》的「人性」、「人倫」與「辯論」，因為這三者是孟子研究常關注的議題，然而未來的研究可以進一步深化相關探討，包括考察譬喻對於《孟子》其他議題的重要性何在。最後，本文主要的研究範圍是孟子刻意使用的譬喻，但是就如雷可夫與詹森一書所顯示，更重要的譬喻常常是「我們賴以生存的譬喻」（metaphors we live by），因此對於中國哲學更有幫助的研究可能是研究出先秦哲學家所賴以生存的譬喻。然而，這種研究的範圍不但比較大，研究者也必須要具備足夠的能力與耐力參考很多文獻，並且對照出一個整體的結果，

〔註 2〕這不代表孟子沒有深度，而只是在強調孟子的思想確實聚焦於人類生活，並且對於人類相關的主題做出非常深刻的反省。

而這是筆者現階段力有未逮之處。

　　但是研究者何必要那麼辛苦地重構古代所賴以生存的譬喻呢？這種質疑必須要認真面對，可能也需要回溯到 Barfield 對於語言演變過程的分析：古代語言具有生命力，把萬物看為一體，具有各種存在上的連貫性，〔註3〕這是所謂「創意原則」（poetic）的時代。一旦一個民族覺醒之後，這個文化就開始朝向「分析原則」（prosaic）的方向變動，這種傾向強調抽象思考，而且能夠欣賞古代著作所蘊含的豐富生命力。然而一個社會一旦走向「分析原則」之後，除非刻意制止，否則語言便會逐漸僵化、抽象化，並且失去以前「創意原則」時代具有的生命力，這種現象在現代社會很明顯。換言之，光是模仿、複製再怎麼偉大的古人之言，也不會使一個文化復興，然而使文化重新得著生命力的重要方法之一就是透過譬喻的創新。譬喻能夠重新連接以前已有關係的事實，重新把萬物看為一體，而這不代表我們應該回到過去純樸「創意原則」的時代，而是要同時具備「創意原則」的生命力與「分析原則」的自覺性。達到這個目標的具體方法就是透過譬喻重新找回已失去卻貫穿一切的生命力，而假如筆者在本文中在這方面有一點點的貢獻，那本文主要目標便已達成。

〔註 3〕存在的連貫性是相對於只有語言上的關聯性。

參考書目

古籍

1. （漢）趙岐注；（宋）孫奭疏；廖名春、劉佑平整理；錢遜審定；李學勤主編《孟子注疏（十三經注疏）》，北京：北京大學出版社，2000。

2. （宋）朱熹《四書集注》，台北：漢京華文事業有限公司，1983。

3. （清）焦循《孟子正義》，北京：中華書局，1991。

4. 楊伯峻《孟子譯注》，台北：五南圖書，1992。

中文專書

1. 巴刻（著）、尹妙珍（譯）《認識神》，香港：福音證主協會，2016。

2. 盧元駿（註譯）、陳貽鈺（訂正）《說苑今註今譯》，臺北市：臺灣商務印書館，1998。

3. 伽達瑪（著）、吳文勇（譯）《真理與方法哲學詮釋學的基本特徵》，臺北市：南方叢書出版社，2010。

4. 李賢中《墨子》（導讀及譯註），香港：中華書局，2014。

5. 杜保瑞《中國哲學方法論》，臺北市：臺灣商務，2013。

6. 周云之《先秦名辨邏輯指要》，四川：四川教育出版社，1993。

7. 孫中原（著）、王讚源（審定）《中國邏輯學》，台北市：水牛出版社，1993。

8. 徐復觀《中國人性論史・先秦篇》，臺北：臺灣商務，1988。

9. 陳大齊《大眾理則學》，臺北市：中華書局，1978。

10. 陳大齊《孟子的名理思想及其辯說實況》，臺北市：臺灣商務印書館，1980。

11. 傅佩榮《儒道天論發微》，臺北市：聯經，2010。

12. 傅佩榮《儒家哲學新論》，臺北市：聯經，2010。

13. 傅佩榮《予豈好辯哉》，臺北市：聯經，2013。

14. 傅佩榮《論語解讀》，新北市：立緒文化，2014。

15. 傅佩榮《孟子解讀》，新北市：立緒文化，2015。

16. 傅佩榮《老子解讀》，新北市：立緒文化，2015。

17. 溫公頤、崔清田（主編）《中國邏輯史教程》（修訂本），天津：南開大學出版社，2001。

18. 雷可夫與詹森（撰）、周世箴（譯）《我們賴以生存的譬喻》，臺北市：聯經，2006。

19. 鮑會園、陸蘇河（編）《聖經》，新澤西：更新傳到會 2008。

20. 勞思光《新編中國哲學史》，臺北市：三民書局，1981。

英文專書

1. Allinson, Robert. *Chuang Tzu for Spiritual Transformation: An Analysis of the Inner Chapters*. Albany, NY: State University of New York Press, 1989.

2. Bailey, Kenneth E. *The Good Shepherd: A Thousand-Year Journey from Psalm 23 to the New Testament*. Downers Grove: InterVarsity Press, 2014.

3. Barfield, Owen. *Poetic Diction: A Study in Meaning*. 4th ed. Oxford, England: Barfield Press, 2010.

4. Bavinck, Herman, John Bolt, and John Vriend. *Reformed Dogmatics*. Grand Rapids, Mich.: Baker Academic, 2003.

5. Bevan, Edwyn Robert. *Symbolism and Belief*. Gifford Lectures, 1933-1934. London: G. Allen & Unwin, 1938.

6. Fingarette, Herbert. *Confucius: The Secular As Sacred*. Religious Traditions of the World. Long Grove, Illinois: Waveland Press, 1998.

7. Ivanhoe, Philip J. *Confucian Moral Self-Cultivation*. 2nd ed. Indianapolis/ Cambridge: Hackett Publishing Company, 2000.

8. Lakoff, George, and Mark Johnson. *Metaphors We Live By*. Chicago: University of Chicago Press, 2003.

9. Lau, D.C. *Mencius: Translated with an Introduction by D.C. Lau*. Harmondsworth: Penguin Classics, 1970.

10. Machuga, Ric. *Life, the Universe, and Everything: An Aristotelian Philosophy for a Scientific Age*. Cambridge, U.K.: Lutterworth, 2012.

11. MacIntyre, Alasdair C. *After Virtue: A Study in Moral Theory*. 3rd ed. Notre Dame, Ind.: University of Notre Dame Press, 2007.

12. Miller, Daniel. *Stuff*. Cambridge: Polity Press, 2010.

13. Munro, Donald. *Images of Human Nature*: A Sung Portrait. Princeton, NJ: Princeton University Press, 1988.

14. Said, Edward W. *Orientalism*. New York: Vintage Books, 1994.

15. Shun, Kwong-loi. *Mencius and Early Chinese Thought*. Stanford: Stanford University Press, 1997.

16. Slingerland, Edward G. *Effortless Action: Wu-Wei As Conceptual Metaphor and Spiritual Ideal in Early China*. Oxford: Oxford University Press, 2003.

17. Taylor, Charles. *A Secular Age*. Gifford Lectures, 1999. Cambridge, Mass.: Belknap Press of Harvard University Press, 2007.

18. Waley, Arthur. *Three Ways of Thought in Ancient China*. Stanford: Stanford University Press, 1939.

中文期刊論文

1. 李賢中〈中國哲學研究方法之省思〉，《哲學與文化》395 期「中國哲學方法論專題」，2007 年 4 月，7〜24 頁。

2. 李賢中〈傳統思想的現代重構與轉化──以墨、荀為例〉，《哲學與文化》42 卷第 3 期「中國哲學走向世界的方法論問題專題」，2015 年 3 月，117〜140 頁。

3. 李賢中〈論合理性標準在詮釋過程中的作用與限制〉,《中國詮釋學第 13 輯》洪漢鼎、傳永軍主編，濟南：山東人民出版社 2016 年 12 月，1～17 頁。

4. 李賢中〈墨子推理方法對於孟子的影響〉《四川大學學報》（哲學社會科學版）總第 212 期，2017 年第五期，41～47 頁。

5. 李賢中〈先秦邏輯史研究方法探析〉,《哲學與文化》44 卷第六期，2017 年 6 月，71～87 頁。

6. 傳佩榮〈儒家人性論如何超越唯心與唯物的兩極詮釋〉,《哲學與文化》第 20 卷第 8 期，1993 年 8 月，741～50 頁。

7. 傳佩榮〈孔子論人性與群我關係〉,《東吳哲學學報》第 1 期，1996 年 3 月，1～10 頁。

8. 傳佩榮〈重新詮釋孔子的「仁」〉,《哲學雜誌》第 6 期，1993 年 9 月，68～81 頁。

9. 傳佩榮〈解析孔子的人性觀點〉,《哲學與文化》25 卷第 2 期，1998 年 2 月，106～121 頁。

10. 傳佩榮〈儒家人性論的現代化詮釋〉,《現代化研究》第 31 卷，2007 年 7 月，89～97 頁。

11. 傳佩榮、林安梧〈「人性向善論」與「人性善向論」：關於先秦儒家人性論的論辨〉,《哲學雜誌》第 5 期，1993 年 6 月，78～107 頁。

12. 蕭振聲〈傳佩榮對「人性本善」之質疑及消解〉,《興大中文學報》第 37 期，2015 年 6 月，303～330 頁。

13. 蕭振聲〈論人性向善論——一個分析哲學的觀點〉,《中央大學人文學報》第 51 期，2017 年 7 月，81～125 頁。

14. 鄧育仁〈隱喻與情理——孟學論辯放到當代西方哲學時〉,《清華學報》38（3），2008 年 9 月，485～504 頁。

英文期刊論文

1. Bloom, Irene. "Mencian Arguments on Human Nature (Jen-Hsing)." *Philosophy East and West*, Vol. 44, No. 1 (Jan., 1994), 19~53.

2. Bloom, Irene. "Human Nature and Biological Nature in Mencius." *Philosophy East and West*, Vol. 47, No. 1, Human "Nature" in Chinese Philosophy: A Panel of the 1995 Annual Meeting of the Association for Asian Studies (Jan., 1997), 21~32.

3. Chong, Kim Chong. "Zhuangzi and the Nature of Metaphor." *Philosophy East and West* 56, no. 3 (2006), 370~391.

4. De Reu, Wim. "How to Throw a Pot: The Centrality of the Potter's Wheel in the Zhuangzi." *Asian Philosophy* 20, no. 1 (2010), 43~66.

5. Graham, Angus C. "The Background of the Mencian Theory of Human Nature." *Tsing Hua Journal of Chinese Studies*, no. 6 (1967), 215~71.

6. Hwang, Philip Ho. "What Is Mencius' Theory of Human Nature?" *Philosophy East and West*, Vol. 29, No. 2 (Apr., 1979), 201~209.

7. King, R. A. H. "Universality and Argument in Mencius IIA6." *Proceedings of the Aristotelian Society*, New Series, Vol. 111 (2011), 275~293.

8. Peterson, Willard J. "The Grounds of Mencius' Argument." *Philosophy East and West*, Vol. 29, No. 3 (Jul., 1979), 307~321.

9. Shun, Kwong-loi. "Mencius on Jen-hsing," *Philosophy East and West*, Vol. 47, No. 1, Human "Nature" in Chinese Philosophy: A Panel of the 1995 Annual Meeting of the Association for Asian Studies (Jan., 1997), 1~20.

10. Shun, Kwong-loi. "Contextualizing Early Confucian Discourse: Comments on David B. Wong." *Dao* 14 (2015), 203~210.

11. Slingerland, Edward G. "Conceptions of the Self in the Zhuangzi: Conceptual Metaphor Analysis and Comparative Thought." *Philosophy East and West* 54, no. 3 (2004), 322~342.

12. Slingerland, Edward G. "Metaphor and Meaning in Early China." *Dao* 10 (2011), 1~30.

13. Slingerland, Edward G. "Crafting Bowls, Cultivating Sprouts: Unavoidable Tensions in Early Chinese Confucianism." *Dao* 14 (2015), 211~218.

14. Wong, David B. "Early Confucian Philosophy and the Development of

Compassion." *Dao* 14 (2015), 157~194.

15. Yan Hektor "Beyond a Theory of Human Nature: Towards an Alternative Interpretation of Mencius' Ethics." *Frontiers of Philosophy in China*, Vol. 9, No. 3 (2014), 396~416.

16. Brooks, Bruce E., and A. Taeko Brooks. "The Nature and Historical Context of the *Mencius*." In *Mencius: Contexts and Interpretations*. Edited by Alan Kam-leung Chan. Honolulu: University of Hawai'i Press, 2002.

17. Hutton, Eric. "Moral Connoisseurship in Mengzi." In *Essays on the Moral Philosophy of Mengzi*. Edited by X. Liu and P. Ivanhoe. Cambridge, MA: Hackett Publishing Company, 2002.

18. Johnson, Mark. "Introduction: Metaphor in the Philosophical Tradition." In *Philosophical Perspectives on Metaphor*. Edited by M. Johnson. Minneapolis: University of Minnesota Press, 1981.

19. Oshima, Harold. "A Metaphorical Analysis of the Concept of Mind in the Chuang-tzu." In *Experimental Essays on the Chuang-tzu*. Edited by V. Mair. Honolulu, HI: University of Hawai'i Press, 1983.

博士論文

1. 羅惠齡〈當代《孟子》人性論的省察——以漢學家的詮釋所展開的反思〉，淡江大學中國文學系博士論文，2016。

碩士論文

1. 高碧臨〈《孟子》論辯思維研究〉，國立臺灣大學哲學研究所碩士論文，2008。

2. 陳怡蕙〈《孟子》譬喻與寓言應用於國中寫作教學研究〉，國立臺灣師範大學國文系碩士論文，2011。

3. 陳姿伶〈孟子人性論現代詮釋的爭議與釐清〉，國立臺灣師範大學國文系碩士論文，2006。

4. 黃弘翔〈《莊子》〈齊物論〉、〈人間世〉、〈德充符〉有關心的譬喻〉，國立臺灣大學哲學研究所碩士論文，2009。

5. 熊偉均〈論《孟子》人性論之「本善」與「向善」詮釋〉，國立臺灣大學哲學研究所碩士論文，2015。

6. 劉彝齊〈《孟子》論辯藝術之探析〉，國立高雄師範大學中文系碩士論文，2014。

7. 鄧新恭〈《莊子》寓言中的人生哲學〉，華梵大學哲學系碩士論文，2011。

8. 蕭振聲〈荀子的人性向善論〉，國立臺灣大學哲學研究所碩士論文，2006。

理論延伸篇：思想單位學術論文

用思想單位分析孟子人性論相關段落

饒忠恕
國立臺灣大學哲學系博士生

內容摘要

　　本文採用李賢中教授的「思想單位」研究方法分析孟子人性相關的五個段落。思想單位可分為三個面相：情境構作、情境處理、情境融合。三個面相必須回答五個基本問題：有什麼？是什麼？為什麼？會怎樣？要怎樣？本文首先回顧過往對於孟子推論的研究成果，作為比較的參照。接著，本文用思想單位的五個問題分析五段孟子人性論的重要段落。最後，本文闡明思想單位如果設定範圍為「孟子人性論」則可以依照五個思想單位問題得出以下答案：（1）有什麼？猶有四肢——人有四肢；（2）是什麼？乃若其情——可以為善；（3）為什麼？芻豢悅口——理義悅心；（4）會怎樣？得養則長——失養則消；（5）要怎樣？魚掌不兼——舍生取義。除此之外，本文也強調思想單位具備兩個優點：（1）望遠鏡式的近看、遠看多重功能以及（2）提供清楚的詮釋分類標準。

關鍵詞：有什麼、是什麼、為什麼、會怎樣、要怎樣

壹、前言

　　人性論長久以來被公認為孟子研究的核心命題。有的學者認為孟子研究應該超越孟子人性論研究。〔註 1〕但是兩個考量應該使得我們不要太快接受

〔註 1〕Hektor Yan, "Beyond a Theory of Human Nature: Towards an Alternative Interpretation of Mencius' Ethics," *Frontiers of Philosophy in China*, Vol. 9, No. 3 (2014): 401. 筆者同意該學者指出孟子並非直接回答「何謂人性？」，而是回應更根本的問題「為何道德？」，但是筆者認為孟子的回應是回溯人性。

這種看法。首先，很多最根本的哲學命題都依賴人性論為重要基礎，而能夠釐清人性論很有助於一個完整的哲學架構。其次，人性論雖然不佔據孟子人性論的重大篇幅，但是孟子自己屢次把自己的思路回歸於個人，顯示孟子認為他的其他思想回溯於人性。〔註2〕孟子人性論對於孟子思想的重要性也反應在中文和英文學界對於孟子人性論相關的各種研究。〔註3〕

　　孟子人性論為歷代以來的重要命題，因此有各種不同詮釋《孟子》文本的方法論。近年來在中文學界中也見到李賢中教授所發展「思想單位」為詮釋哲學思想的新創，但是因為仍為相對新的方法論，仍未有機會測試該方法論之適用性與價值。本文的企圖則是藉由李賢中教授的「思想單位」分析《孟子》對於人性的描述，透過得出的結果更加明確地衡量「思想單位」方法論之用途、價值和貢獻。

一、研究方法

　　為了符合現代社會與學界對合理性設置的標準（以下作合理性標準），本文試圖使用思想單位的方法來順向重構五個關鍵段落。「思想單位」是什麼呢？「思想單位」是李賢中教授所提供的文本詮釋方法。以往中國哲學研究經常參照西方哲學的概念、範疇或語詞分析法，並且從類似的方式重構中國經典。〔註4〕然而，這種方法的限制包括：（1）無法帶出思想體系的整體性、

〔註2〕從以下三段描述可見孟子思想常常回歸於個人：（1）「天下之本在國，國之本在家，家之本在身。」（〈離婁上〉）、（2）「守孰為大？守身為大。……孰不為守？守身，守之本也。」（〈離婁上〉）、（3）「君子之守，修其身而天下平。」（〈盡心下〉）

〔註3〕中文學界不同年代的重要著作包括：（1）徐復觀：《中國人性論史‧先秦篇》（臺北：臺灣商務，1988），頁161～198；（2）蔡仁厚：《儒家心性之學論要》（台北：文津出版社，1990），頁39～56；（3）傅佩榮《儒家哲學新論》（臺北市：聯經，2010），頁69～86。英文學界包括不同年代的重要著作：（1）Angus Graham, "The Background of the Mencian Theory of Human Nature," *Tsing Hua Journal of Chinese Studies*, No. 6 (1967): 215~271；（2）Philip Ho Hwang, "What Is Mencius' Theory of Human Nature?," *Philosophy East and West*, Vol. 29, No. 2 (Apr., 1979): 201~209；（3）Kwong-loi Shun, "Mencius on Jen-hsing," *Philosophy East and West*, Vol. 47, No. 1, Human "Nature" in Chinese Philosophy: A Panel of the 1995 Annual Meeting of the Association for Asian Studies (Jan., 1997): 1~20。

〔註4〕李賢中：〈傳統思想的現代重構與轉化——以墨、荀為例〉，《哲學與文化》，第42卷，第3期「中國哲學走向世界的方法論問題專題」，（2015年3月），頁117～120。

（2）不符合一般人生活經歷的思維、與（3）難以套用在任何不符合現代分析哲學表達模式的文本。這是「思想單位」之形成背後的動機。

「思想單位」方法論如同一個伸縮式的望遠鏡，無論是近看一個段落的意義，還是遠看一個理論整體的形狀，「思想單位」方法論主要試圖完整地重構某一個單元。這個詮釋過程具備三個主要任務：情境構作、情境處理、情境融合。〔註5〕當詮釋者設定了分析範圍後，例如《孟子》「心有四端」的描述，如果要完整地呈現出「心有四端」的思想單位，必須首先釐清孟子所描述的基本題材。這個階段主要在詢問的問題有二：有什麼？是什麼？「有什麼？」主要是在確認本文中的「公認現象」，而「是什麼？」則是一個「定位判斷」，針對眼前的「有什麼？」做出更明確的身份定位。

把情境的基本細節釐清之後，便可以進一步做所謂的情境處理，亦即釐清情境構作所得出的相關細節。該環節可以化為三個主要：為什麼？會怎樣？要怎樣？「為什麼？」主要是針對以上情境構作進一步說明因果關係的推演，探究所描述的現象之所以會發生的原因。基於這個背景，「會怎樣？」主要說明該情境的預期轉變，而根據以上所有考量，「要怎樣？」則整理出一些相關的言行規範。言簡意賅，思想單位的五個問題所探討的對象可用以下方式呈現〔註6〕：

1. 有什麼：闡釋公認事實
2. 是什麼：詮釋價值定位
3. 為什麼：剖釋因果關係
4. 會怎樣：評釋預期變化
5. 要怎樣：解釋言行規範

——釐清五個思想單位的拆解問題之後，則需要進一步完成情境融合的工作，統整性地探討思想單位五個問題的回答，如同一條能夠湊齊一串粽子的繩子一般，把各個問題的答案串起來。值得注意的是，用這五個問題拆解

〔註5〕 李賢中：〈先秦邏輯史研究方法探析〉，《哲學與文化》，第44卷，第六期（2017年6月），頁77。

〔註6〕 李賢中：〈先秦邏輯史研究方法探析〉，頁77。本文不納入該文中所列出的「如何如此？」，因為在以下篇幅分析中與「為什麼？」的問題容易重複，而且李賢中教授在後續的研究中也逐漸省略掉該問題，詳見李賢中：〈哲學與管理跨域研究的思維架構〉，「哲學跨領域：跨領域的對話與發展」國際學術研討會，輔仁大學（2019年10月26～27日）。

說明某一位哲學家的文本，並非「刻意套用」，而是同時有兩個功能：（1）釐清現有詮釋如何操作，並且（2）提供更完整詮釋的藍圖。

一方面，該方法論的操作只是更具體的刻畫各位詮釋者已經在做的事情。大多數的哲學文本詮釋者主要在釐清的問題可以歸類為以上其中的問題，而該架構的重要功能之一是整理出人類詮釋過程中所使用的策略。另一方面，該方法論也試圖透過更清楚的架構，提供一個擴充詮釋的藍圖。換言之，假如現代讀者認為某一個文本在某一個思想單位的問題上尚未釐清，該架構可以清楚診斷目前缺失，給予更明確的釐清路徑。〔註7〕一個方法論若能提供一個適用於不同文本的詮釋方法，並且能夠切換使用，那麼這就能夠成為一個重要的對話與比較的橋樑。

二、分析範圍

《孟子》文本中的哪一些段落最適合用來衡量「思想單位」方法論的貢獻呢？只要本文篩選幾個具有代表性的段落，皆可以達到本文目的。為了進一步給出較為完整的說明，以下簡單解釋本文所分析的段落之篩選標準。

本文總共分析五個段落。這些段落的篩選來自於首先考慮孟子人性論最重要的兩個概念為「性」與「心」。「性」總共在 16 個段落中出現了 37 次，但是孟子在〈告子上〉對於「性」之內涵提出較為完整、詳細的說明，因此特別挑選〈告子上〉三個比較具有代表性的人性論相關描述：

（1）公都子曰：「告子曰：『性無善無不善也。』……今曰『性善』，然則彼皆非與？」孟子曰：「乃若其情，則可以為善矣，乃所謂善也。……」

（2）孟子曰：「富歲，子弟多賴……如使口之於味也，其性與人殊……」

（3）孟子曰：「牛山之木嘗美矣……人見其濯濯也，以為未嘗有材

〔註7〕 這個功能十分重要，因為每一個時代都有社會與學界對合理性設置的標準。這種標準可以稱之為「合理性標準」，可見李賢中：〈論合理性標準在詮釋過程中的作用與限制〉，收入洪漢鼎、傅永軍編：《中國詮釋學第 13 輯》（濟南：山東人民出版社，2016 年），頁 2～6。合理性標準會隨著文化與歷史演變而變，因此每一個時代認為某一本經典的「不足」之處會不斷地改變，代表每一個時代仍然會有新的研究問題。

焉，此豈山之性也哉？……」〔註8〕

以上（1）可以視為孟子最直接摘要自己人性論之特色的說明，因此重要性算
是相當直覺。（2）與（3）則都是孟子主動提出的主張，不是針對理論對手的
糾正，而是自己積極提及個人思想的表現。

除了「性」之外，孟子對於「心」的說明也算做為孟子人性論的重要概
念。與「心」有關「心」的描述有兩個較完整的段落，值得特別注意的是，心
之四端的第一次描述與舍生取義的敘述：

（4）孟子曰：「人皆有不忍人之心。……」

（5）孟子曰：「魚，我所欲也；熊掌，亦我所欲也，二者不可得兼，
舍魚而取熊掌者也。……」〔註9〕

以上兩個段落也可說是公認為《孟子》文本中最重要的描述之二，也是說明
孟子人性論的兩個重要段落，適合納入本文分析。以下分析順序為了更清楚
呈現分析結果而把（4）放在其他段落先分析，而筆者相信結論會釐清這樣調
整的適當性。

由於本文並非試圖證明以上五個段落是《孟子》人性論最重要的五個段
落，而僅僅試圖採取五個具有代表性的重要段落，本文結論不會因為讀者傾
向使用不同的段落而受到影響。

三、研究脈絡

本文首先回顧以往對於孟子邏輯推論的研究，刻畫出過往對於孟子推論
的主要處理方式，作為與思想單位的對照。接著，本文藉由思想單位的五個
問題一一拆解式的分析五個人性之文本描述，試圖順著孟子脈絡重構他的思
想，突顯「思想單位」方法論如何把一個文本段落當作為一個完整的思想單
位分析。〔註10〕分析過程中便會間接地突顯每一個段落可能會出現的疑問，

〔註8〕《孟子》其他段落中雖然也有相當重要的描述，例如「孟子曰：『盡其心者，
　　　　知其性也。……』」（〈盡心上〉），但是本文不探討這個段落，主要原因是本段
　　　　落相對〈告子上〉的描述較為扼要。本文假如能夠證明比較完整的人性論之
　　　　描述仍然可以透過「思想單位」的方法加以釐清，那麼也就代表本文結論適
　　　　用於比較簡短的篇幅，以下詳細說明。
〔註9〕〈公孫丑上〉、〈告子上〉。「揠苗助長」（〈公孫丑〉）的描述可能也值得納入，
　　　　但是由於重點在以下篇幅中會處理，因此暫時不論。
〔註10〕有關順向重構的方法，請見李賢中：〈傳統思想的現代重構與轉化——以墨、
　　　　荀為例〉，頁 123～127。

並且試圖用思想單位的方式澄清這些問題在「思想單位」方法論上會怎麼回應，釐清哪裡「說不夠」或「說不通」。〔註11〕最後，結論便會退一步從更廣義的「孟子人性論」思想單位來看待該五段描述，並且釐清五個段落如何歸位為到廣義的思想單位中。

貳、文獻回顧

中國哲學研究者對於孟子曾被批評為「好辯」大多不陌生，因此有的邏輯研究者會從此處著手，從此處強調孟子重視論辯與邏輯的推演。〔註12〕孟子之所以如此地擅長辯論是因為他「知言」。孫中原先生也替孟子澄清「知言」的意義，指出知言的表象可以用「以意逆志」與「知人論世」作為判斷標準。〔註13〕孟子之「好辯」與「知言」經常以「類推」表達，而這也是孟子的思維特色之一。類推必須依循以下規則運行：「類比的性質應該是本質的，類比的過程應該取同一標準」，由於孟子的類推之本質性有時不見得明顯，因此必須緊扣於《孟子》文本脈絡才能清楚判斷該脈絡的類推操作適當性。〔註14〕本文目的之一為顯示孟子的推論雖然有時看似跳過了關鍵的論點，但是藉由思想單位便可以從《孟子》文本中得到補充論述以便於補上文本中所預設的各種前提。這種補充顯示依據孟子文本脈絡對於人性的「類推」，孟子不會因為形成異類相比的謬誤而產生不恰當的「充類」。〔註15〕

此外，該補充也有助於看見孟子「類推」結果的普遍性。孫中原先生認為孟子的「類推」並非具有普遍性：「任何兩個事物，在一些角度上，其屬性和類別可能是相似或相同的，在另一些角度上，其屬性和類別也許就不相似，不相同。所以一個類比推理也只能推論有關事物的部分屬性，而不能要求它從各個

〔註11〕這種精神也見於西方學者的邏輯重構，可參 Willard J. Peterson, "The Grounds of Mencius' Argument," *Philosophy East and West*, Vol. 29, No. 3 (Jul. 1979): 308。

〔註12〕周云之：《先秦名辨邏輯指要》（四川：四川教育出版社，1993 年），頁 51～52；溫公頤、崔清田（主編）：《中國邏輯史教程》（修訂本）（天津：南開大學出版社，2001 年），頁 37～38；孫中原（著）、王讚源（審定）：《中國邏輯學》（台北市：水牛出版社，1993 年），頁 61～62。

〔註13〕孫中原：《中國邏輯學》，頁 74～75。

〔註14〕孫中原：《中國邏輯學》，頁 69。

〔註15〕溫公頤、崔清田：《中國邏輯史教程》，頁 42。

角度完全地說明問題。」〔註16〕孟子大多數對於人性論的描述為類推式。因此，假如以上對於類推方法理解正確的話，那麼孟子的人性論證的普遍性似乎非常有限。這種評價有兩種回應。首先，人性並非人類感官能夠觀察到的現象，因此任何有關人性的論述必定歸類為「類推」。我們沒有任何可以「直接」論述人性的方式。其次，論述該追求的確據性不在於一種不可能的「直接性」而在於「根本性」，和以上設立的標準相符：「類比的性質應該是本質的」。孟子在人性論上的類推確實具有根本性，因此本文試圖透過思想單位的重構來擴充且補上孟子類推的思路。

叁、用思想單位五個問題分析一個段落

孟子最有名的描述之一就是以下對於人類普遍具有「四端」的論證：

> 孟子曰：「人皆有不忍人之心。……苟能充之，足以保四海；苟不充之，不足以事父母。」（〈公孫丑上〉）

一、有什麼？

以上篇幅有何公認現象呢？答案是「今人乍見孺子將入於井，皆有怵惕惻隱之心。非所以內交於孺子之父母也，非所以要譽於鄉黨朋友也，非惡其聲而然也。」換言之：現在若是有人忽然看到一位孩童將要掉到水井裡他必會表現出驚恐憐憫的心；不是想藉此和孩童的父母攀結交情，不是想藉此在鄉里朋友中博取名聲，也不是因為討厭聽到孩童的哭叫聲才有此反應。〔註17〕

〔註16〕孫中原：《中國邏輯學》，頁68。
〔註17〕本文白話文翻譯參照傅佩榮的《孟子解讀》，但是有時為了論文之通暢做微調。趙岐注：「孺子：『未有知之小子。』……非惡有不仁之聲名故為之。」參見〔東漢〕趙岐等注：《孟子》，北京：中華書局，1998，頁28。然而，《孟子》在其他出處對「聲」的描述，無例外只有音樂或聲音兩種意思，因此假如「聲」被理解為「不仁之聲」，這便會是獨特的用法。唯一接近「何其聲」的記載如下：「孟子自范之齊，望見齊王之子。喟然歎曰：『居移氣，養移體，大哉居乎！夫非盡人之子與？』孟子曰：『王子宮室、車馬、衣服多與人同，而王子若彼者，其居使之然也；況居天下之廣居者乎？魯君之宋，呼於垤澤之門。守者曰：「此非吾君也，何其聲之似我君也？」此無他，居相似也。』」（〈盡心上〉）本段落之「聲」大概最多只能解讀為「聲音」，不適合附上負面道德評價的形容詞，因此不如把「其」理解為掉入水井之後的孩童。

這裡的描述似乎是一種合理並且被公認的預設。〔註18〕如果切換到現代社會的話，相對應的情境可能是「如果有一位孩童往一部高速巴士走去，大家都會出現驚恐憐憫的心。」這不代表每一個人都一定會因此付出行動，但是根據預設情況，每一個正常人都會經歷類似的情感，而這便是合理的現象描述。〔註19〕

此外，本段另外一個重要預設為「一般人具有四體」或「四肢」。〔註20〕更重要的是孟子似乎已經預設了聽眾也同樣會認同仁、義、禮、智的四面組合是一種合理和常見的組合。這樣才能夠解釋為何孟子很自然地提及「人之有是四端也，猶其有四體也。」

二、是什麼？

對於以上的現象描述，孟子下一個判斷：「人皆有不忍人之心。」作為孟子本段的開頭，這個信念很明顯是整個段落的核心重點。而這句話很明顯是奠基於以上的現象描述：看到孩童即將掉入水井會喚起所有人的驚恐憐憫的心。〔註21〕由於孟子從不忍人之心切換到惻隱之心，不忍人之心應該與惻隱之心相通。但是人的心不只局限於這一個開端，而是另外具備三個開端：羞惡之心、辭讓之心與是非之心。這個更細緻的區分剛好對應到當時公認的儒家德行：仁、義、禮、智。在孟子看來，所有人不只具備不忍人之心／惻隱之心，也另外具備羞惡之心、辭讓之心與是非之心。

〔註18〕 Peterson 指出先秦中國哲學家經常使用反問句來引發對話者的共鳴。詳見 Willard J. Peterson, "The Grounds of Mencius' Argument," 307~308。大多數人大概不會承認自己在此狀況下不會感受不忍人之心。

〔註19〕 假如為孟子補充說明，只有兩種可能性：（1）一個人確實如同孟子所述，感受驚恐憐憫之情緒或（2）一個人沒有感受孟子所說的情緒。假如一個人沒有感受驚恐憐憫之情緒，一般人則會責罵他為殘忍。面臨這種斥責會有兩種可能反應：（a）為自己找藉口說明為何自己是特例或（b）毫不在乎他人批評。（a）的反應驗證孟子的結論為真，而（b）則會被排除在「正常人」的範圍之外，說明這個設想確實合理和普遍，可說是公認事實。

〔註20〕 有關先秦時代其他相關描述可見《論語・泰伯》：「曾子有疾，召門弟子曰：『啟予足！啟予手！』」也見《莊子・德充符》的多次殘缺者的描述背後所預設的四肢之完整性。

〔註21〕 有的學者認為孟子的例子並非「證明」，而僅僅是「例證」，但是即便這個段落只是「例證」，它仍然是一個有效的論述策略。詳見 R. A. H. King, "Universality and Argument in Mencius IIA6," *Proceedings of the Aristotelian Society*, New Series, Vol. 111 (Feb. 2011): 284。

三、為什麼？

然而，孟子的論述為何可以從一（惻隱之心）推出三（羞惡之心、辭讓之心與是非之心）呢？換言之，他透過孺子將入於井的例子似乎可以證明惻隱之心的普遍性，但是並未證明羞惡之心、辭讓之心與是非之心的普遍性。或許如以上所述孟子把四端視為一體，所以認為只需要證明一個開端，其他三者也就等於是自然的延伸。四者假如被公認為一體四面，那麼孟子的論述等於是預設讀者會「舉一反三」。

這個答案可能難以說服當代讀者，因此可能需要從孟子其他文獻做較明確的補充。首先，我們必須注意孟子在其他篇幅中分別論證了其他三端。探尋其他三端的普遍性則應該從他們所結出的果子反推。普遍人類具有某一種表現則代表他們具有同樣的根源。〔註22〕培養惻隱之心會得出「仁」、培養羞惡之心會得出「義」、培養辭讓之心會得出「禮」、培養是非之心會得出「智」。所以，假如我們可以找到《孟子》對於人類普遍展現「義」、「禮」與「智」之言行，則可以反推出他其他三端的存在。

（1）孟子在以下第五段論證了羞惡之心與「義行」表現之普遍性。孟子認為「所惡有甚於死者，非獨賢者有是心也，人皆有之，賢者能勿喪耳」，並且舉例說明一般人會為了避免受辱而拒絕吃下可以保存自己生命的食物。〔註23〕這代表得到別人的適宜（義）待遇則是一個根本需要與追求對象，因為人寧願失去生命也不要失去尊嚴。

（2）孟子對於「葬禮」來源的設想可以突顯辭讓之心存在於每一個人心中：「其親死，則舉而委之於壑。他日過之，狐狸食之，蠅蚋姑嘬之。其顙有泚，睨而不視。夫泚也，非為人泚，中心達於面目。蓋歸反虆梩而掩之。」〔註24〕就如孺子將入於井的設想應該產生惻隱之心的作用，看見未埋葬的父母屍體同樣會產生辭讓之心的作用，並且表現於「其顙有泚，睨而不視」。

（3）最後，是非之心的展現是「智」，而特別明智的人叫做賢者。〔註25〕

〔註22〕這就是耶穌所謂的「以果子觀根源」的原則，請見馬太福音7：16的記載：
「憑著他們的果子，就可以認出他們來。荊棘上豈能摘葡萄呢？蒺藜裡豈能摘無花果呢？」
〔註23〕〈告子上〉：「一簞食，一豆羹，得之則生，弗得則死。嘑爾而與之，行道之人弗受；蹴爾而與之，乞人不屑也。」
〔註24〕〈滕文公上〉。
〔註25〕〈盡心下〉：「智之於賢者也」。

但是孟子顯然認為一般人與賢者之別只在於一個人會否喪失原本已接受的判斷:「是故所欲有甚於生者,所惡有甚於死者,非獨賢者有是心也,人皆有之,賢者能勿喪耳」。〔註26〕因此「智」是每一個人都能表現的。賢者與一般人的差別只在於有否持之以恆。這也正好符合孟子對於「智之實」的描述,因為「從兄」並非高明的表現,而是每一個人都能做到的「智」之表現。〔註27〕換言之,心的其他開端可以從《孟子》其他篇幅中找到相關的論證。

最後,我們可以補上最後一種說明來擴充孟子本段推論的合理性。惻隱之心的基本表現為仁,而「仁之實」為「事親」。「事親」在孟子眼中是最根本的關係,因此孟子在此段的論述方式或許也可以被視為「確保根本,確保延伸」。〔註28〕換言之,孟子只要證明惻隱之心的開端,其他開端的證明反而相對容易。

四、會怎樣?

假若每個人心中都有自然具備的四個開端,那麼下一步便非常合理:「由是觀之,無惻隱之心,非人也;無羞惡之心,非人也;無辭讓之心,非人也;無是非之心,非人也。」「由是觀之」顯示孟子自己認為這是合理的推測。只要是人絕對不會缺乏任何一個開端。反之,只要是人就一定具備仁義禮智的開端或潛力。這也解釋為何孟子會推出另一個結論:「有是四端而自謂不能者,自賊者也;謂其君不能者,賊其君者也。凡有四端於我者,知皆擴而充之矣,若火之始然,泉之始達。苟能充之,足以保四海;苟不充之,不足以事父母。」假如每一個人都具備四個開端,那麼否認自己具備這些條件是傷害自己,而否認國君具備這些條件則是傷害國君。否認算為傷害因為發揮這些開端的潛力便能夠達到無窮、無邊界的效果(苟能充之,足以保四海)。相反的,不發揮這些開端的潛力則會成為滿足最基本、接近的道德要求之阻礙(苟不充之,不足以事父母)。否認根源存在則完全無力實踐最基本的善行,而肯定則有無限發展之可能。

〔註26〕〈告子上〉。

〔註27〕〈離婁上〉:「仁之實,事親是也;義之實,從兄是也。智之實,知斯二者弗去是也;禮之實,節文斯二者是也……」

〔註28〕有關父母在五倫中的根本地位,可以注意到,當各種人倫衝突時,父母之人倫關係一律勝過其他人倫考量。詳見本書 93~94 頁。

五、要怎樣？

　　從以上脈絡而言，聽眾該做的事便很簡單：（1）承認自己心裡具有四端、（2）「擴而充之」其效果。這一段也蘊含了擴充四端的順序：先用仁義禮智的表現來「事父母」，再逐漸把這種適當之言行推廣到「四海」。

肆、用情境構作、情境處理、情境融合分析四個段落

一、乃若其情，則可以為善矣，乃所謂善也

> 公都子曰：「告子曰：『性無善無不善也。』……孔子曰：『為此詩者，其知道乎！故有物必有則，民之秉夷也，故好是懿德。』」（〈告子上〉）

（一）情境構作

　　本段落先提出孟子同儕們的三種人性論之立場：（1）性無善無不善也、（2）性可以為善，可以為不善、（3）有性善，有性不善。孟子緊接著提出自己的觀點：「乃若其情，則可以為善矣，乃所謂善也。」根據焦循的釐清，「若，順也」。〔註29〕此外，孟子的「情」經常為「實情」。〔註30〕結合兩者，本段是孟子人性論的濃縮摘要，「順著人性的真實狀態，就可以做到善，這便是我所謂的性善」，強調人性的發展潛力。孟子也引述俗語（求則得之，舍則失之）、經典（天生蒸民，有物有則。民之秉夷，好是懿德）與哲人（為此詩者，其知道乎！故有物必有則，民之秉夷也，故好是懿德）作為論證支持。

（二）情境處理

　　前面三個立場的致命傷在於它們過度把「為善」的條件視為「由外鑠我」，而不是「由內而發」。孟子人性論的重要優勢在於人不會有任何怪罪自己稟賦的餘地，也較符合我們的直覺，並且是社會法律的大前提。孟子的觀點也可以解釋人與人之間品德的巨大差別取決於一個人有沒有充分實現天生資質：「或相倍蓰而無算者，不能盡其才者也。」充分實現天生資質則中同時具有消極的「秉夷」與積極的「盡其才者」和「擴而充之」心之四端的兩種建議。

〔註29〕〔清〕焦循：《孟子正義》（北京：中華書局，1957年），頁443。
〔註30〕傅佩榮：《予豈好辯哉》（臺北市：聯經，2013年），頁163～165。

（三）情境融合

本段中所提及的四種觀點都意識到人性與善惡有關，卻用不同方式解釋三者之間的關係。以上分析幫助我們更清楚看見前面三個觀點的缺陷。立場（1）忽略了人之「情」與「才」確實與善惡有關。告子會採取這個觀點大概是因為他認為「性，猶杞柳也」（〈告子上〉），沒有製作成善惡之「桮棬」之前則與善惡無關。孟子更充分的批評也可見於同樣的段落。立場（2）把「好善」與「好暴」的心態過度解釋為「文武興……〔與〕幽厲興」外在因素的影響，把人之具備「為不善」誤解為「才之罪」，而忽略了人的責任：「仁義禮智，非由外鑠我也，我固有之也，弗思耳矣。」最後，孟子雖然會接受立場（3）所描述的事實，亦即善人生育惡人，而惡人生育善人，卻會否認立場（3）的結論。這是因為孟子認為自己具有俗語、經典與哲人支持的觀點更完善地解釋該現象，延伸來說，也不會遇到宿命論相關的理論困難。

二、故理義之悅我心，猶芻豢之悅我口

本段落主要在思索，假如人被賦予的本性是一樣的，人類的表現為何相差何等大？反過來說，假如人類表現相差何等大，人被賦予的本性真的是一樣的嗎？

> 孟子曰：「富歲，子弟多賴；凶歲，子弟多暴，非天之降才爾殊也，其所以陷溺其心者然也。……故理義之悅我心，猶芻豢之悅我口。」
> （〈告子上〉）

（一）情境構作

本段落首先觀察，豐年時的年輕人大都懶惰，荒年時的年輕人大都凶暴，卻緊接著解釋該差異不是來自於本性之差別，而是環境之影響。外在環境也見於植物的培養，假如好好耕種，得出來的差異不是來自於植物本身的內涵，而是「雖有不同，則地有肥磽，雨露之養，人事之不齊也。」這種「同類之物的差異來自於外在環境」原則也同樣適用於人類，因為「故凡同類者，舉相似也，何獨至於人而疑之？」從這個反問句可以推演出本段落最想要表達的價值判斷：「聖人與我同類者。」本段落透過闡釋人類差異的公認事實，並且與植物對照則詮釋出「聖人與我同類者」的價值定位。

（二）情境處理

為了擴充剖釋「聖人與我」為什麼「同類者」的因果關係，本段落提及

「口之於味也，有同嗜焉；耳之於聲也，有同聽焉；目之於色也，有同美焉。」
口耳目的喜好分別呈現於三個好吃、好聽、好看的例子：「至於味，天下期於
易牙，是天下之口相似也惟耳亦然。至於聲，天下期於師曠，是天下之耳相
似也。惟目亦然。至於子都，天下莫不知其姣也。」這樣看來，「同類者」的
口欲「同嗜」、耳欲「同聽」、目欲「同美」，而心欲「同然」。假如有人真的順
著該理念去生活，自己成為聖人的話，他與聖人的差異只在於「聖人先得我
心之所同然」，自己卻仍後得我心之所同然，亦即理與義。「聖人與我同類者」，
所以我也就沒有藉口不效法聖人之榜樣，追求理與義。

（三）情境融合

本段落強調人與禽獸之間的差異，但是孟子豈不是也有強調「人之所以
異於禽於獸者幾希」和「人之有道也，飽食、煖衣、逸居而無教，則近於禽
獸」嗎？〔註31〕兩個段落卻不會自相矛盾。這是因為兩個段落都主要探究滿
足口、耳與目的欲望（例如「飽食、煖衣、逸居」），卻沒有顧到出自心之「同
然」、透過「教」而學習的「察於人倫，由仁義行」。換言之，以上引述的兩個
段落主要在表達「禽獸與我不同類」而本段落則主要在表達「聖人與我同類
者」。

三、牛山之木嘗美矣……

人類歷史中見過不少人言行比禽獸還要殘暴，難道這些人真的與我們說
認識的聖人是「同類」的嗎？換言之，若不是因為本性之緣故，一個人怎麼
樣才會成為如此殘暴的人呢？孟子的答案如下：

> 孟子曰：「牛山之木嘗美矣，以其郊於大國也，斧斤伐之，可以為美
> 乎？……孔子曰：『操則存，舍則亡；出入無時，莫知其鄉。』惟心
> 之謂與？」（〈告子上〉）

（一）情境構作

孟子以上段落中闡述兩種平行現象：牛山之木的生長消亡與人之心的生
長消亡。一方面有「嘗美」的牛山之木，卻被「斧斤伐之」，而就算「日夜之
所息，雨露之所潤」，這種滋潤所養育的「萌蘗」卻被「牛羊又從而牧之」，因
此呈現著「濯濯」的樣貌，最後導致「人見其濯濯也，以為未嘗有材焉」。但

〔註31〕〈離婁下〉與〈滕文公上〉。

這並非「山之性也」。另一方面每人原有「仁義之心」，但卻「放其良心」，而就算「日夜之所息，平旦之氣」使他「好惡與人相近也者幾希」，他「旦晝之所為，有梏亡之矣」，最後導致「人見其禽獸也，而以為未嘗有才焉者」。但是這並非「人之情也」。

（二）情境處理

「山之性」並非「濯濯也」，而「人之情」並非「禽獸也」是因為兩者都遵循同樣的原則：「苟得其養，無物不長；苟失其養，無物不消」。這個原則則可以預期兩種未來結果：（1）「得其養」的「仁義之心」便會再次「與人相近也」，（2）「失其養」的「仁義之心」則會讓人只見到如同「禽獸」的表現。這兩種結果則引發兩個建議：（1）消極而言，人要避免「放其良心者，亦猶斧斤之於木也，旦旦而伐之」，（2）積極而眼，人要培養夜晚中成長的「平旦之氣」與「夜氣」。

（三）情境融合

消極與積極的兩種基本策略也見於孟子的其他段落，特別明顯是孟子「揠苗助長」的敘述。〔註32〕就像耕耘田地不能過度怠惰也不能過度勤奮，在培養心中道德嫩芽也同樣需要避免過度積極的「揠苗」與過度消極的「不耕苗」。「不耕苗」的危險也見於孟子另一個勸誡：「山徑之蹊間，介然用之而成路。為間不用，則茅塞之矣。今茅塞子之心矣。」〔註33〕這些比喻都鼓勵避免兩個極端：「避免主動砍伐傷害道德嫩芽」和「避免放任雜草傷害道德嫩芽」。

四、二者不可得兼，舍生而取義者也

或許有人認為依循道德規範不容易，因為有很多更吸引我們的欲望，但就孟子而言，人最根本之欲望可見於危機中：

> 孟子曰：「魚，我所欲也；熊掌，亦我所欲也，二者不可得兼，舍魚而取熊掌者也。……此之謂失其本心。」（〈告子上〉）

（一）情境構作

本段先用一個對比說明一個重點，再用一個例子說明另一個重點。首先，孟子對比了兩個兩難的情況：（1）「魚，我所欲也；熊掌，亦我所欲也，二者

〔註32〕〈公孫丑上〉。
〔註33〕〈盡心下〉。

不可得兼，舍魚而取熊掌者也。」與（2）「生，亦我所欲
也，二者不可得兼，舍生而取義者也。」就像熊掌比魚更有價值，義同樣地比
生更有價值。孟子接著解釋他自己的行事為人的原則，從積極面而言：「生亦
我所欲，所欲有甚於生者，故不為苟得也；死亦我所惡，所惡有甚於死者，故
患有所不辟也。」從消極面而言：「如使人之所欲莫甚於生，則凡可以得生者，
何不用也？使人之所惡莫甚於死者，則凡可以辟患者，何不為也？」於是「由
是則生而有不用也，由是則可以辟患而有不為也」便再次說明第一個重點：
人「所欲有甚於生者，所惡有甚於死者」。

　　就算接受人「所欲有甚於生者，所惡有甚於死者」，不代表所有人都有這
個能力，因此第二個重點則是「是故所欲有甚於生者，所惡有甚於死者，非
獨賢者有是心也，人皆有之，賢者能勿喪耳。」這個原則便用一個例子說明：
「一簞食，一豆羹，得之則生，弗得則死。嘑爾而與之，行道之人弗受；蹴爾
而與之，乞人不屑也。」

（二）情境處理

　　「所欲有甚於生者，所惡有甚於死者」之心並非賢人獨有，而是「人皆
有之」，卻有很多人似乎樂意為了「得生」與「辟患」耗盡一切手段。根據這
一個段落，這種差異來自於人「失其本心」與賢人「勿喪耳」。依循這兩種原
則也會帶出截然不同的結果。「失其本心」會導致一個人「萬鍾則不辨禮義而
受之」，忽略了在面臨危機時「身死而不受」，別人供給「萬鍾」時卻被較不重
要的理由——「宮室之美、妻妾之奉、所識窮乏者得我」——吸引。這兩種結
局導出很明確的建議：不要「失其本【所欲有甚於生者，所惡有甚於死者】
心」。

（三）情境融合

　　以上描述其實符合《孟子》其他描述。舉例來說，「賢者能勿喪耳」也可
以用孟子對於人皆具備四端和「同類」的說明擴充：一般人與賢者並非「異
類」，乃是「同類」，都可以表現出「所欲有甚於生者，所惡有甚於死者」之心
態。《禮記・檀弓下》也用「不食嗟來之食」的故事記載著類似的事實：「齊大
饑，黔敖為食於路，以待餓者而食之。有餓者蒙袂輯屨，貿貿然來。黔敖左奉
食，右執飲，曰：『嗟！來食。』揚其目而視之，曰：『予唯不食嗟來之食，以
至於斯也。』從而謝焉；終不食而死。」有趣的是，在《禮記》的記載中，曾

子的結論與孟子的相反：「曾子聞之曰：『微與？其嗟也可去，其謝也可食。』」這似乎說明甚至在當時的氛圍中，孟子的觀點也是相當極端的。

伍、結論

假如以上的五個段落為孟子人性論的骨架，以下則可稍微擴充骨架上的血肉，也同時示範「情景融合」的工作。孟子的起點是人心有四端，就如有四肢，代表每一個人都具有基本行善之條件，差別只在於一個人願不願意順從他們內心自然具有的情感：惻隱之心、羞惡之心、辭讓之心、是非之心。雖然這四端所產生的效應引發了各種不同對於人性的說明，這些說明需要能夠解釋一個重要且公認的現象：人的感官與心思都有共同喜好。這些喜好如同牛山上的草可以被砍伐或滋養。一般人如果順著本性發展的話，並且搭配適當的環境則可以產生茂盛的結果，但是過度砍伐本性導致一般人所顯示的樣子如同禿禿的牛山一般，難以看清本性的道德潛能。但是若能持續得到適當滋養的喜好則可以使得一個人意識到人的終極目標並非局限於生理存在上，而是在於順從自己人性所給予自我的道德要求，甚至願意舍生取義。只有掌握人性所賦予人的尊嚴才能夠使人脫離「近於禽獸」的危險，展現出人應該具有的豐富道德生命。

針對以上所有分析，本文希望特別強調使用「思想單位」做文本分析的兩個優點。首先，思想單位可以很容易卻清晰地切換到不同的分析細膩度。以上分析以五個文本段落作為五個不同的思想單位。如果往後退一步，把思想單位設定為「孟子人性論」的話，每一個段落也可以在該大思想單位中扮演不同的角色，以下嘗試說明該功能。

第一段或許可以說主要針對「有什麼？」與「為什麼？」兩個關鍵問題做出回答。「人之有是四端也，猶其有四體也」主要闡釋人心「有什麼」，而緊接著的「孺子將入於井」之寓言則剖釋「為什麼」人皆有四端。第二段的重點則明顯是表達孟子詮釋人性「是什麼」，因為他在該段落中給出他的答案：「乃若其情，則可以為善矣，乃所謂善也」。第三段則主要在剖釋人心「為什麼」如同身體一樣有共同的喜好，扼要答案是「故理義之悅我心，猶芻豢之悅我口」。第四段則用生動的牛山之比喻評釋放縱的人生「會怎樣」變得「是以若彼濯濯也」，但是給予回復的機會則「其日夜之所息，平旦之氣，其好惡與人

相近也者幾希，則其旦晝之所為，有梏亡之矣」。第五段則主要在解釋「要怎樣」面臨失去尊嚴與生命的兩難，也就是「二者不可得兼，舍生而取義者也」。

以上所設定的思想單位是「孟子人性論」，如果從這五個段落來看，也似乎可以如下使用思想單位的五個問題粗略地刻畫出「孟子人性論」的大形狀：

（1）有什麼？猶有四肢——人有四肢（第一個段落）
（2）是什麼？乃若其情——可以為善（第二個段落）
（3）為什麼？芻豢悅口——理義悅心（第三個段落）
（4）會怎樣？得養則長——失養則消（第四個段落）
（5）要怎樣？魚掌不兼——舍生取義（第五個段落）

換言之，每一個段落所形成的小思想單位，也可以組合成一個更大的思想單位。當然，從這麼廣的角度看這個大思想單位，會有很多細部要追問的細節，而可以像望眼鏡放大「孟子人性論」其中某一個問題探討，並且用五個思想單位問題進一步考察。但是這也就是思想單位的優點之一，可以維持同一個基本架構，卻配合各個思想單位的大小，調整它的分析細膩度，以便於適用於不同鏡頭的大小。

使用思想單位的第二個優點則是提供一個歸類文本本身或學者研究中尚未周全解釋之處。孟子「人之有是四端也，猶其有四體也……」的敘述是整本《孟子》中最為核心的描述之一，而經常有學者質疑該段落的缺失，但是這種缺失可以藉由思想單位的五個問題做出更清楚的分類。舉例來說，針對這一段描述，經常有人提出以下兩個質疑：（1）孟子認為「皆有怵惕惻隱之心」，但是我們豈不是可以想像一個看見「孺子將入於井」卻尚未產生「惻隱之心」的人嗎？與（2）就算接受以上論點，孟子本段中豈不是只有為「不忍人之心」或「惻隱之心」做出論證嗎？

以上段落分析中已經提出一些為孟子補充說明的可能性，因此該處僅試圖呈現思想單位可以幫忙分類不同擴充說明的策略。舉例來說，針對質疑（1），有至少兩種回應的方式。首先，可以藉由「有什麼的擴充」闡釋孟子雖然在該段落中並沒有為後面三個開端提供清楚的論證，但是其他段落卻已經隱含著這方面的題材，以上篇幅中有嘗試這種方法。其次，可以藉由「為什麼的推廣」剖釋孟子在該段落中僅僅需要證明「惻隱之心」產生「仁」，而「仁之實」則是「事親」，「事親」便是其他人倫關係的典範，所以只要證明所有人都具備「惻隱之心」，就可以確認其他三端也確實存在。該論述在以上分析中也

有做嘗試。無論這個結論能否被接受，重點是這種策略可以藉由「思想單位」而清楚歸類於不同的類別。

針對質疑（2），也有至少兩種回應的方式。首先，可以藉由「是什麼的深化」把「惻隱之心」詮釋為心裡的感受，而不是行動。本文中也有做這方面的嘗試，可見以上敘述。其次，也可以藉由「會怎樣的轉變」，配合以上思路，評釋一見到「孺子將入於井」卻沒有「惻隱之心」的人為「非人也」，這是一種對於後續發生可能性的補充。

本文藉由分許五段有關孟子人性的段落突顯使用「思想單位」實際優勢包括（1）望遠鏡式的近看、遠看多重功能以及（2）提供清楚的詮釋分類標準。以上初步的探究看似證明「思想單位」至少適用於詮釋中國哲學文本，並且值得試用於分析其他先秦中國哲學文本，以便於進一步測驗「思想單位」方法論的有效性。

教學實踐篇：《孟子》文本引導式問答

〈梁惠王上〉

1.1

段落：孟子見梁惠王。……王亦曰仁義而已矣，何必曰利？

重點：該重視仁義還是利益？

問題：

壹、梁惠王為什麼會認為孟子會帶給他國家利益呢（將有以利吾國）？

甲、從時代背景推測：當時國家與國家之間的旅途並不容易，因此如果有人從遠方來到你的國家，那他們的目的若不是來傷害國家，那就是來幫助國家，帶給國家利益。

乙、從孟子工作推測：孟子當時是國家顧問，因此梁惠王從他的身份推測出孟子的目的也是一個可以接受的聯想。

貳、【互動題】孟子說「王何必曰利？」會不會太苛責梁惠王呢？

甲、會

    i. 這是合理的推測：請見以上理由。

    ii. 這是直率的表現：梁惠王一見到孟子，並沒有避開重點，而是直接提出他們遲早會探討的重點。

    iii. 這是國王的關注：國王本來就應該為自己國家的利益着想，因此他開口就問國家利益只是梁惠王盡責的表現。

乙、不會

i. 這樣的指點是孟子的盡責：孟子竟然是國家顧問，只要聽到對國君或國家有傷害的思維，就應該提出來警告國君，因此他一聽到梁惠王的問題背後所蘊含的問題，就提出來，反而是一個最盡責任的行為。

ii. 這樣的回應是孟子的直率：梁惠王如果想要用直率的方式與孟子互動，孟子也何必隱藏自己的直率呢？

iii. 孟子釐清關注利益會導致國君的殺害：如果國王主要關注的是利益，那會導致國君的下屬也同樣關注利益，並且造成國家裡所有人都陷於危險：「王曰『何以利吾國』？大夫曰『何以利吾家』？士庶人曰『何以利吾身』？上下交征利而國危矣。」這個危險不但是一種抽象的不安，而是國君會引來比自己低一層大夫的殺害：「萬乘之國弒其君者，必千乘之家；千乘之國弒其君者，必百乘之家。」

iv. 孟子解釋關注利益會引發必然的後果：以上殺害的動機不是因為大夫的資源不夠，「萬取千焉，千取百焉，不為不多矣」，而是把利益看得比仁義還要重要：「苟為後義而先利，不奪不饜。」孟子並不會反對國君關注或帶給自己國家利益，但是當梁惠王見到孟子之後第一句話是「叟不遠千里而來，亦將有以利吾國乎？」，他就看出梁惠王的優先次序已經是「苟為後義而先利」，而唯一能夠避免「不奪不饜」的方式就是。

v. 孟子提供關注仁義為取代利益的途徑：孟子並沒有像很多只會諷刺卻無法真正幫忙的人，純粹批評梁惠王的決定，而是很誠懇地提出仁義作為清楚的取代方案，並且初步說明仁義所帶來的後果正是梁惠王很可能要追求的最終目的：「未有仁而遺其親者也，未有義而後其君者也。王亦曰仁義而已矣，何必曰利？」

參、當老師有哪一些吸引人的利益？一個重視利益的老師會怎麼教書？當一個重視利益的老師無法享有這些利益時，他會有什麼樣的反應呢？

甲、當老師有哪一些吸引人的利益？

i. 穩定工作：每一個時代都必須要受教育，因此就算有嚴重少子化，這個職業仍然會持續存活下去，而就讀頂尖教育系所的畢業生基本上蠻容易找到教職的。穩定的另外一個面向是教室對每一個人來說都是一個熟悉的環境，因此相對於進入一個全新的行業，需要適應的程度相對小。

ii. 娛樂時間：雖然學期間也許真的很辛苦，但是至少有暑假可以好好休息和出去旅遊。一個剛剛進入職場的老師所擁有的假日經常比其他行業資深的工作人員還要多。

iii. 受人尊敬：就算老師薪水沒有特別高，跟別人介紹自己為老師，總會得到一些讚美和敬佩，因為我們社會仍然是看重教學的重要性。

乙、當無法享有利益，他會有什麼反應？

i. 如果老師所追求的是穩定工作的利益，當有一件事出乎老師意料之外，老師便很容易向學生發脾氣，因為學生打破了老師的期待。

ii. 如果老師所追求的是娛樂時間的利益，這樣的老師很容易不耐煩，會很簡單地打發學生的問題，更看重準時回家，而不見得那麼看重學生學習的效果。

iii. 如果老師所追求的是受人尊重的利益，卻發現自己自我介紹的機會並沒有那麼多，或是這樣的尊重所帶來的滿足比他想象中的還要少，就很容易開始埋怨和比較。

肆、一個重視仁義的老師會最看重什麼？一個重視仁義的老師會有哪一些獨特的言行舉止？

甲、一個重視仁義的老師會最看重什麼？

i. 自己盡責：最在乎的是把事情做完，因此就算時間稍微拖延了，仍然願意留下來好好完成任務。

ii. 學生學習：所要學習至少有兩個，知識與智慧。知識指老師負責傳授的基本資訊，這個是不可或缺的，相對於一個人的身體是必要的。然而，智慧指做人處事的態度，相對於一個人的心靈是重要的。

乙、一個重視仁義的老師有何獨特的言行舉止？

i. 回覆通知：當上司通知有事要做時，就立即處理，儘量不要拖延時間，因為也知道老師的職責包括與上司保持良好關係和合作。

ii. 耐心教學：因為學生學習是重點，因此老師願意花更多時間幫助學生解惑，不會因為第一、第二次沒有成功，就放棄。

伍、「王亦曰仁義而已矣」（大王只要談論仁德與義行）真的就夠了嗎？

甲、不夠

i. 完全不追求利益，利益就不會上門：利益是需要爭取的，並不是一個會自動送上門的事情，因為沒有人會免費送你任何東西。如果梁惠王要幫助自己的國家，他不可能預設其他國君會很樂意幫助他，而他必須要用敏銳靈巧的方式與其他國君互動才能確保自己國民享有豐富的利益。

ii. 人也必須要談論利益，否則會被別人利用：梁惠王如果完全不為自己國家爭取利益，那很快地就會被鄰國剝削利用，導致自己國民陷於困境。孟子勸諫梁惠王「曰仁義」很好，但是說「而已矣」就過頭了，反而會導致國民受損。

乙、夠

i. 專心重視仁義，利益自然上門：仁義與利益並沒有完全地分開，因為當一個人在追求仁義的過程中，他至少可以幫助自己國家消極地避開利益爭奪的災害，也就是孟子本篇所強調的重點。雖然本段沒有特別強調追求仁義間接會帶來的積極利益，我們可以想像一個追求仁義的人，因為守信用，因此是一個適合的長期合作對象，如果是做生意，那是一個很可靠的交易對象，如果把時間軸拉得夠長，一定會得到相對應的回報。一個相似的原則可見於耶穌曾對門徒所說的話：「你們要先求他的國和他的義，這些東西都要加給你們了」（馬太福音六 33），意指如果先追求神所在乎的事情，就不必憂慮吃什麼、喝什麼、穿什麼，因為着

一些都會被神所提供。

ii. 仁義並非天真盲目：雖然本段落沒有強調這個重點，如果
參考孟子在其他段落中對於仁義的說明，便可以知道他的
仁義並非天真盲目的。舉例來說，《孟子‧離婁上》記載孟
子的話：「大人者，言不必信，行不必果，惟義所在。」意
指德行完備的人的言語不是非守信用不可，行為不是非有
結果不可，唯獨以道義為依據。這代表「義」是判斷言語
何時要守信，行為何時要成果，並不是一個天真的理想，
而是一個需要靈巧應變的智慧。

1.2

段落：孟子見梁惠王，王立於沼上，顧鴻鴈麋鹿，……民欲與之偕亡，雖有臺
池鳥獸，豈能獨樂哉？」

重點：誰才能快樂？（**有此** vs **樂此**，**偕樂** vs **獨樂**）

問題：

壹、【互動題】快樂一定需要與別人分享才能享受嗎？

甲、不需要

i. 單身也可以快樂：單身的人仍然可以享受工作做得好的好
處，不一定需要與別人享受才能真正的快樂。

ii. 一定不快樂 vs 可以更快樂：快樂不一定需要跟別人分享才
能享受，但是如果跟別人分享，當然也可以讓你更快樂，
兩者不衝突。

乙、需要

i. 分享更快樂：如果你所享受的快樂可以很容易與別人分享，
為何不跟別人分享呢？

ii. 不分享不快樂：如果目前只有你能夠享受某一種快樂，但
是別人開始嫉妒，那麼你到底可以享受它多久呢？

iii. 所有人 vs 別人：雖然快樂不一定需要與所有人分享才能享
受，但是快樂一定需要與某一個別人分享才能享受，不然
你的快樂。

貳、故事中,為什麼「與民偕樂,故能樂也」?為何「雖有臺池鳥獸,豈能獨樂哉」?

甲、孟子強調「與民偕樂,故能樂也」,因為「以民力為臺為沼」。換言之,梁惠王能夠「立於沼上,顧鴻鴈麋鹿」,是奠基於百姓的辛勞製作,目前卻只有梁惠王一個人在享用靈臺、池沼與各個動物。從此可見,孟子認為有勞力就必須要有享受。

乙、若不儘快「與民偕樂」,孟子知道下場一定是「雖有臺池鳥獸,豈能獨樂哉」的悲劇,因為百姓能夠容忍濫用他們勞力的國君多久呢?換言之,如果梁惠王不儘快允許百姓使用他們勞力所製造出的靈臺池沼,梁惠王很快的會發現他不能繼續獨自以池沼為樂,而梁惠王開頭得意的宣告,「賢者亦樂此乎?」,便很快地成為諷刺他的言語。

參、「與民偕樂」為何是「賢者」的行為呢?

甲、「與民偕樂」有助於加快製造:當百姓知道自己做製造的靈台與池沼會是自己能夠享用的,那麼就算國君不特別催促,百姓仍然如同為父母賣力的工作:「經始勿亟,庶民子來」。

乙、「與民偕樂」有助於長遠安穩:賢者知道如果要託付百姓幫忙製造靈台、池沼,必須要「與民偕樂」作為獎賞之一。若講得更明確,可以說除了透過「與民偕樂」獎賞人民的勞力之外,沒有第二條路,因為長期而言,「獨樂」只會帶來禍患,顯示「偕樂」是賢者的唯一一條路。

1.3

段落: 梁惠王曰:「寡人之於國也,盡心焉耳矣。……王無罪歲,斯天下之民至焉。」

重點: 幫到底才有結果子的機會。

問題:

壹、梁惠王在治理時,認為自己做了什麼?孟子認為梁惠王做了什麼?

甲、梁惠王認為自己做的事是「河內凶,則移其民於河東,移其粟於河內。河東凶亦然。」

乙、孟子認為梁惠王做的事是「狗彘食人食而不知檢，塗有餓莩而不知發；人死，則曰：『非我也，歲也。』」

貳、孟子為什麼會把梁惠王的表現描述為「以五十步笑百步」？你覺得這樣的評價準確嗎？

甲、孟子把梁惠王的表現描述為「以五十步笑百步」，因為「河內凶，則移其民於河東，移其粟於河內。河東凶亦然。」等於是「五十步」的行為，因為「狗彘食人食而不知檢，塗有餓莩而不知發；人死，則曰：『非我也，歲也。』」仍然是梁惠王在逃避國君照顧百姓該有的責任，如同逃跑的士兵一般。換言之，只要梁惠王繼續逃避責任，就已經如同比喻中的逃跑士兵一樣任務失敗了。

乙、這樣的評價

i.　不準確，因為每一年的農業收成確實不穩定，因此當梁惠王說「非我也，歲也」，他說得並沒有錯。孟子沒有顧到農業收成的考量或許是過於苛責梁惠王。

ii.　準確，因為雖然「狗彘食人食」，梁惠王卻「不知檢」，代表國家有足夠的「人食」，但是卻被梁惠王分配給豬狗吃，導致百姓餓肚子。此外，雖然「塗有餓莩」，梁惠王卻「不知發」，代表國家有足夠糧食的庫存，但是連看到倒在路邊的屍體都不足以促進梁惠王的賑濟。換言之，梁惠王有資源照顧百姓，但是不明智的資源分配導致百姓不必要、可避免的危機。

參、孟子認為梁惠王該怎麼辦才有資格「望民之多於鄰國」呢？

甲、孟子這裡所提倡的基本策略是適當地順從各種「時」：「不違農時」、「斧斤以時入山林」、「無失其時」、「勿奪其時」。除此之外，「王道之始」也必須消極地避免因為過於急躁，而使用細密的漁網捕捉魚鱉：「數罟不入洿池」。如果進一步積極地做到「謹庠序之教，申之以孝悌之義」，會使這樣做的人不得不稱王：「然而不王者，未之有也」。

<u>1.4</u>

段落：梁惠王曰：「寡人願安承教。」……如之何其使斯民飢而死也？」

重點：「為民父母」，卻「使斯民飢而死」，是「率獸而食人」。

問題：

壹、【互動題】用木棍打死人與用刀殺死人，有什麼不同嗎？

甲、有

    i.   受苦程度不同：用木棍打死人可能會需要比較久的時間，因此會使受害者受苦的時間更長、程度更大，因此兩者還是有所差別。

    ii.   殺人目的不同：選擇用木棍或刀子殺人，可能反應了殺害人的動機或目的不同，而這個差異的重要性反應在法庭判決會考慮動機。

乙、沒有

    i.   結果都是死亡：從結果來看，兩個結局都是受害者死亡，因此從最終結局而言，兩者沒有差別。

    ii.   對受害者沒差：無論殺害者是採取什麼動機，受害者已經沒有未來可言了，因此這一切都是避開重點的討論。

貳、用刀殺人與用苛政害死人，有什麼不同？相同？

甲、不同

    i.   直接間接有別：用刀殺人是直接殺害別人，而苛政有可能是間接才殺害別人，因此在兩種情境中，殺害人與受害人之間的距離有所不同。

    ii.   是否故意不明：用刀殺人比較可能是刻意的攻擊，而苛政卻不一定是為了陷害某一個人而設計的。換言之，苛政就算是為了陷害別人，也有可能不小心陷害到其他人。

乙、相同

    i.   陷害源頭一致：無論是用刀殺人還是用苛政害死人，兩個源頭都是同一個人，因此兩個情況的發起人都一樣至少需要負起部分的責任。

    ii.   兩者導致死亡：也許用刀殺人也可以是不小心的，但是無

論如何，在以上情境中，用刀殺人與用苛政害死人兩者所
導出的結果一樣是死亡。

參、有食物卻讓百姓餓死和率領野獸來吃人有何不同？相同？

甲、不同

    i. 消極不是積極：有食物卻讓百姓餓死可能是消極忽略的結果，但是率領野獸來吃人則一定是一個積極的行為。

    ii. 吃飽對象不同：雖然國君有食物卻讓百姓餓死，但是至少國君自己有吃飽。相對而言，如果國君率領野獸來吃人，只有野獸有機會吃飽，而在這樣的虛擬情境中，連國君自己都不見得有吃飽。

乙、相同

    i. 國君一樣負責：國君的核心職責就是照顧百姓，而無論百姓是怎麼死去的，國君都必須檢驗這些死亡是否因為自己的錯誤。

    ii. 百姓一樣沒命：兩種情境之下，百姓仍然都是受害者，沒有得到應該得到的保護和養育。

肆、一個「為民父母」的國君會為百姓做什麼？在這樣的認知中，你認為孟子對梁惠王的批評會太過分嗎？

甲、承接 1.3，一個「為民父母」的國君至少懂得時機，「不違農時」、「斧斤以時入山林」、「無失其時」與「勿奪其時」，並且避免長期有害的習慣（「數罟不入洿池」）以及提供豐富的人倫教育（「謹庠序之教，申之以孝悌之義」），藉此確保百姓都吃飽、喝足、穿暖且受教。

乙、會，因為就算梁惠王有「為民父母」的責任，他也不能夠確保自己國家一定可以避免「民有飢色，野有餓莩」。

丙、不會，因為梁惠王不是沒有資源照顧百姓，因為他其實擁有相當豐富的資源，「庖有肥肉，廐有肥馬」，卻把擁有的食物拿來餵飽自己和馬廄裡的肥馬。

1.5

段落：梁惠王曰：「晉國，天下莫強焉，叟之所知也。……故曰：『仁者無敵。』王請勿疑！」

重點：怎樣才能真正的報仇？

問題：

壹、孟子所建議的「仁政」包括什麼實踐方法？

甲、省刑罰，薄稅斂，深耕易耨。

乙、壯者以暇日修其孝悌忠信，入以事其父兄，出以事其長上。

貳、秦國與楚國怎麼對待他們的百姓？

甲、彼奪其民時，使不得耕耨以養其父母，父母凍餓，兄弟妻子離散。

參、如果活在「仁政」之下的百姓與活在秦國、楚國的統治之下的百姓打仗 100 次，你覺得各方會獲勝幾次？為什麼？

甲、仁政國家大獲全勝。

乙、仁政國家戰勝居多。

丙、戰勝次數各占一半。

丁、秦、楚國戰勝居多。

戊、秦、楚國大獲全勝。

肆、【互動題】請問「仁者」真的「無敵」嗎？

甲、仁者不無敵

　　i. 仁政國家容易天真，因此會很容易被比較血腥的秦、楚兩國戰勝。

　　ii. 雖然仁政國家會因為士兵氣勢高尚，擁有更高的戰勝機率，但是並不代表沒有人能夠抵抗仁政國家，而近期的納粹統治的德國就是清楚的例子。

乙、仁者無敵

　　i. 假如其他國君的統治方式是「彼奪其民時，使不得耕耨以養其父母，父母凍餓，兄弟妻子離散」，而仁者則以「省刑罰，薄稅斂，深耕易耨」與「壯者以暇日修其孝悌忠信，入以事其父兄，出以事其長上」作為統治方式，那麼百姓

為何不支持呢？

ii. 以上的情境也並不誇張，近代歷史就有清楚的例子：美國在大約 1950～2000 年之間，藉由相對穩定的社會與發達的經濟吸引各國國民移民至美國，因此變得非常強盛。

1.6

段落：孟子見梁襄王。……誠如是也，民歸之，由水之就下，沛然誰能禦之？』」

重點：「不嗜殺人者」能使「天下定」。

問題：

壹、一個愛殺人的國君會有什麼樣的行動？一個不愛殺人的國君呢？

　甲、愛殺人：為己着想、容易砍頭、不分資源、好勝好貨、好地好色、不記名字、不好對話。

　乙、不愛殺人：謙卑低調、小心謹慎、諮詢下屬、深思政策、懂得分工、不恥下問、目標清楚。

貳、你目前的老師需要多壞，你才會想要換老師？其他老師需要多好，你才會想要換老師？

　甲、多壞：感到生命危險、受到人生攻擊、同學沒有好評。

　乙、多好：學生表現良好、同學大力推薦、得到學校肯定。

參、梁襄王需要多好，天下人才會跟隨他？其他國君需要多壞，天下人才會跟隨梁襄王？

　甲、多好：家庭關係美滿、能夠好好賺錢、工作相當穩定、污染不太嚴重、官員德行卓越。

　乙、多壞：家庭關係破壞、不能好好賺錢、工作相當不穩、污染非常嚴重、官員德行簡陋。

肆、【互動題】如果天下國君都愛殺人，而有一位不愛殺人的國君出現，天下人都會跟隨他嗎？

　甲、不會

　　i. 不可能有這種情況：歷史上不曾有這種情況，未來也不太可能有這種情況。

　　　ii. 還有其他重要考量：不愛殺人不是民眾唯一的考量，因此光是不愛殺人是不夠讓天下人都跟隨一個統治者。

　　乙、會

　　　i. 記得孟子敘述脈絡：孟子敘述當時的世界中，沒有任何一位國君「不嗜殺人」，而如果承接 1.5 的敘述，可見孟子用「彼奪其民時，使不得耕耨以養其父母，父母凍餓，兄弟妻子離散」描述秦、楚兩國當時的狀況，民眾的生活顯然很苦。

　　　ii. 歷史已有相關例子：歷史上就曾幾有這種情況，可見於美國約 1950～2000 年之間與共產國家之間的明顯對照和對抗。

伍、其他題目

　　甲、天下一定要「一」才能「定」嗎？

　　乙、歷史上真的有這種「所有國君都愛殺人」的時期嗎？

1.7

【第一段】

段落：齊宣王問曰：「齊桓、晉文之事可得聞乎？」……是以君子遠庖廚也。」

重點：齊宣王可以「保民而王」，因為他見牛「不忍其觳觫」。

問題：

壹、你認為孟子說齊宣王可以「王」的時候，有在拍馬屁嗎？為什麼？

　　甲、有，因為當齊宣王詢問孟子「齊桓、晉文之事可得聞乎？」時，孟子卻沒有不知道該怎麼回答（「仲尼之徒無道桓、文之事者，是以後世無傳焉。臣未之聞也。……」）改變話題至「王」之後，自然會試着拍馬屁，讓齊宣王忘記孟子其實無法給出答案。

　　乙、沒有，因為當齊宣王追問孟子「何由知吾可也？」，想知道孟子憑什麼知道齊宣王可以「保民而王」，孟子有辦法馬上給出一個具體例子。

貳、你認為孟子說「百姓不懂齊宣王」（「彼惡知之」）的時候，有在拍馬屁嗎？

甲、有，因為孟子雖然在各個國家都被招待，但他仍然希望別人實踐他的理念，而講話好聽一點正能夠引起齊宣王的讚嘆，可見於齊宣王激動的宣告「於我心有戚戚焉」。

乙、沒有，因為孟子的目的顯然不是透過貶低百姓，以便於提升自己在齊宣王眼中的評價，不然他不會也為百姓辯護，說明百姓無法從齊宣王的行為中看出齊宣王的心意是正常的：「王無異於百姓之以王為愛也」。

參、「不忍其觳觫」為什麼就「可以保民」與「王」呢？相反的，若沒有它，會怎樣嗎？

甲、孟子認為「不忍其觳觫」就「可以保民」與「王」，因為放過看見的牛「是乃仁術也」。如果接着問為什麼放過看見的牛，重點在於齊宣王所看見的與所聽見的引發他的「不忍」：「君子之於禽獸也，見其生，不忍見其死；聞其聲，不忍食其肉。」

乙、若齊宣王看見了眼前的牛發抖的樣子、聽見了牠哀求的聲音，沒有命令放過牠，就代表齊宣王連眼前的所見所聞都不會引起他的「不忍」。如果齊宣王是用這樣的態度面對動物，那麼他也遲早會用同樣的態度面對國家裡的百姓。

肆、近庖廚會怎麼影響一個人呢？遠庖廚會避免發生什麼嗎？

甲、近庖廚可能會使得君子有兩種不同的反應。第一個可能性是「見其生，不忍見其死；聞其聲，不忍食其肉」，因為一直看見即將被宰殺的牛羊，而不願意任何一頭牛、一隻羊被宰殺，導致國君因為不忍而「廢釁鐘」，使得國家陷入混亂。第二個可能性是國君因為太多接觸血腥死亡，因此開始失去原本不忍的敏感性，因此走上殘暴的途徑。

乙、遠庖廚可以使得百姓保留重要的養分和儀式，也同時讓國君可以把精神放在更重要的統治政策上面，不被宰殺牛羊相關的決定困擾。

【第二段】

段落：王說曰：「《詩》云：『他人有心，予忖度之。』……抑王興甲兵，危士臣，構怨於諸侯，然後快於心與？」

重點：「不能」、「不為」與「推恩」。

問題：

壹、你與朋友相處時，有見過他們真正「不能」的情況嗎？有沒有見過他們「能」卻「不為」的情況呢？

甲、不能

  i.　有的人在健身房，就是無法今天舉起某一個重量，不是因為他們不願意，而是真的太重了。

  ii.　有的人對於某一些食物過敏，因此不能把餐盒的某一個食物吃下肚。

乙、不為

  i.　有的人是夠聰明能幹，但是卻太懶惰，不想要好好花時間讀書，因此考試考得不好。

  ii.　有的人只是挑食，不是不能吃某一個食物，而只是不願意吃下肚。

貳、孟子認為齊宣王不稱王是「不為也，非不能也」。請問孟子用什麼例子解釋「不為」與「不能」的差異？

甲、『吾力足以舉百鈞』，而不足以舉一羽；『明足以察秋毫之末』，而不見輿薪。

乙、挾太山以超北海，語人曰『我不能』，是誠不能也。為長者折枝，語人曰『我不能』，是不為也，非不能也。

參、孟子認為「古之人所以大過人者」的原因是什麼？這樣的統治是如何操作的呢？

甲、孟子認為「古之人所以大過人者無他焉，善推其所為而已矣」，而所要「推」的就是「恩」。

乙、操作

  i.　從照顧自己周遭的老年人與年輕人開始，逐漸推廣到其他老年人與年輕人：「老吾老，以及人之老；幼吾幼，以及人之幼。」

  ii.　從最親密的妻子開始，推廣到兄弟，再度推廣到家邦：「刑于寡妻，至于兄弟，以御于家邦。」

肆、除了先從「保」那些接近自己的人再往外「推恩」之外，還有可能有其他「保」人的順序嗎？

　　甲、從遠到近：「老人老，以及吾之老；幼人幼，以及吾之幼。」

　　乙、同時照顧：「老吾老與人之老；幼吾幼與人之幼。」

伍、【互動題】請問孟子說「老吾老，以及人之老；幼吾幼，以及人之幼；天下可運於掌」誇張嗎？

　　甲、誇張

　　　　i. 這是必要但不是充分條件：雖然這是一個好的理想，但是孟子無法保證一個人如果真的「老吾老……幼吾幼」就必定可以經歷「天下可運於掌」。

　　　　ii. 這太小看古人真正的成就：問題不在於孟子所提及的推恩，而在於他對古人的評價，認為古人的成就只有停留在「善推其所為而已矣」，因為這太小看古人的成就了，因為其實他們的成就更偉大。

　　乙、不誇張

　　　　i. 這個途徑不會引發出仇恨：齊宣王現在所使用的方式是「抑王興甲兵，危士臣，構怨於諸侯」，而這種方式一定會使得天下某一些人對你產生仇恨，因此難以使得「天下可運於掌」。然而，孟子所提倡的方式是從照顧自己的親屬開始，而能夠照顧好自己的親屬之後，才考慮照顧別人的親屬。這樣的順序會使得你避免過度驕傲地自以為自己有能力和智慧照顧別人的親屬，因此避免這方面的失敗。

　　　　ii. 這個途徑會引發別人感恩：從學習照顧好自己的親屬開始的一個好處是可以從你親屬所給你的回應，推測出你到底能不能夠照顧好自己的家庭。確保自己先能夠照顧好親屬提供一個門檻，讓一個人先需要通過自己家屬的檢驗門檻，才有資格照顧別人的家屬。如果一個人已經通過了自己家庭的門檻，那麼很有可能會帶給別人家庭很大的福氣，而如果真的能夠幫助其他家庭的老少，那其他人何必反對你呢？

【第三段】

段落：王曰：「否。吾何快於是？將以求吾所大欲也。」……願夫子輔吾志，明以教我。我雖不敏，請嘗試之。」

重點：「將以求吾所大欲」，卻「緣木求魚」，因唯獨「發政施仁」才能使人「欲」前往國家（能否滿足「王之大欲」取決於王能否滿足「民之所欲」）。

問題：

壹、孟子前一段中認為齊宣王在「興甲兵，危士臣，構怨於諸侯」，在本段中被齊宣王描述為他「求吾所大欲」的手段。請問齊宣王的「大欲」不是什麼？是什麼？

　　甲、不是什麼：「為肥甘不足於口」、「輕煖不足於體」、「抑為采色不足視於目」、「聲音不足聽於耳」、「便嬖不足使令於前」

　　乙、是什麼：「欲辟土地，朝秦楚，莅中國而撫四夷也」

貳、你認為齊宣王的方法為何有可能失敗？成功？

　　甲、為何可能失敗：「然則小固不可以敵大，寡固不可以敵眾，弱固不可以敵彊。海內之地方千里者九，齊集有其一。以一服八，何以異於鄒敵楚哉？」

　　乙、為何可能成功：猛烈地對付其他國君才是唯一成功之道，因為其他國家一定也會有兵隊，因此齊宣王如果能夠加強自己的勢力，才有機會造福全天下。

參、你認為孟子的方法為何有可能失敗？成功？

　　甲、為何可能失敗：就算「今王發政施仁」，不代表其他國君會允許他們的百姓離開自己的國家，也不代表其他百姓的人民就一定會來投靠齊宣王。

　　乙、為何可能成功：如果其他國君的政策真的對於做官的人、農夫、商人、旅客和有怨恨的人都不友善，而齊宣王可以更改自己的政策，使得以上五種人士都投靠齊宣王，那麼就等於是把所有人才都吸引到自己的國家中了，至少可以說是一個風險較低的策略。

肆、【互動題】你認為誰的方法更能達到預期的效果？

　　甲、齊宣王：沒有任何強大的國家有一個不強盛的軍隊，而如果有

強盛的軍隊，那麼其他國家就不敢對你做什麼事。

乙、孟子：孟子的方式不會得罪那麼多人，也會施恩於更多人，一方面不一定要先有慘烈的戰爭，另一方面可以現在就開始享有活在仁政之下的好處。

【第四段】

段落：曰：「無恆產而有恆心者，惟士為能。……老者衣帛食肉，黎民不飢不寒，然而不王者，未之有也。」

重點：「反其本」，使人有「恆產」和「恆心」，使王稱王。

問題：

壹、【互動題】忙碌與空閒，哪一個比較危險？為什麼？

甲、忙碌，因為忙碌容易使人榨乾、喘不過氣來。

乙、空閒，因為空閒容易使人胡思亂想、胡作非為。

貳、孟子提倡「反其本」時，建議幫助哪一些對象？怎麼幫助他們？

甲、幫助對象

i.　「五十者」

ii.　「七十者」

iii.　「八口之家」

iv.　「頒白者」

v.　「老者」

vi.　「黎民」

乙、怎麼幫助

i.　「五十者可以衣帛矣」

ii.　「雞豚狗彘之畜，無失其時，七十者可以食肉矣」

iii.　「百畝之田，勿奪其時，八口之家可以無飢矣」

iv.　「謹庠序之教，申之以孝悌之義，頒白者不負戴於道路矣。」

v.　「老者衣帛食肉」

vi.　「黎民不飢不寒」

參、孟子認為成功的「反其本」者，「然而不王者，未之有也」。請問你可以想到任何反例嗎？你會因此反對孟子的觀點還是仍然同意呢？為什麼？

甲、反例就看台灣，我們已經好幾年都試圖增進自己的軟實力，卻沒有因此在世界裡稱王。

乙、不同意，因為還是需要軍隊才能夠保護國家居民。

丙、同意，因為如果把重點放在這一塊，就能夠提升整個文化水平，同時可以兼具硬實力和軟實力。

〈告子上〉

段落：告子曰：「性，猶杞柳也；義，猶桮棬也。……率天下之人而禍仁義者，必子之言夫！」

重點：仁義來自「順」人性還是「桮棬」人性？

問題：

壹、【互動題】如果有人跟說「性，猶杞柳也；義，猶桮棬也」（人性就像杞柳，義行就像杯盤），你會同意嗎？為什麼？

　　甲、同意，因為要做出義行是需要用人性本來就有的能力當作材料，這樣可以解釋我們的義行確實來自於我們的人性。如果杞柳（人性）本身不健康，那麼我們也無法做出好的義行；相反的，如果杞柳（人性）本身很健康，那麼我們也可以做出好的義行。

　　乙、不同意，因為杞柳一旦製作出杯盤之後，它就不再是杞柳了，因此如果這樣比喻人性和義行，就代表人性編織成義行之後，我們就少了一些人性，而這好像讓義行變成一個需要用人性去換取的東西，似乎是傷害自己，而不是醫治自己或別人。

貳、你覺得告子提出這個比喻想要強調什麼呢？

　　甲、告子想要強調義行是對大家都有幫助的東西。杞柳本身沒有什麼用途，但是變成杯盤之後，就很有用。同樣的，本性如果沒

有什麼作用，對大家沒有太大的用處，但是一旦轉化為義行，就對於大家有用了。

乙、告子想要強調人性與義行的關係很密切，所有的義行來自於人性，而因為義行沒有別的來源，代表義行不是別人能夠幫你做的，因為你自己的義行必須要來自於你自己的人性，而不是別人的人性。

參、孟子為什麼反對這樣對於人性的描述？

甲、孟子認為告子的比喻蘊含了一個危險的後果：這個比喻把人性描述為杞柳、義行為杯盤，但是杞柳顯然需要被傷害才能夠製作成杯盤，因此這會導致人也認為他需要傷害自己的本性，才能夠做出義行。這會讓人誤以為義行跟自己毫無關係，甚至認為自己沒有做出義行的義務，因此孟子才會以「率天下之人而禍仁義者，必子之言夫！」嚴厲批評告子。

肆、你覺得他的反對是合理的嗎？

甲、不合理，因為孟子雖然說把杞柳做成杯盤是「戕賊」（傷害），但是其實這個描述不完全準確，因為杞柳做成杯盤並不是「傷害」，而是「改造」。如果說本性需要被「改造」才能做出義行，那是相當合理的，無論你認為人的本性是「向惡」（那改造便很合理），還是「向善」（那麼改造指本性不等於義行，因此需要在適當的時候去實踐）都適用。

乙、合理，因為本性如果沒有做出義行的可能性，那就代表義行與本性完全無關，即便把「戕賊」理解為「改造」，還是會使人誤以為義行不是一個自己隨時對於自己擁有的要求。此外，這個問題並不難解決，因為可以直接藉由替換比喻來解決這個問題：人性是樹根，義行是果子，你的根像什麼，你的行為也像什麼。這樣的比喻似乎能夠表達告子想要表達的重點，亦即義行來自於人性，也可以避免孟子的批評。

伍、告子的比喻會讓你很想要做出義行嗎？

甲、會，因為這樣的比喻讓我知道本性需要經過細緻的編織才能夠做出漂亮的義行，因此會喚起我的美感，讓我很想要細心地確

認我所做出的義行如同一個漂亮的杯盤一樣，又好看又有用。

乙、不會，因為這樣的比喻讓我知道本性需要收到扭曲才能夠做出
任何的義行，讓我覺得義行離我很遠，也不是我能做到的事情，
因此會極度降低我對於做出義行的動力。

11.2

段落：告子曰：「性猶湍水也，決諸東方則東流，決諸西方則西流。……人之
可使為不善，其性亦猶是也。」

重點：「人性」與「善」的關係。

問題：

壹、【互動題】你認為人做好事（行善）主要是因為外在要求還是內在要求？

甲、外在，因為小孩只需要被教育如何做好事，不必受教於如何做
壞事，而這些教育一般都需要來自於他們之外。如果捨棄了這
些外在要求（社會規範），那麼一般人也很快地就會開始放任自
己。

乙、內在，因為一個人如果聆聽自己的良心，這個是一個很強做好
事的動力，因為就算周遭沒有任何人在看你，你還是會因為良
心不安，而行善避惡。就算有的時候需要外在要求，才不會過
度放任自己，但是內心的約束，至少在一開始，仍然是最強的
動力。

丙、兩個都一樣促使人做好事，因為人一方面有良心，自己內心知
道自己該做什麼，甚至在別人沒有看到的情況之下，都會責怪
自己做壞事。另一方面，人如果沒有外在要求，也會不知道什
麼才叫做好事，有時也會反而做壞事。連個一樣重要，不能說
一個比另外一個重要。

貳、告子與孟子兩個都用水比喻「人性」與「善」之間的關係。請問告子的比喻有什麼優點？孟子的比喻有什麼優點？

甲、告子的比喻可以突顯人有行善行惡的兩種可能性，就如水可以
向東流也可以向西流，更能夠突顯人類的「選擇」。

乙、孟子的比喻可以突顯人內在有行善的動力，並且突顯外在力量

是如何容易影響一個人，同時兼具「內在動力」與「外在環境」的面向。

參、告子的比喻有什麼缺點？孟子的比喻有什麼缺點？

甲、告子的比喻似乎過於理性，會讓人誤以為你自己沒有任何趨向，導致你的「選擇」背後如同白紙一樣，完全沒有受到你本性的影響。

乙、孟子的比喻似乎過於樂觀，看似把人所有的惡行都歸類為外在環境的因素，可能會難以解釋為什麼行善才常常感覺是在爬山，而不是往山下流動。

肆、你認為誰的比喻比較合理？為什麼？

甲、告子的比喻比較合理，因為他能夠解釋人為什麼又能夠行善，又能夠行惡，而這兩者似乎都會對於我們有相當程度的吸引力，而重點常常取決於外在環境剛好開啟了哪一個缺口。

乙、孟子的比喻比較合理，因為人類確實有行善的動力，但是我們只是有太多外在環境因素誤導了我們，導致我們忘記原本的那種直覺的善惡判斷，也更能夠警告我們要避免長期接觸「逆性」的處境。

11.3

段落：告子曰：「生之謂性。」……「然則犬之性，猶牛之性；牛之性，猶人之性與？」

重點：「人性」與「犬之性」、「牛之性」是一樣的嗎？

問題：

壹、【互動題】你覺得人可以放入動物園嗎？

甲、可以，因為人也是一種動物，所以我們如果不排斥把其他動物放入動物園裡面，我們也不應該排斥把人類放入動物園裡，但是要確認那裡面的人是自願、有部分隱私、很舒服並且是有薪水的。

乙、不可以，因為一般把動物放入動物園是提升牠們生命的品質，但是把人放入動物園一定會降低他們生命的品質，因為人的需

要超過滿足基本的生理與心理需求，而也有更高的尊嚴與任務
相關的需要，是在動物園裡面無法實現，甚至會傷害他們。

丙、我們本來就不應該把任何動物放入動物園裡，因此人當然也不
應該被放入動物園裡。問題不在於人有什麼特別之處，而在於
動物園本來就不是適合動物的居所，因為動物的需要也超過基
本的生理、心理的滿足。

貳、狗和牛與人有什麼相同的地方？有什麼不同的地方？

甲、相同：狗與人都有身體的需要，需要吃喝、適合的居住、基本
的運動量等等。狗與人也都有心智的需要，包括玩樂、愛護、
不少互動等等。

乙、不同：但是人與狗不同，因為人有靈魂的需要，包括任務、志
向、工作、人生意義等等。

參、在哪一些情況下應該強調動物與人類的相同呢？不同呢？

甲、相同：（1）在考慮生理需要的時候，應該強調其他動物與人都
有所需要；（2）在廣義說明不該殺生的原則時，應該強調不應
該隨意殺害任何動物；（3）在跟寵物互動的時候，有時應該強
調寵物與人之間的相同，以便於讓家庭更懂得如何跟寵物互動
或是培養感情。

乙、不同：（1）判斷罪名的時候，需要區分殺害的對象是人還是動
物；（2）在做心理諮商的時候，就算能夠給予動物心理諮商，
所給予的心理諮商也不應該是一樣的；（3）在教育孩子的時候，
應該強調人類與其他動物之間的差異，因為人類需要學習的以
及學習的方式都與其他動物有所差別。

肆、整體來說，你覺得人與動物之間的相同比較重要，還是不同比較重要？

甲、相同比較重要，因為根據很多基因的統計，人類與其他動物的
是大多數相同的，而如果忘記我們的相同之處，會導致人類做
出很多殘忍的事情，包括虐待動物、濫用資源、過於自我中心
等等。記得自己也是動物之一，才會讓人更加謙卑，友善地對
待其他動物，不要過於高傲和自以為是。

乙、不同比較重要，因為就算人類與不少動物有極度相同，人類與其他動物之間的差異，就是最關鍵的地方，而我們對於人類的「特殊待遇」正來自着一些差異：教育、法律、規則等等都不適用於任何其他的動物，但是適合用來規範人類的生活大小環節。

11.4

段落：告子曰：「食色，性也。仁，內也，非外也；義，外也，非內也。」……曰：「耆秦人之炙，無以異於耆吾炙。夫物則亦有然者也，然則耆炙亦有外與？」

重點：外在因素還是內在因素對於義行影響比較大？

問題：

壹、【互動題】吃東西的時候，請問食物品質還是擁有食慾更會決定你吃多少？

甲、食物品質，因為食物的品質會改變我的胃口：如果食物很好吃，那我就會吃很多，如果食物不好吃，那我就會吃很少。就算我很餓，假如食物真的很難吃，我也不見得願意吃它；就算我不餓，假如食物真的很好吃，我也會願意至少品嘗它。

乙、擁有食慾，因為假如我真的很餓，我什麼食物都願意吃，而如果夠餓的話，我根本毫不在乎我前面的食物是什麼，只要有食物就好了。更何況，擁有食慾才可以去判斷食物的品質，因為如果肚子很餓的話，什麼食物都「好吃」，肚子不餓的話，什麼食物都是「不好吃」。

貳、在公車上決定要不要讓位時，是長輩外貿重要還是個人內心重要？

甲、長輩外貿才重要，因為如果上車的是一個年輕人，我就不會禮讓座位，但是如果是一個長輩上車，我就會禮讓座位。就算我是一個非常樂於禮讓座位的年輕人，我所坐的公車，剛好都沒有長輩上車，或是我看不出來別人是長輩，我就沒有任何機會去實踐我禮讓座位的心願。這代表我禮讓座位主要取決於別人的特質，而不是我哦自己內心的考量。

乙、個人內心才重要，因為歸根究底，是自己內心才會決定要不要
　　禮讓你的座位給長輩。舉例來說，就算一個長輩上車，而且也
　　很明顯是長輩，這不代表所有人一看到他，就一定會讓位，反
　　而有不少人就算看到了他，知道他是長輩，但是仍然不禮讓座
　　位給他。這也就是為什麼新聞報道上，常常會看到長輩大聲責
　　罵年輕人不禮讓座位：如果大家主要是因為外貌而決定禮讓座
　　位，我們豈不就沒有這種新聞了嗎？所以禮讓座位主要來自於
　　內心的考量。

參、如果你跟別人說長輩外貌才能引起你我的禮讓（義行），這可能
　　會讓別人有什麼聯想嗎？

甲、別人可能會因此更注意周遭人的外貌，並且找機會去禮讓長
　　輩，其實會有正面的效果，會教導人學習判斷哪一些人是應該
　　禮讓的長輩，哪一些人是可以不禮讓的年輕人。

乙、別人可能會因此假裝自己沒有看到長輩，而因為沒有看到長輩
　　外貌的衰老，而覺得自己因此沒有義務去禮讓座位，因為反正
　　自己內心的要求，不是你我禮讓最關鍵的地方，所以我只要沒
　　有收到外貌的任何資訊，我就沒有必要去禮讓座位了。

11.5

段落：孟季子問公都子曰：「何以謂義內也？」……公都子曰：「冬日則飲湯，
夏日則飲水，然則飲食亦在外也？」

重點：義行到底是外因引起還是發自內在的呢？

問題：

壹、決定要喝熱水還是要喝冰水主要是外因引起還是發自內在的
　　呢？

甲、發自內在，因為有的時候，無論天氣多熱或多冷，我就是喜歡
　　或習慣喝某一個溫度的開水，外在環境都不能改變我，這也就
　　是為什麼有一些人一年四季都只喝熱茶或是冰開水，代表決定
　　要喝熱水還是喝冰水主要是發自內在的。

乙、外因引起，因為當外面的天氣變熱，一般人會想要喝冰水，而
　　當外面的天氣變冷，一般人會想要喝熱水，所以夏天的飲水機

才會都缺冰水，而不缺熱水，冬天的飲水機反而是熱水變得低於100度，因此大家都在使用它。

貳、決定要不要喝水主要是外因引起還是發自內在的呢？

甲、外因引起，因為有的時候，你不見得很口渴，但是假如路過飲水機，你仍然會喝一口，而這一口不是因為你口渴，而是因為那裡剛好有飲水機，因此要不要喝水有的時候是外因引起的。

乙、發自內在，因為就算有的時候你我會因為看到飲水機而決定喝水，我假如真的不渴的話，我也不會喝水，代表我內在需要勝過外在因素。相反的，當我非常口渴，就算我周遭沒有飲水機，我的口渴會促進趕緊找着飲水機解渴，而這種情況很明顯不是因為看到飲水機之後，才產生口渴的感覺，因此決定要不要喝水主要是發自內在的。

參、公都子用喝水的比喻說明他「義內」的立場（義行是發自內在的）。請問你認為這樣結論會產生正面還是負面的聯想呢？

甲、負面的，因為如果義行是發自內在的，那我如果沒有某一種想做好事的念頭的話，我就不能夠做任何義行了，好像需要等到我有那個感受才能出手。但是，有的時候，就是要先逼自己付出行動，我們內心的感受才會跟上來，所以這樣的堅持也許會帶來一些出乎意料之外的負面後果。

乙、正面的，因為如果義行是發自內在的，那就代表我的內外要合一，就代表我不應該假冒為善，而是要心裡先真誠，先有真正的情感或感受，才真實地表現於外，而不只是因為遇見各種情況或人士才有某一種表現。

11.6

段落：公都子曰：「告子曰：『性無善無不善也。』……孔子曰：『為此詩者，其知道乎！故有物必有則，民之秉彝也，故好是懿德。』」

重點：孟子所謂的「性善」到底是什麼？

問題：

壹、【互動題】請問你認為哪一個對於人性的描述最準確呢？為什

麼？

甲、「性無善無不善也」（人性沒有善，也沒有不善）：你自己可以選擇要做好事或是做壞事，但是這個決定與你本性無關，因為你的本性如同一張白紙，不會有對善或對惡的傾向，只有你善惡的選擇——纍積而已。這也就是為什麼世界上會有人做好事，但是也有人做壞事。

乙、「性可以為善，可以為不善」（人性可以變得善，也可以變得不善）：也許人性出生就是像一張白紙一般，沒有善惡的傾向，但是如果你一直做好事，那你的本性就會變得更好，而相反地，如果你一直做壞事，你的本性會變得更懷，所以我們才應該小心地擇善固執。這也就是為什麼壞人似乎會越來越懷，而好人則是越來越好。

丙、「有性善，有性不善」（有些人生性是善的，有些人生性是不善的）：有的人出生就像天使一般，有的人則出生卻像魔鬼一般，而這似乎不是別人教他們的，而是從一出生就定型了。這也說明為什麼一個人從那麼小的年紀就可以是一個好人，以及為什麼其他人從那麼小的年紀就可以如此放任不受控。

丁、「乃若其情，則可以為善矣」（順著人性的真實狀態，就可以做到善）：人性本身就有一種對善的嚮往和趨向，所以一個人知道自己應該順著這個傾向去行，但是因為有很多阻礙，因此常常會受到攔阻，無法完成心裡真的想做的事情。這就說明為什麼我們心裡確實有一種行善的要求，也同時解釋人其實真的可以做的善，只是我們常常會逆性而行。

貳、你認為一個不認為自己有辦法做到「仁義禮智」的人會有什麼樣的態度和言行呢？

甲、一個不認為自己有辦法做到「仁義禮智」的人不會知道自己可以行善，因此除非有外在的鼓勵或動力，在態度上有可能會自卑、低落。如果對於自己的評價過於低落，那麼就容易在對話中也把別人悶死，因為他一直在想自己有多麼無力行善。

乙、一個不認為自己有辦法做到「仁義禮智」的人也有可能不會知道自己可以行惡，因為會缺乏自知之明，以為無法行善就等於

無法行惡，因此有可能會不小心傷害別人，但是也沒有意識到
這是做到「仁義禮智」的相反面。

參、你認為一個充分實現自己天生資質（「盡其才者」）的人會有什麼樣的態度和言行呢？

甲、一個充分實現自己天生資質的人會知道自己可以行善，並且在
行善的時候，不但對自己好，也對周遭的人都好。他們也比較
有可能在幫助別人的過程中找到滿足他的意義與快樂。

乙、一個充分實現自己天生資質的人會知道自己可以行惡，因為知
道自己如果沒有「盡其才」，那就容易成為別人不必要的負擔，
會開始自我控告，甚至開始成為別人的負擔，而不是輔助。他
因為知道自己有行惡的可能性，才會更加促進他去「盡其才」，
因為知道只有在充分實現自己的潛能，才不會有太多空閒時間
折磨別人。

11.7

段落：孟子曰：「富歲，子弟多賴；凶歲，子弟多暴，非天之降才爾殊也，其所以陷溺其心者然也。……故理義之悅我心，猶芻豢之悅我口。」

重點：「聖人，與我同類者」，差別只在於「聖人先得我心之所同然耳」。

問題：

壹、【互動題】每一個人都能夠成為「聖人」嗎？

甲、不能，因為一個人的種種環境因素會限制一個人，讓他無法有
機會發揮自己的潛能。舉例來說，一個人的家庭背景可能充滿
着創傷，導致這個人有很多陰影需要克服。相反的，假如一個
人出生在很富裕的家庭，也不見得是好事，因為過度豐富的資
源也有可能讓他無法學習「努力」、「耐力」等其他品德。這代
表一個人要有很多特殊的環境因素才能成為一個「聖人」，因此
不是每一個人都能夠成為「聖人」。

乙、能，因為當「聖人」其實只是一個把自己道德潛力發揮到極致
的人。每一個人出生都有行善避惡的潛能，而發揮這些道德潛
力不會受限於我們的環境，因為無論是順境還是逆境，我們都
有很多品德可以學習，使得每一件事、每一個情況、甚至每一

剎那都是學習和成長的機會，而聖人只是那些沒有放棄，繼續勇敢學習的人。

貳、孟子用植物的成長比喻人類的成長。請問有哪一些因素會影響植物的成長呢？人類呢？

　　甲、植物：種子是否健康、土地有否耕耘、土壤多麼肥沃、澆水是否夠多、時間等得夠久、太陽曬得足夠等。

　　乙、人類：本性是否健康、學校有否老師、家長能否引導、資源是否足夠、時間能否放慢、書籍有否啟發等。

參、孟子認為每一個人的味覺、聽覺與視覺都有共同喜好；請問這樣的預設切實際嗎？

　　甲、不切實際，因為從現實來看，很多人的品味其實都不一樣。大家的味覺不一樣，有的人喜歡吃海鮮，有的人則偏偏不愛吃海鮮。大家的聽覺不一樣，有一些人喜歡聽搖滾樂，有的人則喜歡聽歌劇。大家視覺也不一樣，有一些人喜歡又高又帥或又高又美的人，有的人則喜歡非傳統的長相。這些不一樣的品味代表人的味覺、聽覺與視覺都不一樣。

　　乙、切實際，因為就算人類在五官喜好上有一些差異，這些差異背後還是有共同之處。舉例來說，雖然男人有不同的審美觀，有的研究顯示男人在找對象的時候，一般最在乎青春的外貿（youthful appearance）、腰臀比（waist to hip ratio）與新生兒面部特徵（neotenous facial features，也就是擁有嬰兒臉部比例的人，例如大眼睛、小鼻子、小嘴巴等）。這代表我們視覺背後還是有一些公認的標準可尋。

肆、孟子認為「*理義之悅我心，猶芻豢之悅我口。*」假如道理與義行真的使每一個人的心都感覺愉悅，請問一個人該如何培養自己心裡的喜好，才可以成為一個聖人？

　　甲、就如培養品味需要花時間，學習分辨不同的味道，並且變成一個大廚師，同樣的，道理與義行的喜好也需要被訓練才能使人變成聖人。這代表一般生活中，需要學習分辨什麼是符合道理與義行的言行，以及什麼不是。

　　乙、找一個好的老師最快，可以直接請教老師，從他身上學習怎麼

分辨什麼符合道理與義行，這樣會讓自己學習的過程加快不少速度，少走不少冤枉路。

11.8

段落：孟子曰：「牛山之木嘗美矣，以其郊於大國也，斧斤伐之，可以為美乎？……孔子曰：『操則存，舍則亡；出入無時，莫知其鄉。』惟心之謂與？」

重點：「豈無仁義之心哉？」與「操則存，舍則亡」。

問題：

壹、【互動題】小時候就很壞的人，長大後可以變成好人嗎？

甲、不可以：一個人小時候如果就養成壞習慣的話，就愛做壞事，看似唯一不殺人放火的原因在於沒有機會或能力，那改變這個人幾乎是不可能的，至少直到他過了 27 歲生日，睪酮指數開始下降，才開始有任何改善的可能性。

乙、可以：人無論背景如何，都可以反敗為勝，從壞人變為好人，因為這些人缺乏的只是機會，一般來說會這麼壞的青年也只是因為自己生出於不良的環境，因此我們不應該絕望。

丙、可以，但是很難：習慣確實難以改變，但是人確實也有改變的能力，但是一個人年齡越大，越難改過就是了。

貳、牛山原本是什麼樣子？之後發生了什麼事？

甲、牛山「嘗美」（曾經很茂盛），就算樹木被砍伐之後，也仍然有「萌櫱之生」（嫩芽新枝生長出來）。

乙、原本茂盛的樹木被剛剛搬進來的人用刀斧砍伐，並且再帶牛羊來山上的嫩草，使得整座山變得「濯濯也」（光禿禿的）。

參、根據孟子，牛山有重新恢復茂盛的機會嗎？

甲、有，因為一開始，「是其日夜之所息，雨露之所潤，非無萌櫱之生焉」，但是就算在牛羊來了之後，因為人仍然是有「平旦之氣」或「夜氣」，仍然可以恢復原本茂盛的樣子。

肆、你同意無論好人多好都可以變成壞人，壞人多壞都可以變成好人嗎？

甲、不同意，因為人總是有一個極限，如果超過了某一些不能超越

的界限，一個人已經無法挽回或回頭了。這個界限可能就是「自暴自棄」，因為當你放棄自己改善的可能性，對自己改變已經絕望了，那麼你就沒有回頭的路了，反而容易在心裡產生苦毒，慢慢地開始對周遭還有希望的人產生苦毒，只能一步接著一步走下去。

乙、同意，因為就如牛山的比喻呈現，一個人永遠有「平旦之氣」或「夜氣」的產生，所以不能夠說一個人不可能變質，但是只能說很困難，因為就如孟子所說一個人若「猶斧斤之於木也，旦旦而伐之，可以為美乎？」如果一直不給自己的「夜氣」機會化成「日行」（白天的行為），那就只怕這個人時間不夠。

11.9

段落：孟子曰：「無或乎王之不智也，雖有天下易生之物也，一日暴之、十日寒之，未有能生者也。……為是其智弗若與？曰非然也。」

重點：「王之不智」是因為「不專心致志」，而不是因為「其智弗若與」。

問題：

壹、【互動題】如果你在玩一個二人闖關遊戲，請問你會寧願與一個非常明智卻不專心的人還是一個非常專心卻不明智的人合作呢？（聯想：如果你要交一個學生下棋，你會希望有一個很明智的學生還是一個很專心的學生？）

甲、非常明智卻不專心的人，因為他即便不專心，也仍然可以有很好的貢獻，三不五時會有一些很好的點子，可以藉由這些突破而仍然有好的表現。

乙、非常專心卻不明智的人，因為他們即便沒有非常明智，他們仍然非常認真在玩這個遊戲，因此我們可以一起慢慢解決一些問題，而我不會在過程中抓狂。

貳、請問孟子用了哪兩個比喻描述「王之不智」？

甲、植物：「雖有天下易生之物也，一日暴之、十日寒之，未有能生者也。吾見亦罕矣，吾退而寒之者至矣，吾如有萌焉何哉？」

乙、下棋：「今夫弈之為數，小數也；不專心致志，則不得也。弈秋，通國之善弈者也。使弈秋誨二人弈，其一人專心致志，惟弈秋

之為聽。一人雖聽之，一心以為有鴻鵠將至，思援弓繳而射之，雖與之俱學，弗若之矣。」

參、從這兩個比喻而言，大王有哪一些學習障礙？

甲、老師不好：雖然大王有孟子可以指點他，如同太陽提供維他命D，但是此外還有「寒之者」會來「防曬」，使得大王無法好好學習。

乙、時間太少：孟子認為他接觸大王的時間太少了（「吾見亦罕矣」），並且有害於大王見他的次數太多，結果是「一日暴之，十日寒之」的比例。

丙、分心學習：大王雖然有孟子那麼好的老師，如同有弈秋教導學生下棋，卻因為從周遭的到各種雜訊，因此「一心以為有鴻鵠將至，思援弓繳而射之」，導致學習效果很差。

肆、孟子堅持「王之不智」是因為「不專心致志」，而不是因為「其智弗若與」，有什麼好處嗎？

甲、可能大王聽到之後，會比較想要重用他，所以這種言詞只是為了提升自己在大王眼中的評價，因此而得到更多機會。

乙、這樣的思維也許可以幫助孟子不要過於沮喪，因為假如一個人一直勸諫大王，而大王就是不聽，會很容易導致一個人開始懷疑自己所做的到底有沒有價值，所以提出這樣的解釋也可以幫助孟子釐清何謂他眼前所面對的挑戰。

丙、假如孟子真的這樣想，這就代表他還有留在這個國家的動力，因為假如大王的問題是「不智」，而不是「不專心致志」，那麼就代表這個大王沒有救了，也無法得到孟子的任何啟發。如果問題只是他不夠專心，那就代表孟子如果能夠說服他更加專心，也許還能達到預期的政治效果。

11.10

段落：孟子曰：「魚，我所欲也；熊掌，亦我所欲也，二者不可得兼，舍魚而取熊掌者也。……此之謂失其本心。」

重點：「二者不可得兼，舍生而取義者也」。

問題：

壹、【互動題】如果你坐在路邊，已經快要餓死了，生死取決於路人有沒有給你一碗飯吃，但是唯一願意給你飯吃的路人希望先拍你一張照片，上傳到社群網站上，你願意嗎？

　　甲、願意，因為如果我今天死了，我也無法享受如何其他的好處。今天這個人只是想要經驗自己粉絲專業，而我剛好需要他的食物，所有我也不好拒絕。對我來說，這個代價沒有那麼高，因為我更需要那一碗飯，所以就不要想太多，接受之後，自己可以賺大錢，自己再上傳一張自拍，顯示我走過來的路有多麼刻苦，但是還是可以成功。

　　乙、不願意，因為這樣的條件太可惡了，難道這個人不知道我也是人嗎？他這樣做只是把我當作工具而已，我無法接受，因為其實我不應該需要幫助別人才能夠得到急救的資格，因為我有尊嚴！

貳、孟子舉了哪兩個例子說明人其實想要的超過「生存」，厭惡的超過「死亡」呢？

　　甲、「嘑爾而與之，行道之人弗受」

　　乙、「蹴爾而與之，乞人不屑也」

參、孟子為什麼認為人所想要的沒有超過「生存」、所厭惡的沒有超過「死亡」很危險呢？你覺得這樣的人會做的好事比較多，還是壞事比較多？

　　甲、「生亦我所欲，所欲有甚於生者，故不為苟得也；死亦我所惡，所惡有甚於死者，故患有所不辟也」：這種人很容易不擇手段，因為苟且偷生，什麼事情都願意做，不會受到任何道德約束，甚至誰都願意陷害。

　　乙、好事比較多：他可以教導別人該怎麼從苦難中走出來。

　　丙、壞事比較多：他這樣的態度會讓他在很多決定上沒有原則。

肆、你認為人想要什麼超過人想要「生存」呢？

　　甲、目標：如果有清楚的目標和任務，而我知道我為什那麼要做某一件事，我什麼都願意犧牲。

　　乙、正義：別人善待我、不惡待我，其他壓力都可以承受。

　　丙、愛：有人在乎你，關心你每一天所作所為，如果你不回家會為

你擔心，如果有機會看到你，會感到很開心。

伍、你認為人厭惡什麼超過人厭惡「死亡」呢？

甲、卑賤：如果同學（或同事）每一天都排擠你，那就很容易感到生不如死，因為我在社會中的地位實在是太卑賤了，實在難以走下去。

乙、不義：別人冤枉我、不正當地欺負我，我都覺得難以接受，更何況長期的不義。

丙、孤單：活在這個世界上，但是沒有家人、朋友或任何在乎你生存與否的人。

陸、你目前願意為什麼東西而犧牲你的生命嗎？

甲、父母

乙、朋友

其他單獨段落

〈公孫丑上〉

3.6

段落：孟子曰：「人皆有不忍人之心。……苟能充之，足以保四海；苟不充之，不足以事父母。」

重點：「人皆有不忍人之心」。

問題：

壹、【互動題】如果有一群人正在紅綠燈等着過馬路，忽然看到一個孩童快要走到大馬路上被車撞，是不是每一個人都會感到「怵惕惻隱之心」（驚恐憐憫的心）？

　　甲、不會，因為有一些人可能只會感受到驚恐，但是會反應不過來，不會感受到憐憫，因為這兩者其實是分開的。

　　乙、會，因為當一個人看到孩童快要被車撞，每一個人至少都會有一個驚恐憐憫的直覺反應，即便沒有付諸行動，除非他有一些特殊情況，不然每一個人仍然都會有這樣的反應。

貳、孟子認為忽然看到一個孩童快要掉到水井裡的人，都會出現驚恐憐憫的心，但是排除了哪三種動機呢？你認為有人會在乍看孩童即將掉入水井，會有以上動機嗎？

　　甲、三種動機

  i. 「非所以內交於孺子之父母也」

  ii. 「非所以要譽於鄉黨朋友也」

  iii. 「非惡其聲而然也」

 乙、判斷

  i. 有，因為確實有一些人心機很重，隨時都在考慮自己的利益，所以甚至在乍看之下，就馬上開始計算自己可以透過幫助孩童而得到什麼利益。

  ii. 沒有，因為孟子現在在描述的是正常人，即便有一個人真的在乍看之下，馬上就產生利益的考量，孟子也不會認為這樣的人有正常人該有的反應，因此已經是「非人也」！

參、根據孟子，「有是四端」卻認為不能行善（因此也不擴充它們），有可能傷害到哪三種人？

 甲、自己：「有是四端而自謂不能者，自賊者也」。

 乙、國君：「謂其君不能者，賊其君者也」。

 丙、父母：「苟不充之，不足以事父母。」

肆、根據孟子，「有是四端」，並且擴充這四端的人，可能會有什麼正面後果呢？

 甲、幫助天下人：「凡有四端於我者，知皆擴而充之矣，若火之始然，泉之始達。苟能充之，足以保四海」。

 乙、「治天下可運之掌上」：因為有其四端（包括「不忍人之心」），因此有「不忍人之政」。

〈滕文公下〉

6.9

段落：公都子曰：「外人皆稱夫子好辯，敢問何也？」……能言距楊墨者，聖人之徒也。」

重點：「予豈好辯哉？予不得已也。」

問題：

 壹、【互動題】當一個人說你很「好辯」時，你應該為自己辯護嗎？

甲、不應該，因為這樣別人只會認為你確實很好辯，證明了別人對你的評價是準確的，所以反而應該沉默不語，因為也許如果你自己不反駁的話，你周遭的人會為你辯護，而這樣就代表你不是好辯，因為別人都願意為你說話（而反而也許是控告你的那一些人才是好辯者）。

乙、應該，因為就算你不為自己辯護，那些認為你很「好辯」的人還是會覺得你很好辯，然後那一些不認識你的人，有可能會認為你默默接受就等於你承認他們是對的，所以為了讓那一些不認識你的人不要以為你無法反擊，仍然應該為自己辯護。

貳、孟子在敘述他的擔憂時，提到三個「三聖」。請問他所謂的「三聖」指誰？他們面臨的問題是什麼？

甲、禹：洪水，「當堯之時，水逆行，氾濫於中國。蛇龍居之，民無所定。下者為巢，上者為營窟。《書》曰：『洚水警余。』洚水者，洪水也。」

乙、周公：禽獸，「堯、舜既沒，聖人之道衰。暴君代作，壞宮室以為汙池，民無所安息；棄田以為園囿，使民不得衣食。邪說暴行又作，園囿、汙池、沛澤多而禽獸至。及紂之身，天下又大亂。」

丙、孔子：亂倫，「世衰道微，邪說暴行有作，臣弒其君者有之，子弒其父者有之。」

參、「三聖」怎麼解決他們所面臨的問題呢？

甲、禹：治水，「使禹治之，禹掘地而注之海，驅蛇龍而放之菹。水由地中行，江、淮、河、漢是也。險阻既遠，鳥獸之害人者消，然後人得平土而居之。」

乙、周公：治獸，「周公相武王，誅紂伐奄，三年討其君，驅飛廉於海隅而戮之。滅國者五十，驅虎、豹、犀、象而遠之。天下大悅。《書》曰：『丕顯哉，文王謨！丕承哉，武王烈！佑啟我後人，咸以正無缺。』」

丙、孔子：治人，「孔子懼，作《春秋》。《春秋》，天子之事也。是故孔子曰：『知我者其惟春秋乎！罪我者其惟春秋乎！』」

丁、統整摘要：「昔者禹抑洪水而天下平，周公兼夷狄驅猛獸而百姓寧，孔子成《春秋》而亂臣賊子懼。」

肆、孟子面對什麼問題？他試着怎麼解決這些問題呢？

甲、問題：亂言，「聖王不作，諸侯放恣，處士橫議，楊朱、墨翟之言盈天下。天下之言，不歸楊，則歸墨。楊氏為我，是無君也；墨氏兼愛，是無父也。無父無君，是禽獸也。公明儀曰：『庖有肥肉，廄有肥馬，民有飢色，野有餓莩，此率獸而食人也。』楊墨之道不息，孔子之道不著，是邪說誣民，充塞仁義也。仁義充塞，則率獸食人，人將相食。吾為此懼，閑先聖之道，距楊墨，放淫辭，邪說者不得作。作於其心，害於其事；作於其事，害於其政。」

乙、解決：治人（正心、正言），「我亦欲正人心，息邪說，距詖行，放淫辭，以承三聖者……」

伍、假如孟子所面臨的問題是「亂言」，你認為除了「辯論」之外，他還有其他制止「亂言」的方法嗎？

甲、有，因為你不必直接應對抵抗，會容易讓人誤會你只是為了辯論而辯論，所以不如積極地去提倡教導「孔子之道」，如果真的是真理，它自然會吸引人，沒有必要跟別人直接衝撞。

乙、沒有，因為「亂言」會讓人難以看見「孔子之道」的好處，如同雜草「充塞仁義」，因此「正言」需要兼具「破邪」與「顯正」兩邊，同時突破邪說，同時彰顯正直。